全国职业教育规划教材·财经系列

企业文化与企业宣传

(第二版)

王中义　张思韡　主　编

内 容 简 介

本书从企业文化建设和企业宣传两个方面入手,对企业文化的内涵、功能、结构、整合和传播等进行了科学、系统、全面的论述。同时,对现代企业日常的宣传工作进行了具体探讨,并总结出很多行之有效的方法技巧,做到了理论与实践的有机结合。

本书既有对企业文化理论的研究与探讨,又有对企业文化建设实践的理论指导,是一本不可多得的企业文化建设的指导用书。

本书可作为高等院校经济管理专业和广告、营销、新闻、文秘等其他相关专业的教学用书,也可作为企事业单位各类经营管理人员和宣传人员的培训教材。

图书在版编目(CIP)数据

企业文化与企业宣传/王中义,张思韡主编. —2版. —北京:北京大学出版社,2015.1
(全国职业教育规划教材·财经系列)
ISBN 978-7-301-25027-3

I.企… II.①王… ②张… III.①企业文化-研究 ②企业管理-宣传工作-研究 IV.①F270

中国版本图书馆CIP数据核字(2014)第245498号

书　　　名	企业文化与企业宣传(第二版)
著作责任者	王中义　张思韡　主编
责任编辑	吴坤娟
标准书号	ISBN 978-7-301-25027-3
出版发行	北京大学出版社
地　　　址	北京市海淀区成府路205号　100871
网　　　址	http://www.pup.cn　新浪微博:@北京大学出版社
电子邮箱	编辑部 zyjy@pup.cn　总编室 zpup@pup.cn
电　　　话	邮购部 010-62752015　发行部 010-62750672　编辑部 010-62756923
印 刷 者	北京虎彩文化传播有限公司
经 销 者	新华书店
	787毫米×1092毫米　16开本　14印张　368千字
	2008年3月第1版
	2015年1月第2版　2025年1月第8次印刷(总第15次印刷)
定　　　价	33.00元

未经许可,不得以任何方式复制或抄袭本书之部分或全部内容。

版权所有,侵权必究

举报电话:010-62752024;电子邮箱:fd@pup.cn

图书如有印装质量问题,请与出版部联系,电话:010-62756370

第二版前言

六年前,我们出版了《企业文化与企业宣传》一书,重点从企业文化建设和企业宣传两个方面入手,对企业文化的内涵、功能、结构、整合和传播等进行了科学、系统、全面的论述,力求帮助读者提高对企业文化与企业宣传的认知,为推动中国企业建立现代企业文化、打造百年企业做一点基础性工作。该书出版后,作为21世纪全国高校精品课规划教材受到不少大学的青睐,还有一些企业将之作为员工的企业文化培训教材,甚至有读者来信称赞我们在为中国未来企业铸造核心竞争力和企业灵魂。更多的读者希望我们能结合党的十八届三中全会以来,经济社会发展对企业文化建设带来的重大影响,对原书进行完善和升级。这些反响是我们始料未及的,在此对广大读者一并表示感谢。

企业文化与企业宣传是不断发展与变化的。随着中国经济的腾飞、中国企业的崛起,对企业文化与宣传的关注、探讨与认知也在不断深入。苹果手机的全球流行、万达广场的经营模式、华为公司的海外拓展等现象的背后,无不反映出全世界在企业文化建设领域的新探索、新尝试。这也使我们坚信《企业文化与企业宣传》这本书应该将发生在我们身边的最新的企业故事、企业精神、企业文化整理、融合进来,与时俱进地为广大读者提供更多、更好的服务。

北京时间2014年9月19日,阿里巴巴集团正式在美国纽约证券交易所上市,集团董事局主席马云先生曾说,阿里巴巴有三项可称为信仰的核心竞争力,排在第一的不是技术而是文化。值此书再版之际,借马云先生的成功案例或许可以解释本书再版的意义。

本书在编写过程中,参考和引用了国内外大量论著、案例和文献资料,并得到了北京大学出版社的大力支持与帮助,在此一并致以衷心的感谢!

由于时间仓促,编者水平有限,敬请广大同行专家和读者批评指正。

编 者
2014月9月

目 录

第一章 企业文化概述 1
 第一节 企业文化的内涵与功能 1
  一、现代企业的历史使命 1
  二、文化发展的重要结晶 2
  三、企业文化的内涵 2
  四、企业文化的本质 6
  五、企业文化的功能 7
 第二节 企业文化的由来与发展 8
  一、企业文化高潮的由来 8
  二、企业文化理论的探源 10
  三、企业文化的基础理论 10
  四、企业文化理论的发展 11
 第三节 企业文化系统的构建 12
  一、企业文化系统构建的结构 12
  二、企业文化系统构建的要素 15
  三、企业文化系统构建的程序 19
 第四节 企业文化面临新的挑战 21
  一、新媒体对企业文化的冲击 21
  二、企业文化构建过程中易入的误区 22

第二章 企业品牌的策划与塑造 23
 第一节 企业品牌的含义和特征 23
  一、品牌的含义 23
  二、品牌的特征 24
  三、塑造企业品牌形象的意义 25
  四、努力争创名牌 26
 第二节 企业的品牌定位 29
  一、什么是品牌的定位 29
  二、品牌定位的方式 29
  三、品牌定位过程 31
  四、品牌的再定位 33
 第三节 企业的品牌策略 35
  一、实施品牌策略的四要素 35
  二、品牌策略分析 36

第三章　企业品牌的调查 45
第一节　企业品牌调查的含义和内容 45
一、企业品牌调查的含义 45
二、企业品牌调查的内容 45
三、企业品牌调查应遵循的原则 46
第二节　企业品牌调查方法 47
一、访问调查法 47
二、问卷调查法 49
三、观察调查法 49
四、实验调查法 50
五、大数据对传统调查的影响 50
第三节　企业品牌调查问卷的设计 51
一、问卷的一般结构 51
二、问卷的类型 52
三、封闭式问题设计中应注意的事项 54
四、封闭式问题的答案设计 55
第四节　调查报告的撰写 58
一、书面调查报告写作的基本要求 58
二、书面调查报告的格式 59
三、撰写调查报告应注意的问题 60

第四章　企业品牌的设计 65
第一节　企业品牌名称的设计 65
一、品牌名称设计的意义 65
二、品牌名称命名的方法 66
三、品牌命名的程序 68
四、品牌名称设计的技巧 69
第二节　企业品牌标志的设计 70
一、品牌标志的形式 70
二、品牌标志设计的原则 71
三、品牌标志设计的方法 72
四、品牌标志设计的程序 73

第五章　企业形象的策划与塑造 74
第一节　企业形象的含义与特征 74
一、企业形象的含义 74
二、企业形象的特征 75
三、企业形象的价值 76
第二节　企业形象塑造的程序 77
一、成立企业形象策划委员会 78
二、企业形象的调查、分析与评估 78
三、制订企业形象战略实施方案 83

四、企业形象塑造的宣传造势 85
　　五、企业形象战略的实施 85
　　六、企业形象战略方案的评估 85
第三节　企业形象塑造与企业文化建设 86
　　一、企业形象与企业文化的关系 86
　　二、企业形象塑造对企业文化建设的影响 87

第六章　企业形象的 CIS 战略 89
第一节　CIS 战略概述 89
　　一、CIS 战略的含义 89
　　二、CIS 战略的产生和发展 90
第二节　企业理念识别系统（MIS）的设计 91
　　一、企业使命 91
　　二、企业价值观 92
　　三、企业精神 93
　　四、企业目标 94
　　五、企业宗旨 94
　　六、企业道德 95
　　七、企业作风 96
第三节　企业行为识别系统（BIS）的设计 97
　　一、企业内部行为识别系统的设计 97
　　二、企业外部行为识别系统的设计 100
第四节　企业视觉识别系统（VIS）的设计 102
　　一、企业 VIS 的构成要素 102
　　二、企业视觉识别系统（VIS）设计的原则 102
　　三、企业的标志设计 104
第五节　企业听觉识别系统（AIS）的设计 108
　　一、企业听觉识别系统（AIS）的构成要素 108
　　二、企业歌曲设计 108
　　三、企业的宣传口号设计 109
　　四、企业形象宣传语的设计 110
第六节　企业嗅觉识别系统（SIS）的设计 110
　　一、企业嗅觉识别系统（SIS）的研究背景 110
　　二、嗅觉识别系统（SIS）的建立 111
　　三、嗅觉识别系统（SIS）在企业形象中的应用 112

第七章　企业形象的 CS 战略 114
第一节　CS 战略概述 114
　　一、CS 战略的含义 114
　　二、CS 战略的发展历程 115
　　三、CS 战略的内容 116
　　四、CS 战略的缺陷 117

五、实施 CS 战略的重要意义 118
第二节　CS 战略的实施 119
　　一、CS 战略的构成 119
　　二、实施 CS 战略，要培养"一切为了顾客"的理念 123

第八章　企业宣传的目的和要求 125
第一节　企业宣传的目的和作用 125
　　一、宣传的概念 125
　　二、企业宣传的根本目的 126
　　三、企业宣传的具体作用 126
第二节　企业宣传的内容构成 129
　　一、事实是企业宣传内容的支柱 129
　　二、理念是企业宣传内容的灵魂 130
　　三、情感是企业宣传内容的润滑剂 131
第三节　企业宣传的具体要求 132
　　一、宣传目标与企业员工的根本利益相统一 132
　　二、宣传内容与宣传对象的认识方向相统一 132
　　三、宣传方式与宣传对象的接受能力相统一 133

第九章　企业的新闻传播 136
第一节　企业的新闻发布 136
　　一、确定新闻发布会的主题 136
　　二、抓住新闻发布会的契机 137
　　三、搞好新闻发布会的准备 139
　　四、搞好现场的组织安排 140
第二节　企业新闻传播能力的建设 140
　　一、组建通讯员队伍 141
　　二、提高新闻发现力 141
　　三、增强新闻策划力 143
　　四、掌握新闻的写法 144
第三节　企业的媒体建设 148
　　一、企业报的编辑 148
　　二、企业官方网站的建设 151
　　三、企业官方微博的建设 154
　　四、企业微信平台的建设 158

第十章　企业的广告运作 160
第一节　广告宣传的作用 160
　　一、商业广告与新闻宣传的区别 160
　　二、广告宣传对企业的作用 161
　　三、广告的种类 162
第二节　企业的广告运作 164
　　一、广告调查在广告运作中的作用 164

二、消费者研究在广告运作中的作用 166
　　三、广告策划在广告运作中的作用 168
第三节　企业广告的创意思维 171
　　一、企业广告的创意思维 171
　　二、正确灵活处理企业公关活动与公关危机 177

第十一章　企业的文化宣传 182
第一节　不同企业文化的重塑与宣传 182
　　一、企业文化宣传的意义与功能 182
　　二、国有企业面临文化创新 183
　　三、民营企业面临文化再造 184
　　四、外资企业面临文化整合 184
第二节　企业文化宣传的核心体系 185
　　一、围绕企业价值观层次展开宣传 185
　　二、坚持以人为本的新时代企业文化宣传 186
　　三、把握企业可持续发展的文化宣传方向 187
第三节　企业的显点文化宣传 187
　　一、充分显示企业的无穷魅力 188
　　二、一个时期突出一个主题，集中力量宣传 188
　　三、实行"显点"再策划工程，让"显点"不断升华 188
第四节　企业的多种文化宣传方式 189
　　一、企业文化对内宣传方式 189
　　二、企业文化对外宣传方式 190
　　三、进行企业文化宣传时的注意事项 192

第十二章　社会主义核心价值观体系下的企业文化 193
第一节　坚持良心企业，以精品回报社会 193
　　一、什么是良心企业 193
　　二、如何坚持良心企业 194
第二节　坚持以社会主义荣辱观引领社会风尚 198
　　一、社会主义荣辱观在企业文化建设中的意义 198
　　二、社会主义荣辱观引领企业文化建设 198
　　三、参与公益对企业文化建设的作用和意义 200
第三节　坚持改革创新　创建学习型企业 202
　　一、改革创新是企业的灵魂 203
　　二、创建学习型企业 206

参考文献 211

第一章 企业文化概述

> **提示**
>
> 企业文化对企业非常重要。本章从企业和文化两个层面切入,对企业文化作了全面而深入的阐述。企业是从事生产和经营的基本单位。文化是人类物质财富和精神财富的总和,是社会的意识形态以及与之相适应的制度和组织结构。企业不能没有文化,文化少不了企业这个载体,两者结合成企业文化,就是企业群体的理想目标、价值观念和行为准则的综合。本章对企业文化的形成、发展和基础理论进行了梳理,对企业文化的内涵、结构、要素、功能、传播、整合和变革等作了阐述,对企业文化系统的构建提出了具体而可行的方法,并且论述了对企业文化构建过程中容易出现的问题和新媒体对企业文化建设带来的冲击。

第一节 企业文化的内涵与功能

一、现代企业的历史使命

企业是企业文化的源头和载体,研究企业文化必须从研究企业开始。什么是企业呢?哈佛大学西奥多·利维特教授对企业作了一个很通俗的解释:"企业,就是'能把事办成'的机构。"这里的"事"指的是经济活动。据此,我们认为:企业是从事生产、研发、流通或其他服务性经济活动的基本单位,是实行自主经营、自负盈亏、自我发展、自我约束的法人主体。

企业的产生和发展是与市场经济的发展密不可分的,企业依据市场供求信息组织生产经营活动。在市场这个大平台上,企业是重要的经济主体。它一方面以买者的身份从市场上取得人、财、物、技术、信息等各种资源,另一方面又以卖者的身份向市场提供各种物品和劳务。它是发展生产力的主体和国民经济的细胞。

现代企业是在社会化大生产条件下产生的,是商品经济高度发达的产物,也是现代社会的经济细胞和国民经济的基本单位。现代企业的基本特征是:(1) 企业有独立的法人地位和法人财产;(2) 企业完全面向市场,按照市场需求组织生产和经营,以追求市场活动效益最大化为主要目标;(3) 企业作为一种经济组织,不仅仅从事经济活动,还要从事文化活动,创建企业文化;(4) 企业只接受政府的间接调控和服务,不属于政府直接调控的单位。

20世纪后半期,特别是第二次世界大战以来,世界各方面的竞争越来越激烈。激烈的竞争对现代企业提出了"既要文明又要竞争"的挑战,不进则退成为企业的必然趋势。不论哪个企业,不在自身上下功夫,就会在竞争中倒退,以至灭亡。一方面,一些企业在竞争中宣告破产;另一方面,又有一些企业在竞争中制胜,进而兼并其他企业,走向垄断。从总体上说,竞争提高了劳动生产率,促进了生产力的发展,主要体现在以下方面:产品方面，精心设计和制作，发展新品种，加快实现更新换代，保证供应质量高、价格合理的上乘产品，满足人们的多种需求；设备和工艺方面，采用最先进的科学技术，实现高速度、高效率的自动化流水线生产；推销方面，努力利用多种渠道进行传播、销售，向人们传输新观念，改变人们的消费习惯，培养更多的忠诚顾客。所有这些都促使企业在文化上下功夫，努力加强文化建设成为现代企业的历史使命。

二、文化发展的重要结晶

荷兰哲学家冯·皮森在其《文化战略》中指出，文化战略就是人类的生存战略。可见文化对人类的生存和发展有着多么重要的影响。"文化"这个概念有着很丰富的内涵，它是随着人类社会的产生而逐步产生和发展的，有着由浅入深发展变化的历史进程。从词源上说"文化"这个词是从拉丁文 culture 演化而来的，其原意是指耕作，为敬神而耕作，为生计而耕作。这个词用在物质活动方面意味着耕作，运用在精神修养方面则意味着宗教崇拜。后来，文化成为与自然存在的事物相对应的概念而沿用，文化是人类创造的东西，而不是自然存在的事物。例如，野生的禾苗不算文化，经过人耕作栽培的谷类则为文化；天然的山石不算文化，经过人工开采琢制成的石器则为文化；自然的雷鸣闪电、飞禽走兽不算文化，经过人想象构造的神灵则为文化。

最早对"文化"这一概念做系统表述的是著名的英国文化人类学家 E.B.泰勒，他在《原始文化》一书中，对"文化"下了这样的定义：所谓文化或文明，是指知识、信仰、艺术、道德、法律、习俗以及包括作为社会成员的个人获得的其他任何能力、习惯在内的一种综合体。

自泰勒以来的一百多年里，世界各国学者对文化作了多方面的探索，提出了许多关于文化的定义。有的把它看做是历史的遗产，有的把它看做是社会的发展，有的把它看做是行为方式的总结，有的把它看做是观念形态的作用，有的把它看做是社会规范的价值，还有的把它看做是不同人类群体的生活方式和行为模式，等等。

在我国，"文化"最早见于《周礼》，有"观乎人文，以化成天下"的说法。这里，"人文"是指文化典籍、礼仪风俗，"化"是指教化。意指根据人类发展的需要来改造自然和社会，运用文化礼仪来教化天下。

当前，对文化做的较为通俗的解释是《辞海》所下的定义：从广义来说，指人类社会历史实践过程中所创造的物质财富和精神财富的总和；从狭义来说，指社会的意识形态以及与之相适应的制度和组织结构。

文化在企业中的结晶就是企业文化。

三、企业文化的内涵

企业文化在整个文化上属于微观的层次。把文化从宏观层次到微观层次上予以排列，可以排列为整个社会的文化、民族文化、政治文化、经济文化、政府文化、企业文化等。当然，各个层次的文化有些是相互重叠的，而且每个层次内部还可以分出更微观的层次。

企业文化是通过两个过程而形成并被发现的。一方面是在适应企业外部环境的过程中形成，一方面是在不断适应企业内部整合的过程中形成。通过企业成员之间的相互作用，发现和学习那些对企业的生存和发展有意义的文化因素，这些文化因素逐渐为企业成员所接受，并成为惯例和生活方式，进而得到企业成员的认同，形成企业共同认定的文化，新进入企业的员工也会接受这种文化并适应它。

企业文化的核心是决定企业行为方式的价值观系统，是企业内部各种由员工所认同及接受的信念、期望、理想、价值观、态度、行为及思想方法、办事准则等。其表现为企业的整体形象、行为方式和语言、仪式、传说、故事、英雄等许多方面。它是企业的精神基础，是员工在企业中行动的方针和办事依据。

由此可见，企业文化是企业所创造的独特的物质财富和精神财富的总和，是在生产经营活动中形成，并为全体员工信守的企业群体的理想目标、价值观念和行为准则的综合。企业文化是人类文化、社会文化的一个子系统，是一种集团文化（或团队文化）、一种组织文化（组织存续与扩张的文化）、一种以经营管理为本质特征的实体文化。企业文化作为一种文化，具有自己的内涵，形成一个系统并发挥着独特的作用。企业文化系统通过各子系统间的相互作用，成长为真正的文化。

企业文化的具体内涵如下。

（一）精神文明是企业文化的目标

企业在生产物质产品和提供服务的同时，还进行着精神风貌的建设和传播，精神文明总是引导并促进物质文明快速腾飞。这是因为，产品需要人来生产，服务需要人来提供，而人总是应该讲究精神文明的。顾客从企业得到产品和服务的同时，也能感受到相应企业的精神文明。企业的产品和服务有优劣之分，企业的精神文明也有高低之别。优秀企业之所以优秀，在于它能够有意识地加强企业的精神文明建设。

精神文明是企业为实现自己的价值目标和社会责任而在经营管理过程中形成的一种人格化的群体心理状态的外化。它是一个企业所具有的共同理想、奋斗目标、价值观念、道德规范和行为准则的综合反映。企业的精神文明通常以高度概括的几个字、几句话，或以口号、标语、格言等表现出来，深深植入全体员工心中，并反映在企业的实践活动中。

20世纪后半期以来，已经有越来越多的企业家主张：不应该把获取利润当做企业的唯一目标。罗马俱乐部的创办人说："对任何事业的首要要求是明确的社会效益，然后才是确认它的赢利性——两者不能颠倒。"日本的松下幸之助也说："如果公司没有把促进社会繁荣当做目标，而只是为了利润而经营，那就没有意义了。""即使是个人的企业，在制定企业方针时，决不能站在个人的立场、个人的利益来考虑。必须从'自己所做的事业对大众生活会产生何种影响，是有益还是有害'的观点来衡量和判断。"这种把为社会、为职工提供优质服务看得比赢利更重要、更有价值的观念，就是精神文明的具体体现。以这种观念来经营管理企业，必须尊重构成社会的人的主体地位，必须把人作为服务和依靠对象，必须重视社会、企业、职工三者的协调发展。

我国的老字号中药店同仁堂，早在创立之初就立下了店训："炮制虽繁，必不敢省人工，品味虽贵，必不敢减物力。"就是这样的企业文化世代传承，同仁堂至今仍是名誉全球的中药老店。

（二）价值观念是企业文化的核心

企业文化的内涵极其广泛，其核心是价值观念。不同质的文化，其依据的价值观念也不同，企业价值观不同，企业文化的性质就不同。从一定意义上说，企业价值观决定企业的发展方向，大部分企业的成功，在于全体员工能够分辨、接受和执行企业价值观。

索尼公司的价值观念定位于企业精神上。它们的企业精神是"豚鼠精神"。在茫茫黑夜里，豚鼠总是用它短肢上的三角形大爪，漫无边际地挖掘，很多人都把"豚鼠"作为尖酸刻薄的语言来嘲笑索尼公司的做法。索尼公司的总经理却说："总得有人甘当豚鼠""没错，我们就是那种人，我们也确实正在做那些事。"索尼公司的"豚鼠精神"体现在企业经营的方方面面。20世纪50年代索尼公司的创始人盛田昭夫在美国推销晶体收音机，布洛瓦地方的一个厂商要求订货10万台。这是一宗大买卖，订货量相当于当时索尼公司全部资金的好几倍，是一个赚大钱的机会。但做这笔生意有个条件，即必须把布洛瓦的名字放在收音机上。买主笑着说："在这个国家，没有人知道索尼，用索尼的名字恐怕我们一台也卖不出去。"当时索尼总公司有人从东京给盛田昭夫的指示是："接受订货，忘记索尼的名字。"可是盛田昭夫却认为不能随声附和这个意见，他把这桩买卖回绝了。买主十分诧异地问："为什么有钱不赚呢？放着我们已经赢得的声誉不用，那不太可笑了吗？"盛田昭夫回答说："我要索尼的名字……如果不用索尼的名字，我们就永远不会有自己的历史。"这就是说，盛田昭夫认为企业的知名度和品牌比利润更重要、更有价值。

企业的价值观不仅体现在企业的精神上，还体现在企业内部的一系列规范和准则上。

每个企业都有自己的行为准则，不同企业的行为准则有时是很不相同的。例如，美国企业认为适当的、可接受的行为，日本企业却可能接受不了，反之，日本企业视作理所当然的行为，美国企业却大惑不解。日本大企业不轻易开除人，美国企业则不然，经理常通过开除雇员来解决问题，被看做是明智、果断而合乎逻辑的行为。

索尼的盛田昭夫发现索尼美国公司一个地区销售经理很有发展前途，计划给予重点培养，送他去东京会见索尼总公司很多的领导干部，回到美国后打算予以重用。可是，有一天这名经理突然找到盛田昭夫说，他不打算在索尼美国公司干下去了，因为索尼的竞争对手答应给他两倍，甚至三倍的工资，他无法拒绝。盛田昭夫对这种行为十分恼怒，认为他是"叛徒"。可是很多美国人却认为他的行为光明正大。几个月后，在一个展览会上，这个美国人遇见了盛田昭夫，非但不躲避，反而走上前去热情问候，向盛田昭夫介绍索尼的竞争对手的新产品，毫无内疚之感，亦不认为他自己有什么背信弃义之举。但这个人的表现，对索尼来说背离了企业行为准则。

（三）团队作风是企业文化的标志

企业领导与员工组成的团队在日常工作中形成的作风是企业文化的一个重要标志。不同的企业，不同的团队，就有不同的作风。

企业文化的根源是价值观和使命感。一个企业最值钱的东西是共同的目标、价值观，是这些东西支撑着整个企业。每个员工进入企业之前都要经过培训，形成统一的价值观，当阿里巴巴收购雅虎时，其创始人、现任总裁马云曾明确指出："有一样东西是不能讨价还价的，就是企业文化、使命感和价值观。"

作为一个团队，作为一个企业家，我们不能等企业发展到中型规模才开始讲制度，发展成大型企业才开始讲文化，而是要从第一天当老板开始，就要努力培养企业文化。只有这样，才有可能把企业做大，企业做大以后，企业文化才能发挥更大的作用。然而，进行企业文化的渗透不是一件易事。成功的企业都特别注重企业文化的落地，而不仅仅作为墙壁上的口号那样流于形式。

关于完美的团队，有人认为最好的团队是"刘、关、张"的团队，而马云做过一个比较，他认为最完美的团队是唐僧团队，因为他们的成员都非常普通，不像刘备身边都是些千年难得一见的人才。再从结果上评判，刘备团队虽然在三足鼎立的局势中占有一席之地，但最后还是失败了。而唐僧团队师徒四人，西天取经，最后成功了。因为唐僧团队有明确的组织目标：取经。另外，在人才搭配上，唐僧团队也是非常合理的。唐僧本事不大，但能把握大局，而且执着；孙悟空忠心耿耿，能征善战，适合打头阵；沙僧老实巴交，最适合搞基础工作；猪八戒看似一无是处，但能调节气氛，这种人有时也不可少；白龙马能力虽然稍欠一点，但其实潜力还是蛮大的。所以，马云将唐僧视为一个好领导，因为唐僧知道一个团队里不可能全是孙悟空，也不能都是猪八戒，更不能都是沙僧。唐僧离不开任何一个人，他懂得让团队中每一个人各尽其才，这正是一个优秀的领导最需要的能力。

"阿里巴巴每年至少要把五分之一的精力和财力用在改善员工办公环境和员工培养上。"阿里巴巴对员工的工作时间没有严格的打卡要求，只要完成工作任务随便什么时候上下班。"像IT业，研发性的工作用脑量大，员工处于紧张繁忙的状态。提供优雅一点的工作环境，可以让员工心情舒畅，开心工作。"阿里巴巴在2000年就推出了名为"独孤九剑"的价值观体系。"独孤九剑"的价值观体系，包括群策群力、教学相长、质量、简易、激情、开放、创新、专注、服务与尊重。而后，公司又将这九条精炼成目前仍在使用的"六脉神剑"。阿里巴巴正是在这种认识的高度中不断地完善其企业文化建设。

在今天，在风起云涌的创业大潮中，真正敢用企业文化这一面大旗来独树一帜的企业家是寥寥可数。因为独特的企业文化可能会引起争议，在企业文化的设定和执行上也可能是困难重重。但企业文化的独特性和对它的不折不扣的执行，也正是企业成功的关键要素之一。

（四）和谐关系是企业文化的基础

和谐的人际关系是企业文化的一个重要组成部分。没有和谐相处的人际关系，企业文化的任何任务都无法完成。和谐相处并不是不讲原则的一团和气，而是指能善于认识、处理与人相关的一切矛盾。事实告诉我们，不同的企业，待人艺术的差别很大，有的企业甚至完全不懂这一艺术。

企业的和谐，不仅体现在人与人的关系上，还体现在风俗、习惯与舆论上。卢梭在《社会契约论》中认为文化是风俗、习惯，特别是舆论。它有以下特点：一是铭刻在人们的内心；二是缓慢诞生，但每天都在获得新生力量并取代权威力量；三是能够维持人们的法律意识，激活已经疲软的法律或取代已经消亡的法律。

和谐关系体现在国际交往场合特别是国际贸易活动中，必须尊重各国当地的风俗、习惯。到了西班牙，最好穿黑色礼服出席晚宴。在法国，出席晚宴时别忘了给主人送上一束鲜花，但千万别送菊花（菊花在法国是用于葬礼的），也不能送黄色的花（法国人认为黄色是不忠诚的表示）。在美国，红玫瑰是送给情人的，当然不适于商人把它送给主顾。意大利人忌讳菊花。日本人忌讳荷花。在印度尼西亚，见面时要立即递上名片。在新加坡，不要向对方说"恭喜发财"，他们认为"发财"即"横财"，乃不义之财，等等。

不同的习惯，也表现在生产过程中。面对不同国家的不同习惯，就得采用不同的方法。如商标设计，必须考虑各国、各民族的风俗、习惯。国际上都把三角形作为警告性标志，在捷克，红三角是有毒的标记；而土耳其把绿三角形作为"免费样品"的标记。在英联邦和使用英语的国家，忌用大象作商标，他们认为白象是"沉重的包袱"，昂贵却无用。

企业文化上述四个方面的内涵，都是在企业的生产经营等经济活动中表现出来的，但它们本身并不属于经济范畴。同时，它们也没有强烈的政治色彩，既不以政治为目的，也不是依靠国家政权的力量来强制推行的，因而也不能归属于政治范畴。它们有三个共同的基本特征：第一，它们都是一种属于人的、以人为中心的、以人为载体的现象，而不是属于物的、以物为中心的、以物为载体的现象；第二，它们能够为一个企业的全体员工所共同接受，普遍享用，而不是企业中某些人所特有的；第三，它们是企业发展过程中逐渐积累和形成起来的，并且和一个企业的历史和特殊环境相适应。这三个基本特征是"文化"的基本特征，因此可以而且也应该把他们归属于企业范畴，并称之为"企业文化"。

四、企业文化的本质

企业文化从本质上来说是以人为本，实行人性化管理。现代企业是社会大生产条件下产生的，是商品经济高度发达的产物，也是现代社会的经济细胞和国民经济的基本单位。企业要为社会提供产品和劳务，必须具有一定量的生产要素，包括物质要素和人力要素，并使两者能够很好地结合起来。

物质要素和人力要素相比，人力要素是居于首位的。因为任何产品和服务的质量或独创性最终依赖的还是生产和提供这些产品或服务的人的行为。只有人的文化素养，特别是人的知识和才能具有独创性，他的行为才具有独创性，他所生产的产品或提供的服务才会具有优越性。

随着人们生活形态的多样化，以及社会文化向人本方面的倾斜，传统的雇佣形态正在面临着越来越大的挑战。只有强化企业文化，对员工倾注更多的人性，运用更加灵活多样的工作方式，才能使全体员工更好地发挥作用，并吸引更多优秀人才加入企业。

企业文化能有效地激励员工，使其充分发挥自己的知识和才能并为企业所用。企业把员工的个人发展同企业发展前景紧密联系在一起，共担风险，共享收益。企业对员工所具有的知识和才能给予充分的肯定和尊重，在分配上按能力、技能、绩效，而不是按职务付酬。企业运用更加人性化、多元化和具有灵活性的人才管理和激励机制，吸引和留住更多更优秀的人才，并使员工最大限度地发挥其知识和才能的作用，促进企业核心竞争力的进一步发展。

企业文化还能为员工提供更多的个人成长机会。企业把员工的个人成长需要与组织的需要统一起来，营造企业与员工共同成长的组织氛围，就可做到人尽其才，最大限度地调动员工的积极性，让员工对未来充满信心，觉得在企业中可以大有作为，从而提高员工对企业的忠诚度。

近年来令无数消费者津津乐道的餐饮企业"海底捞"，其独特的管理模式的运用着实给众多企业上了生动的一课。

四川海底捞餐饮股份有限公司董事长张勇先生从只有4张桌椅的麻辣烫起家，凭着想要成功的信念，用坚韧、踏实、努力、朴实的品性，一步步做起，最终成功创立了年营业额超过10亿元的"海底捞"。"用双手改变命运"是"海底捞"最有号召力的一句话，也是"海底捞"企业文化的精髓所在。"海底捞"一直致力于把"用双手改变命运"的价值观转化为现实，并将之当做"海底捞"的目标之一，鼓舞感动了"海底捞"的员工，大大激励了员工的积极性与责任感，推动了"海底捞"的井喷式发展。

客人的要求五花八门，标准化服务最多能让客人挑不出毛病，但不会超出顾客的期望，而"海底捞"却给人带来超值享受。凡来过"海底捞"的人，恐怕都会对细致入微的服务留下强烈的印象，顾客等餐时，服务员会送上免费饮料、水果、点心，顾客还可享受免费美甲、擦皮鞋、上网等服务。顾客入座后，立马会送上绑头发用的皮筋、围裙、手机套，就餐期间会有服务员不时递上热毛巾。让顾客感触更深的是服务员个个精神饱满，快乐感染了每位顾客。在"大众点评网"上，很多顾客对这种贴心服务感到"受宠若惊"，感慨"终于找到了做上帝的感觉"。

　　"海底捞"细致入微的服务让顾客感到新鲜及温馨，全方位提升了顾客满意度，培育了大批忠实客户，"海底捞"没在广告宣传上花费大笔金钱，却获得了巨大的广告投入也无法带来的收益。

　　人们开始诧异，为什么"海底捞"的员工能够提供如此优质的服务呢？

　　餐饮业的竞争归根到底是服务的竞争，而服务取决于员工，鉴于此，"海底捞"创始人张勇先生提出"把员工当成家人""员工比顾客重要"的理念，"海底捞"的员工住的都是正规住宅，有空调和暖气，可以免费上网，步行20分钟到工作地点。不仅如此，"海底捞"还雇人给员工宿舍打扫卫生，换洗被单。"海底捞"在四川简阳建立了"海底捞"寄宿学校，为员工解决子女的教育问题。"海底捞"还考虑到员工的父母，优秀员工的一部分奖金，每月由公司直接寄给员工在家乡的父母。要让员工的大脑起作用，除了让他们把心放在工作上，还必须给他们权力。200万元以下的财务权都交给了各级经理，而"海底捞"的服务员都有免单权。不论什么原因，只要员工认为有必要，都可以给客人免费送一些菜，甚至免掉一餐的费用。聪明的管理者能让员工的大脑为他工作，当员工不仅仅是机械地执行上级的命令时，他就是一个管理者了。按照这个定义，"海底捞"是一个由6000名管理者组成的公司。

　　"海底捞"把培养合格员工的工作称为"造人"。张勇将"造人"视为"海底捞"发展战略的基石。"海底捞"对每个店长的考核只有两个指标：一是客人的满意度；二是员工的工作积极性。同时要求每个店按照实际需要的110%配备员工，为扩张提供人员保障。

　　发展至今，"海底捞"已成为海内外瞩目的品牌企业。"海底捞"成为《哈佛商业评论》中文版的案例，一夜之间，各行各业掀起了一股向"海底捞""学管理""学营销""学服务"的热潮，"海底捞"俨然不再是一个火锅店的代名词，转而上升成为一种热点现象，吸引了众多媒体的关注。

　　百年企业靠文化。作为成长性的企业，面对激烈的市场竞争，我们塑造企业品牌，不仅应该注重强化管理，更应该注重文化建设，形成符合自身特色的企业文化价值观，用这种文化理念来促进管理、引领员工，使优质高效成为企业的文化印象和品牌代名词，让业主满意、让社会认可，从而为企业提供不竭的成长动力。

　　企业文化的意义在于它充盈着整个企业的方方面面，既是企业的灵魂和潜在生产力，又是企业生存和发展的动力，更是企业立足市场的源泉。总而言之，企业文化对内是一种向心力，对外是一面旗帜。

五、企业文化的功能

　　企业文化在企业管理上的意义，主要表现在企业文化的功能上。

(一)企业文化的定向功能

企业文化揭示了企业成员在思考和行动方面的方向。企业成员在企业活动中的行为和思考问题的时候,如果违背企业文化,就会感到不安。这是由于企业文化具有约束力,它在决定企业成员的行为方面起着重要作用。建设企业文化的关键就是确定企业的核心价值观,而这种价值观也必将影响企业的行为方向和目标制定。

(二)企业文化的凝聚功能

企业文化起着向同一方向凝聚其组织成员的作用。企业文化在企业中渗透越深、扩散越广,企业成员的凝聚力就越强。企业凝聚力的关键在于企业与大多数员工能否在企业的目标制定、行动方向、价值体系、情感互动等方面取得共鸣。这种共鸣一旦形成,将形成强大的凝聚力,使整个团队同舟共济、所向披靡。

(三)企业文化的效率功能

企业文化影响企业的效率,影响企业的计划、组织、人事、领导和控制等各项管理职能的实施方式。通过企业的组织结构和制度,能够了解企业的一般情况,但很难把握企业的深层情况。要真正提高企业的效率,必须在企业文化上下功夫。企业的实际运行情况、企业成员的关系等,只能通过企业文化才能真正地了解。

(四)企业文化的形象功能

企业文化是企业品牌和企业形象的总体展示,优秀的企业文化是企业的核心竞争力。核心竞争力是指企业内部经过整合了的文化、知识与技能,是企业长期形成的蕴涵于内质的,企业独具的,能在各种竞争环境中取得主动的核心能力。共同目标的确立,使得员工的使命感和责任感进一步加强。它不仅是企业在本行业、本领域获得明显竞争优势的保障,还是企业开辟新领域、建立新的利润增长点,甚至是建立新的主导产业、实现战略重心转移、寻求不断发展的重要手段。

第二节 企业文化的由来与发展

一、企业文化高潮的由来

"企业文化"作为专业术语,最初出自西方管理学界。1980年秋,美国《商业周刊》首先提出了"Corporate Culture"(企业文化)的概念。随后,这个概念在不同场合有不同的称谓,如 Corporate Culture(公司文化)、Organizational Culture(组织文化)、Enterprise Culture(企业文化)、Firm Culture(公司、商号文化)、Company Culture(公司文化)等。20世纪80年代中期,Corporate Culture(公司文化)概念被引进到中国,由于当时"公司"一词实际表示的是"部—局—公司—厂"这种垂直管理体系中的一级行政组织,为了避免发生误会,翻译家们把通常用得最多的 Corporate Culture 译成了"企业文化"。

自有企业以来一直到20世纪上半期,企业文化在整个企业发展中的作用并不显著。到了20世纪下半期,企业文化的作用才逐渐变得重要起来,企业文化建设取得了很大的成就,并涌现了一大批依靠优秀的企业文化而取胜的企业。理论界对此进行了认真研究,并于20世纪80年代形成理论探索的第一次高潮。同时,出版了一些专著,对企业文化与组织架构、企业文化与人力资源管理、企业文化与企业创新、企业文化与企业环境等课题进行了深入的探讨。

在这次理论探索中,大家着力剖析了下列两个企业。

一个是美国硅谷的坦德计算机公司。该公司20世纪80年代初的利润以每季度25%的速度增长,年收入超过1亿美元,职工"跳槽"率很低。是什么原因使坦德计算机公司如此兴旺呢?美国哈佛大学教授迪尔和麦肯锡管理咨询公司的咨询专家肯尼迪,经过分析研究后认为:"坦德计算机公司的强文化是其取得成功的源泉。"具体来说,它的成功诀窍有四条:第一,在公司内部建立了一个被广为分享的哲学,这个哲学强调人的重要性,认为"坦德计算机公司的成员创造性的行为和乐趣是其最重要资源";第二,在公司内部淡化等级观念,建立彼此平等的人际关系,员工的工作责任和时间是灵活机动的,公司内不挂显示职位头衔的标牌,不专门给负责人留停车场地;第三,在公司内树立英雄人物,编成故事,广为传播;第四,在公司内部形成了若干习俗和仪式,如星期五下午人人参加的"啤酒联欢会"。

另一个是日本本田公司美国分公司。该公司只有高层管理者来自日本,其余职工(包括中级管理人员与普通工人)都是美国人。这些美国人原本是在美国三家较大的汽车制造企业中工作的。日本本田公司美国分公司的生产率和产品质量,都超过了美国的同行。它成功的秘诀在哪里呢?美国《华尔街杂志》于1983年对该公司的经验进行了报道:"本田公司美国分公司突出的做法是缩小工人和管理人员在地位上的差别,把工人当做群体的一分子。每个人,不论是工人还是管理人员,同样都在公司就餐,公司也没有为高级职员专设的停车场。职工被称作'合伙人'。"这就是说:本田公司美国分公司的成功,应归功于高层管理者"重视人、尊重人、团结和依靠广大职工群众"的管理思想和管理实践。而这一点,恰恰是优秀的企业文化的精髓。日本本田公司美国分公司是依靠优秀的企业文化而取胜的。

大家在分析这两个企业以及其他一大批名列前茅的优秀企业时,发现其成功的主要原因是有优秀的企业文化。这些生机勃勃的企业,由于重视企业文化建设而大大受益,尝到了甜头,甚至有的企业完全依靠企业文化而起死回生。

随着对企业研究的深入,人们对日本的企业文化给予了更多的关注,美国的企业界在这方面下的功夫更大。日本企业的高效率,是因为优秀的日本领导人在企业中培养了一种良好的文化品质,特别是树立了员工共同遵循的正确价值观,并且能够把它保持下去。美籍日裔学者威廉·大内认为,日本人成功的秘诀,并非是技术原因,而是他们有一套管理人的特殊办法,即强化企业文化,把公司的员工同化于公司的意识,养成独特的公司风格。索尼公司的创始人盛田昭夫说:"日本公司的成功之道并无任何秘诀和不可与外人言传的公式。不是理论,不是计划,也不是政府政策,而是人,只有人才能使企业获得成功。日本经理的重要任务是发展与员工之间的健全关系,在公司内建立一种人员如一家的感情,一种员工与经理共命运的感情。在日本,最有成就的公司是那些设法在全体员工(美国人称之为工人、经理和股东)之间建立命运与共意识的公司。"日本企业依靠企业文化而获得成功,这已是公认的事实。

二、企业文化理论的探源

企业文化理论的源头是管理学理论，它是在管理学理论发展到一定阶段而产生、发展和完善的。

按照《世界百科全书》的解释"管理就是对工商企业、政府机关、人民团体，以及其他各种组织的一切活动的指导，它的目的是要使每个行为决策都有助于实现既定目标"。

在工业革命时代，人们已经开始注意对管理活动的研究。作为古典政治经济学的奠基人之一的亚当·斯密，最早提出劳动分工和协作可以提高劳动生产率等重要的管理思想，开始了西方管理理论发展的第一阶段，即古典科学管理理论阶段。他提出了"经济人"假设，认为个人在企业中追求最大限度的经济报酬。若组织（企业）的利益一致，则可以通过调动个人的积极性来实现组织的目标。

古典科学管理理论盛行于19世纪末到20世纪30年代至40年代，它是建立在"经济人"假设的理想理论基础之上的，主要包括以泰罗为代表的科学管理理论，以法约尔为代表的古典组织理论。泰罗提出了一整套科学管理的理论和方法，被誉为"科学管理之父"。他还提出工人与雇主合作的"精神革命"，相互协作，共同为提高劳动生产率而努力。

西方管理理论第二个发展阶段是行为科学管理理论阶段，其标志是行为科学理论的形成。行为科学理论推翻了古典科学管理理论的"经济人"假说研究前提，将管理的重点转向管理中最积极活跃的因素——人。行为科学理论分为两个发展时期和三大部分内容。第一个发展时期以梅奥的人际关系学说为代表，第二个发展时期重点是研究动机和激励理论、领导效能理论。三大部分内容是人际关系理论、激励理论和领导效能理论。梅奥认为工人是"社会人"，而不是"经济人"。金钱刺激并不是激发人们工作热情的唯一动力，他们还追求人与人之间的友情、安全感、归属感和受人尊重等。

西方管理理论第三个发展阶段是茂密丛林管理理论，其标志是《管理理论的丛林》这篇论文。1961年12月，美国管理学家哈罗德·孔茨发表了这篇论文，19年后又发表了《再论管理理论的丛林》。他把管理理论分为11大学派，为首的学派是决策理论。决策理论的主要代表人物赫伯特·西蒙认为管理的重点是决策，每个人都可能是"决策人"，决策贯穿于管理的全过程。管理就是为实现预定目标而组织和使用人力、物力等各种物质资源的过程。

上述现代管理理论的三个发展阶段都把调动人的积极性、提高劳动生产率作为最重要的研究课题，实际上研究的都是文化，企业的一切管理都属于企业文化的范畴。

企业文化理论作为一种新的管理理论，是20世纪80年代初期首先在美国被提出的。它是美国学者针对在国际经济竞争中，美国的企业竞争力每况愈下而日本的企业咄咄逼人的形式，进行日美两国企业管理比较的产物。

企业文化理论的产生，标志着管理理论进入了第四个发展阶段。企业文化理论从一个全新的文化视角来思考和分析企业这个经济组织的运行，给企业生产这一经济行为注入文化的活力。与传统管理理论相比较，其关注的重点放到了人的精神层面，以精神来促使企业的思想统一，进而达到经营管理行动的一致性，提高管理效率。

三、企业文化的基础理论

企业文化理论的基础，是从组织文化的高度把企业管理从技术上升到艺术，从经济层面上升到文化层面。企业文化以下列4部著作为奠基之作，为企业文化理论体系的形成奠定了基础。

第一部著作《Z 理论——美国企业怎样迎接日本的挑战》，是美国加利福尼亚大学管理学教授美籍日裔学者威廉·大内于 1981 年撰写的。他在 20 世纪 80 年代美国企业界的"日本热"的基础上，以日本的经济奇迹为参照系数，致力于为美国的经济发展出谋划策。大内分析了企业管理与企业文化的关系，提出"Z 型文化"与"Z 型组织"的概念，认为企业的控制机制是完全被文化所包含的。他指出，美国企业向日本企业学习的重点，是充满于日本企业的信任感、亲密度和凝聚力，即要把企业职工作为复杂的"社会人"来加以认识，从而创造出适应当今社会的企业文化。"Z 型文化"要求企业成为"Z 型组织"，"Z 型组织"的特点为：（1）实行长期或终身雇佣制，从而使员工在职业有保障的前提下更加关心企业的利益；（2）对职工实行长期考核和逐步提升制度；（3）培养适应各种工作环境的、多专多能的人才；（4）管理过程中既严格要求使用现代化科学技术的控制手段，又注重对人的经验和潜能进行细致有效的启发诱导；（5）采取集体研究和个人负责相结合的"统一思想式"的决策方式；（6）树立员工平等观念，在整体利益指导下每个人都可对事物做出判断，独立工作，以自我控制代替等级指挥，在上下级之间建立融洽的关系。

第二部著作《日本企业管理艺术》，是美国哈佛大学工商管理研究院和斯坦福大学研究院的两位教授理查德·帕斯卡尔和安东尼·阿索斯合著的。他们提出"7S 模型"，认为任何企业的成功，必须紧紧抓住 7 个相互关联的变量或者 7 个要素：战略（Strategy）、结构（Structure）、制度（System）、人员（Staff）、作风（Style）、技能（Skills）、崇高目标（Superordinate goals）。前三个为"硬性 S"，后四个为"软性 S"。美国企业之所以在严酷的冲击面前显得疲软，是由于它们过分重视 3 个"硬性 S"，而日本企业则在不否认 3 个"硬性 S"的前提下，很好地兼顾了 4 个"软性 S"，因此显得生机勃勃。

第三部著作《企业文化》，是美国哈佛大学研究院教授特雷斯·迪尔和麦肯锡管理咨询公司专家艾伦·肯尼迪合著并于 1982 年出版的。此书提出了"杰出而成功的公司大都有强有力的企业文化"的命题，标志企业文化理论的诞生。两位作者揭示了企业文化的 5 大要素：企业环境、价值观念、英雄人物、文化仪式、文化网络。还将企业文化分成 4 种典型类型：强悍型文化、工作娱乐并重型文化、赌注型文化（风险型文化）、按部就班型文化。

第四部著作《寻求优势——美国最成功公司的经验》，是两位企业问题专家托马斯·J. 彼得斯和小罗伯特·H. 沃特曼于 1982 年合著。两位作者通过 5 年时间的调查研究，归纳总结了美国最成功的公司所积累的经验，其具有 8 大特征：（1）行动迅速，决策果断；（2）接近顾客，以优秀产品和优质服务维持优势；（3）锐意革新，全力支持敢闯敢做的改革者；（4）珍惜企业至为宝贵的资源——人，通过人的潜能的发挥来提高生产率；（5）以价值准则为轴心，把公司内部的各种力量凝聚到企业目标上来；（6）扬长避短，展开多角经营，增强应变能力；（7）简化组织机构，减少中间层次；（8）宽严相济，张弛有节，注重管理艺术。通过对这 8 个方面的总结，这两位作者明确指出，由于这些公司"以公司文化为动力、方向和控制手段"，因而取得了惊人的成功，充分表现出企业文化的力量。

四、企业文化理论的发展

企业文化属于全新的企业管理理论，它起源于日本，形成于美国，现在风靡全球。20

世纪90年代以来，随着企业文化的普及，企业组织越来越意识到对企业文化进行规范的重要性，着力于以企业文化为基础来塑造企业形象，着力于由理论研究向应用研究和量化方面迅猛发展。根据近年来对世界500强企业的研究，我们发现能够年复一年入选世界500强的企业一定有着鲜明的企业文化和独特的价值观念。

在理论研究的同时，学者们对企业经营业绩进行了研究。密歇根大学工商管理学院的两位学者用现场调查的方法，以334家研究机构为样本，研究了文化整合、文化力量和文化类型与组织效益之间的关系，于1991年发表了论文《企业文化的和谐、力量和类型：关系与效益》。哈佛大学商学院的约翰·科特和詹姆斯·霍斯克特两位教授出版了专著《企业文化与经营业绩》（1992年）。他们总结了1987—1991年间对22个行业72家公司的企业文化和经营状况的调查研究，列举了强力型、策略合理型和灵活适应型三种类型的企业文化对公司经营业绩的影响，预言企业文化很可能成为决定企业兴衰的关键因素。

20世纪90年代，关于企业文化测量的研究异常活跃，影响较大的论文有《组织文化和组织发展：竞争价值的方法》《组织文化的定量研究和定性研究》《竞争价值文化量表的心理测验和关于组织文化对生活质量影响的分析》《组织文化测量和优化量表》等。广为流传的适用于组织分析的模型包括7个方面：（1）社会—经济环境；（2）管理哲学；（3）对工作情景的组织；（4）对工作情景的知情；（5）反应：组织行为；（6）企业经营业绩；（7）个人和组织变量。

在企业文化的诊断和评估方面，较有影响的专著有《诊断企业文化——量表和训练者手册》《诊断和改变企业文化：基于竞争价值理论模型》等。这方面的研究为诊断组织文化和管理能力提供了有效的测量工具，为理解企业文化提供了理论框架，也为改变组织文化和个人行为方式提供了系统的策略和方法。

从国外企业文化研究的历程看，他们走的是一条理论研究与应用研究相结合的道路。与之相比，中国的企业文化研究较为薄弱，就理论研究而言，还停留在初始阶段，大多以介绍和探讨企业文化的意义及企业文化与社会文化、企业文化与企业创新等的辩证关系上，真正有理论根据的定性研究和定量研究为数甚少。同时，这方面的理论研究滞后于中国企业文化发展的实践。因此，加强中国企业文化研究、促进中国企业文化的发展是我们的当务之急。

第三节　企业文化系统的构建

一、企业文化系统构建的结构

企业文化系统是一个多层次的综合体，可以从精神层、制度层、行为层、物质层4个层面来构建。精神层是核心，是企业的灵魂；制度层是框架，是企业的保障；行为层是肢体，是企业的灵动；物质层是表层，是企业的展示。

（一）精神层的企业文化

精神层的企业文化是一种高层次的文化，在整个企业文化中居于统帅地位。它是企业在长期的生产经营中形成的，又为全体员工认可和遵循的企业意识和文化观念。精神层的企业文化一旦形成，就会规定并制约制度、行为和物质层面的文化。

精神层的企业文化，是从企业实践中抽象出来的，关于企业一切活动本质和基本规律的思想，是企业经营管理经验和理论的高度总结与概括，是企业家对企业经营管理的哲学思考。精神层的根本问题是回答企业中人与自然、人与人、人与经济规律、企业与社会、企业与员工、企业与顾客等的关系问题。精神层的企业文化是企业意识形态的总和，主要包括企业使命、企业价值观、企业责任、企业精神等。这四方面的内容，将在第六章进行详述。

（二）制度层的企业文化

精神层的企业文化要靠一定的制度来稳固和传承，进而形成制度层的企业文化，以推进行为层和物质层企业文化的发展。制度层的企业文化主要包括企业的产权制度、领导体制、组织结构、管理制度等方面的内容。

1. 产权制度

企业的产权是制度文化最重要的内容，最根本性的制度。我国企业现行的产权归属有合资企业、私营企业、国有企业、外资企业和股份制企业等。不同的产权制度有不同的责权利关系，形成不同的制度文化。产权结构不同，企业文化的内涵和形成也不同。

2. 领导体制

企业领导体制是随着企业产权制度而确立的，不同的产权关系会有不同的领导体制。领导体制属于一种文化的表现形式，我国国有企业的领导现在仍与党政领导干部的任命方式一样，是由上级党委组织部任命的。随着改革的深化，产权关系的理清，必将形成新的制度文化。

3. 组织结构

组织结构是否适应企业生产经营管理的要求，对企业生存和发展有很大影响。不同的企业文化有着不同的组织结构，不同的组织结构又产生不同的企业人行为，进而形成不同的企业文化。良好的组织结构能通过有效的文化沟通和传播机制，清除不良的文化因子，充分发挥优异文化因子的积极作用。

4. 管理制度

企业管理制度是实现企业目标的措施和手段，是规范员工行为的要求和标准。好的管理制度是科学、完善、实用的管理公式的体现，能使员工个人的活动得以合理进行，并能成为维护员工共同利益的强制手段。管理制度是一种来自员工自身以外的、带有强制性的约束，它规范着企业的每一个人，是一种约束企业和员工的规范性文化。企业的管理制度包括厂规厂纪、操作规程、管理责任界定和考核奖惩办法等，都是每个员工必须严格执行的。企业为求得最大利益，还制定了各项规定和条例，如企业的人事制度、生产管理制度、民主决策管理制度、市场营销管理制度、财务管理制度等。

（三）行为层的企业文化

行为层的企业文化是员工在生产、经营、科研、公关等方面产生的活动文化。这是一种动态式的文化，是以人的行为为形态的企业风尚和企业作风，是法律、道德、科学技术和文化意识在企业人行为中的反映，也是企业价值观的折射。行为层的企业文化主要包括行为规范、文化活动、人际关系、沟通传播等。

1. 行为规范

企业员工是企业最活跃的群体，他们的行为决定了企业整体的精神风貌和企业文明的程度，员工群体行为的规范是企业文化建设的重要组成部分。企业通过规定与制度来规范员工的行为，这种规范是法律、道德、礼仪和科技文化意识在企业人行为中的具体反映，是企业经营作风、精神风貌、人际关系的动态体现。它能协调领导和员工之间以及企业与外部的关系，能使企业行为规范化，员工行为社会化，形成良好的企业风尚。

2. 文化活动

企业的文化活动能提高员工的素质、陶冶员工的情操、塑造员工的形象。企业的群众性文化活动包括组织员工进行思想政治学习、企业规章制度学习、科学技术培训，开展群众性的文化活动、体育活动、读书活动等。通过多种多样、丰富多彩的文化活动，把员工个人的工作同自己的人生目标联系起来，建立起对企业、对奋斗目标的信念并付诸实际行动。

3. 人际关系

企业的人际关系是员工在日常工作和生活中发生的交往关系，既包括领导与员工的上下级关系，又包括员工之间的相互关系。企业内的上下级关系，不要搞小圈子，不任人唯亲，上下融合，心往一处想，劲往一处使。员工之间要相互尊重，相互支持，团结友爱，齐心协力。

4. 沟通传播

企业要有正常的沟通传播机制和渠道，保持顺畅的交流。沟通传播的渠道是多种多样的，诸如会议、访谈、文件、报刊、广播、电视、网络等。企业人要善于利用这些方式和渠道，保持正常的沟通传播，促使企业员工整体行为的优化。沟通传播要迅速及时，要用正当的渠道方法，不能传小道消息、放马后炮、制造流言蜚语，不能影响团结、干扰企业的战略部署。

（四）物质层的企业文化

物质层的企业文化是企业精神层、制度层和行为层文化的外在显现和外化结晶，是由员工创造的产品和各种物质设施等构成的器物文化。它的主要内容有产品、服务、环境、建筑、设备、包装等。

1. 企业产品

物质层的企业文化主要体现在企业产品上。产品是企业生产的物品，有特定的物质形态和具体用途，能在市场上形成交换关系。人们通过交换而获得需求的满足，是消费者和用户期求的实际利益。这里的需求，不仅是指有形的产品，还包括无形的服务。有形的产品主要指产品实体及其品质、特色、式样、包装等，无形的服务主要指可以给买方带来附加利益和心理上的满足感及信任感的售后服务等，两者有机的结合就形成了企业的品牌。

产品有核心产品、形式产品和扩大产品之分。核心产品是指产品的核心本质，是顾客所需要的最基本效用和服务，是消费者利益的直接体现。形式产品是指产品的外部特征，包括结构、性能、款式、外形、商标、包装等，能满足同类消费者的不同需求。扩大产品是指产品的附加价值,包括为产品提供的安装、调试、维修、培训、咨询、送货、调换以及所承诺的各项服务等。

2. 环境容貌

企业的环境容貌,从视觉上直接地体现了企业文化的个性特点。企业环境包括工作环境和生活环境,能为员工提供良好的工作条件和生活条件,提高员工的劳动热情和工作效率。工作环境包括厂区的外部环境和内部环境。生活环境包括员工的居住、休息、娱乐等客观条件和服务设施,企业员工本身及其子女的学习条件以及生活小区的环境建设和美化。企业容貌是指企业建筑物的空间结构、布局和色彩等。

3. 工具系统

企业的工具系统是企业生产力的主要标志,是物质层企业文化的主要基础。企业的工具系统包括生产手段、机器设备、作业工具、动力能源、传动装置、保养维护、物流运输以及对生态和环境的影响等。企业工具系统文化水准的高低,直接决定了企业产品开发与生产的水平,决定了企业产品、管理和经营的方式,决定了现代化企业的发展方向。

4. 经营管理

企业的经营管理是企业对行为主体及各种要素、环节的管理与协调,是企业运转、经营和发展的关键。企业经营管理的主要内容为:企业控制、核算、监测、沟通以及信息工具系统;企业管理物资、资源、工具系统;企业经营核算、账户系统;企业生产过程监测、控制手段系统;企业产品质量测评、检验手段系统;办公室自动化水平、办公手段的物质系统;企业培训系统;企业公共关系与对外联系的物质手段系统等。企业经营管理文化的显著特点是物质承载性,它体现在经营服务和技术进步等物质载体上。

二、企业文化系统构建的要素

企业文化系统是个多要素的综合体,由相互依存、相互联结的多种要素组成。在诸多的要素论中,美国管理学家阿伦·肯尼迪的"五要素"说概括得比较好,比较适合我国一般企业运用。他和特雷斯·迪尔在《公司文化》一书中提出:企业文化包括企业环境、价值观念、英雄人物、习俗与仪式和文化网络等五个要素。

(一)企业环境

企业环境不仅指企业的内部环境,还指企业"经营所处的极为广阔的社会和业务环境",包括市场、顾客、竞争者、政府、技术等状况。企业环境有宏观和微观之分,它对企业文化的形成有着很重要的影响,企业文化是企业在特定环境中为了获得成功所必须采取的全部策略的体现,不同的企业生存和发展环境会产生不同的企业文化。

1. 宏观环境

企业文化的宏观环境对单个企业来说具有决定性的作用,企业只能顺应它,不能改变它。要顺应宏观环境就要了解它、分析它。常用的分析方法是PEST,即政治(Political)、经济(Economic)、社会(Social)、技术(Technological)的"四因素分析法"。

(1)P。政治环境因素决定企业经营和企业文化的方向,对企业的投资、经营和文化具有根本性的影响。政局稳定、政策宽松,能给企业营造良好的经营环境,带来重大的发展机遇。与之相应的法律则为企业制定了经营活动的行为准则,企业文化的一切活动,必须在法律许可的范围内进行。

(2) E。经济环境因素是企业经营活动的外部经济条件,它直接影响企业的生产和经营,影响企业文化的发展。随着经济水平的提高,对企业经营和文化的要求也随之提高,这为每个企业都带来了良好的发展机遇。近年来中国经济全局发展稳健前进,2013年我国货物出口贸易首次超越美国成为世界货物出口第一大国,但在服务出口和技术出口方面仍落后于世界先进水平。这表明中国的经济发展必定会越来越受瞩目,但我们也必须认识到我们在第三产业的落后,所以我们更要注重企业文化的发展与建设,抓住机遇,迎接挑战。

(3) S。社会环境因素是社会结构、人口结构、教育水平、价值观念、生活方式、风俗习惯、伦理道德、语言文字和地理环境的总和。企业存在于某种特定的社会中,必然会形成某种特定的企业文化。企业一定要重视对社会文化的调查研究,并以此为依据来构架企业文化系统。

(4) T。技术环境因素不仅直接影响企业内部的生产和经营,还和其他环境相互依赖、相互作用,影响企业的经营活动,影响企业文化系统的构建和发展。

2. 微观环境

企业的微观环境主要由企业内部因素、供应商、中介机构、顾客、社会公众、竞争者等组成,其中顾客和竞争者居于核心地位。

企业内部因素取决于企业领导层为企业制定的任务、目标、战略和政策,特别是取决于企业创始人或企业家的胆略、风格和个性。企业的一切活动都必须在领导规定的范围内进行,企业文化建设更应充分考虑企业内部的这一基本前提要素,广泛调查研究企业内部的实态,确保企业文化建设收到预期的效果。

供应商是指向企业及其竞争者提供生产产品和服务所需资源的企业或个人。供应商所提供的资源是企业运作的保障,供应商与企业有着密不可分的关系。供应商的经营方略和文化模式,会从各个方面对企业进行渗透,产生互动,影响企业的文化建设。

中介机构主要包括会计事务所、法律事务所、广告公司、管理咨询机构等,从营销角度来看主要指中间商、实体分配机构、营销服务机构和财务中间机构。企业文化建设必须考虑与他们的互动。

顾客是一切经营活动的中心,忠诚的顾客是企业最宝贵的财富。

社会公众是指对企业实现其目标有实际或潜在的利益关系影响的团体、个人,主要有金融公众、媒介公众、政府公众、当地公众、一般公众、内部公众等。企业必须考虑与顾客和各类公众的关系,把企业文化建立在更为广泛、厚实的基础上。

竞争者对企业的经营和文化有着很大的影响,企业面对的主要竞争者有愿望竞争者、一般竞争者、产品形式竞争者、品牌竞争者。企业要充分考虑竞争者因素,并以同行业优秀竞争者为标杆,完善和发展本企业的文化建设。

(二)价值观念

价值观念是企业文化的核心,是企业的基本观念及信心。从主体来看,是为企业绝大多数成员所共有的价值观;从地位来看,是企业中占主导地位的价值观;从作用来看,能对企业的生存和发展起推动作用。一个企业的价值观越鲜明,即一个企业的信念越是强烈,就越能吸引企业中每个人的注意力，使大家的力量都集中到企业目标上来；反之，企业的价值观越模糊，即企业的信念越是薄弱，则大家的注意力必定分散。

价值观应该用具体形象的语言表示出来，而不应该用抽象难懂或过于一般化的语言来表达。例如，凯特皮勒拖拉机公司把价值观表达为"无时和无处不有的服务"，通用电气公司把价值观表达为"进步乃是我们最重要的产品"，杜邦化学公司把价值观表达为"通过化学使美好的生活变得更美好"，罗斯住宅公司把价值观表达为"为人们创造最美好的环境"，丹纳公司（汽车零部件制造商）把价值观表达为"凡人皆创造生产率"，大陆银行把价值观表达为"寻求最佳的途径"，西尔斯公司（批发商）把价值观表达为"物美价廉"，等等。同时，不同的企业，其价值观最好尽可能使用不同的语言来表示，以避免雷同，使价值观能够反映一个企业的基本特征，能够把一个企业的对内对外态度和其他企业区别开来。价值观表达得具体和有个性，至少有两个好处：第一，可以使价值观不仅在高级管理人员心目中，而且在企业绝大多数人的心目中，都成为一种实实在在的东西，真正成为凝聚人心、支配行为的东西，而不至于变成空洞的口号；第二，可以使员工产生一种个性感，一种与众不同的自豪感，激励其竞争取胜的信心。

企业价值观的表达，也不一定只限于一两句话，可以用许多句彼此协调的话，它们结合起来表达了一个企业的价值观体系。

对于企业的价值观，本书在第六章有专门论述。

（三）英雄人物

迪尔和肯尼迪认为没有英雄人物的企业文化是不完备的文化，是难以传播和传递的文化。这告诉我们，发挥榜样的作用是建设企业文化的一个重要而有效的方法。把那些最能体现价值观念的个人和集体称为英雄，大力宣传表彰，并根据客观形势的发展不断调整激励方法，有利于优秀企业文化的形成和发展。

英雄人物是企业价值观、企业精神的人格化，他们的一言一行都体现了企业的价值观念。英雄是企业文化的一种象征，它为员工提供了有效的、有血有肉的角色样板。迪尔和肯尼迪对英雄人物的标准、作用、类型和英雄人物的塑造、宣传等作了具体阐述。

企业英雄人物的标准是：（1）英雄人物应是企业价值观的化身，是人们所公认的最佳行为和组织力量的集中体现，因而是企业文化的支柱和希望；（2）英雄人物有着不可动摇的个性和作风，英雄人物所做的事情是人人想做而没有做的，因而是每个遇到困难的人都想依靠的对象；（3）英雄人物的行为虽然超乎寻常，但离常人并不遥远，往往向人们显示"成功是人们力所能及的"，因此英雄人物可以使人们在个人追求与企业目标之间找到一种现实的联系；（4）英雄人物通过在整个组织内传播责任感来鼓励员工，其鼓舞作用不会随着英雄人物本人的去世而消失。最后一条标准，把英雄人物和一般的"成功者""高效者"区别开来了。

企业英雄人物的作用在于：（1）使企业获得成功并且合乎人情；（2）提供角色的模式；（3）向外界展示企业的形象；（4）保存使企业具有特色的东西；（5）建立行为标准；（6）调动员工的积极性；（7）提供把整个组织聚合起来的"黏合剂"以及"在组织中持久的影响力"。

英雄人物有两种类型。第一种类型的英雄人物是和企业一起诞生的，在数量上很少，多数是企业的缔造者。他们往往有一段艰难的经历，但面临困难仍然有抱负、有理想，并终于把企业办起来了，他们的特征是：(1) 有正确的追求，或者追求一种新的产品，或者追求一种新的工作方法，或者追求一种具有特殊性的组织，追求什么就得到什么，总是会获得成功；(2) 有执着的、不达目的不罢休的韧劲；(3) 具有使企业不断成功的个人责任感；(4) 具有"通过善待雇员、向雇员灌输一种持久的价值观来使企业强大"的信念，在这种信念驱使下所做的工作，使得这类英雄人物的影响力能持续好几代人。

第二种类型的英雄人物，是企业在特定的环境中精心地塑造出来的，对企业的影响是长期的、富于哲理的，可为全体员工照亮征途，但他们对企业的影响是短期的（多则几年，少则几个月，甚至几天）、具体的，只以日常工作中的成功事例来鼓舞企业员工。企业文化有一种内在的塑造功能，能在企业塑造英雄、发现英雄、宣传英雄，并领导和组织广大员工去学习和仿效英雄，以创造更多、更好的业绩来推动企业的发展。

企业要在员工中塑造英雄人物，首先要为英雄的成长培育良好的土壤，同时要有正确发现和塑造英雄人物的手段和标准。不能单凭企业领导的主观感受和一时冲动，也不能依赖于简单的投票制和层层推荐。要有一套严明的规则、科学的办法和周密的考评体系。我国有些企业采用"三度测量法"对表现好的员工进行考评，从中确定英雄人物。这"三度"是：(1) 价值观遵从度，即考评先进人物对企业的价值观是否遵从，有什么样的先进事迹来验证；(2) 业绩达成度，即考评先进人物在企业工作时方方面面的总体业绩，而不能单看某时某事；(3) 卓越表现度，即考评先进人物有没有卓越的表现，其表现对整个企业的经营和发展有多大的贡献。在企业内通过对先进人物这"三度"的考评，选出最优秀的作为企业英雄。英雄人物确定后就要运用各种方法进行宣传，组织员工向英雄学习，努力使英雄成为企业文化最生动的人格化表征。

（四）习俗与仪式

习俗与仪式，是在企业日常活动中经常反复出现、人人知晓而又自觉或不自觉执行的东西，它们是有形地表现出来而程序化了的并显示企业内聚力程度的文化要素。

习俗就是指企业的风俗习惯。根据迪尔、肯尼迪对美国企业的研究，其习俗类型有：(1) 游戏（开玩笑、逗趣、即兴表演、策略判定等），它的价值是能缓和人们之间的紧张气氛，可鼓励创新活动；(2) 聚餐（如友谊午餐、啤酒聚会），其价值是加强上下层、横向之间的联系和了解，如维克特公司，每星期从公司中挑选几名职员去饭店轮流与总裁或副总裁见面聚餐，称为友谊午餐；(3) "训人"，这种教训人的习俗，是教育青年人懂得"自己的聪明才智要与对这块土地的熟悉程度相配"，要承认那些在企业里待了很长时间的人所作的贡献与聪明才智。

仪式是指企业按照一定的标准、一定的程序进行的时空有序活动。文化仪式是企业文化的重要因素，既是员工的行为规范，又是企业价值观念的具体体现。

根据迪尔、肯尼迪的研究，美国企业中常见的仪式有：(1) 问候仪式；(2) 表扬仪式；(3) 工作仪式；(4) 管理仪式；(5) 防患于未然的仪式；(6) 庆典；(7) 研讨会或年会等。

我国很多的企业都注重于工作仪式、生活仪式、表彰仪式、庆典仪式和交往仪式。

(1) 工作仪式。工作仪式是企业在日常的生产和经营中的常规性工作仪式，如职代会、培训会、班前会、班后会、新员工加盟仪式、老员工退休仪式、合资项目签字仪式、销售合作签约仪式、开工建设奠基仪式等。

(2) 生活仪式。与员工生活相关的各种活动，如联欢会、团拜会、聚餐会、茶话会、讲演会、文体活动等。

（3）表彰仪式。对先进人物、先进集体、先进事迹进行表彰，如庆功、评比先进、职称晋升、职务任命、创造发明等的表彰奖励活动。

（4）庆典仪式。庆典包括企业的节日庆典和公共节日庆典，如企业周年庆典、新产品开发庆典、新技术推广庆典、新车间成立庆典，还有"三八"妇女节、"五一"劳动节、"五四"青年节、国庆节、行业性的节日庆典等。

（5）交往仪式。人际交往是企业传播文化、体现企业素质的重要形式，人际交往的仪式有介绍与被介绍、称呼与被称呼、交谈用语、座位安排、说话姿态、肢体语言、禁忌语言、互换名片、服饰、站姿坐姿、握手挥手、相互问候等。

习俗与仪式往往是在随和、自然、轻松、幽默、戏剧化的气氛中实现的，但其实质却是严肃的，是一个企业价值观的体现。它告诉员工应当具有的行为，并提供代表企业意义明显而有力的行为规范。抽象的价值观可通过习俗仪式的体现变化为有形、可见的东西。

把习俗和仪式视作企业文化的一个要素，实质上就是把企业中的每一件事都当做重要的事情，即所谓"在强文化公司中，没有什么事是不重要的"。习俗和仪式给全体员工施加普遍的影响，使他们的语言文字、公共礼节、行为交往、会议进程等都规范化，从而把企业的价值观、信仰、英雄形象等灌输给每一个人，深深地印入全体员工的脑海中。但是习俗与仪式也不是万能的，并不是随便什么人都可以通过习俗和仪式而同化于企业。习俗与仪式不会使性别歧视和种族歧视自动消失。

（五）文化网络

文化网络是指企业内部以传说、轶事、故事、机密、猜测等形式来传播消息的非正式渠道，是和正式组织机构相对应的分级联络体系。

文化网络的特征是：第一，对消息进行艺术加工，即把所传播的消息故事化，变得生动形象，情趣盎然；第二，对消息含义的解释，往往与正式渠道的解释不同，能从更深的本质层次去说明问题；第三，文化网络传递消息主要依靠人的口头表达，因此每个人都在本企业的文化网络中扮演一定的角色，但这个角色不是由谁任命的，而是隐蔽地自发形成的。

企业文化网络的传播很重视企业传说和故事。企业的发展过程是一个不断演绎故事的过程，从创业者最早的创业运筹，到企业的兴旺发达，再到一次次变革创新；从企业领导的风范到员工中涌现的先进事迹；从企业内部的管理，到市场营销的奇迹，再到消费者的评判和传说等，都要让它以故事或传说的形式传播、扩散。

企业领导要重视企业文化传播，要将这一具有生动活泼形式的文化因素与其他因素结合起来，发挥其应有的作用，使企业文化建设更富于可传播性、可理解性和可接受性。

优秀文化企业成功地通过开发文化网络，加强管理者与员工的联系，培育一批向组织各阶层传播信息和事态的人，形象地灌输企业价值观，巩固组织的基本信念，提高英雄的象征性价值，扩大人际交流，增进友谊和内部凝聚力。

三、企业文化系统构建的程序

（一）构建企业文化的系统工程

企业文化系统中的中心要素或种子要素是价值观。说它是"中心要素"，是因为它决定企业文化的内容和方向，是系统内其他四个要素的基础。整个企业文化的生成，就是价值观的展开与实现。企业文化的中心要素是企业文化的最主要表现形式和存在基础，是处理企业各种关系的准则，它体现在企业制度的各个方面，包括企业与个人之间、各种产权要素之间、各个组织机构之间、各个岗位之间、企业与外部关系之间。在企业文化系统的制定及其实现过程中都必须首先设计好中心要素。

设计企业文化的中心要素，要确立这样4条标准：能促进本企业经济迅速发展；能促进本企业员工人格健康成长；能促进本企业增强内部凝聚力；能促进本企业增强外部和谐力。

标准明确后，通过筛选、比较、提炼，用准确生动的语言确定下来。

企业在日常的经营和工作中积累了很多精神产品，管理人员和基层员工都有自己的概括，可以进行系统深入的回顾、调查、分析、研究，把这些当做一种宝贵的精神资源加以开发。同时，在企业内广泛开展征集活动，将征集来的理念词分类整理，并参照国内外优秀企业的理念词，提出若干条适合本企业运用的理念词。

在此基础上，根据企业实际情况，精心设计企业文化的中心要素，并用简明、形象、易于传播的语词进行表达并固定下来。

（二）宣传企业文化的价值理念

企业文化的价值理念一经确定，就要进行广泛深入的宣传，以此统一企业全体员工的思想和行动。企业员工对企业价值理念的认识并不是完全一致的，这就需要进行教育、培养，得到大家的认同。要利用各种手段宣传企业的价值观，确立企业文化，发挥员工的积极性、主动性和创造性。要通过多种传播媒介对外宣传企业形象，让企业的价值理念深入到客户心中。要严格规范，形成制度。直接地、实际地、具体地实施，解决好实施过程中可能产生的冲突和矛盾。

（三）打造企业文化的活动平台

企业文化是个很宽泛的概念，它渗透于企业的方方面面，影响企业的每一个员工。它不仅是抽象高深的概念，还是具体实在的行动；不仅是主观意志的体现，还是客观载体的展示；不仅是精神文明的结晶，还是物质文明的硕果。企业文化的思想内涵包括价值观念、企业使命、指导思想、经营理念、工作作风、行为准则、道德规范、文化传统、风俗习惯、典礼仪式、管理制度及企业形象等。企业文化的实际活动包括生产经营管理、制定规章制度、组织科技攻关、美化工作环境、处理人际关系、进行教育培训、参与社会公益事业、开展文体知识竞赛等。可见，要构建企业文化系统，在设计中心要素和宣传价值理念后，还必须进入第三个程序——打造企业文化的活动平台。

（四）推进企业文化的全面转化

马克思主义认为，经济是基础，文化是建立在经济基础上的上层建筑，经济基础决定上层建筑，但上层建筑对经济基础有着不容忽视的巨大反作用。开展企业文化活动，寻求经济之外的支撑点，实质上就是要充分发挥上层建筑对经济基础的积极反作用。所以，企业不仅要开展各种各样的企业文化活动，还必须努力推进企业文化的转化，确保企业经济的迅猛发展。

企业文化向企业经济的转化，第一，表现在企业的内在品质上。要把具有本企业特色的企业文化铭刻在全体员工的心中，内化为员工的品质、思想，孕育出本企业特有的先进典型和英雄人物。

第二，表现在企业外在形象上。要使企业文化外显出来，表现在员工的言行中、在企业可见的产品或物质服务中以及一切有形物如厂房、内环境、外赞助等方面，即把企业的价值观系统体现出来。

第三，表现在企业文化的习俗化上。把本企业的价值观念、精神状态等，都要变成全体员工自发地加以遵守的风俗、习惯、舆论、仪式等。

第四，表现在企业文化的社会化上。要通过向社会提供体现本企业特有精神的优质服务和优良产品，向社会宣传本企业的英雄模范人物，向社会展示并扩散本企业的风尚姿态，形成得到社会赞美的企业形象。

第四节 企业文化面临新的挑战

随着以互联网、移动通信为代表的新媒体的崛起，传统媒体面临着巨大的挑战。与此同时，企业文化的建设也面临着新的挑战和机遇。如何适应新媒体环境，如何利用新媒体为企业文化的建设服务，如何避免企业文化构建过程中容易出现的问题，都将成为企业文化建设的重要课题。

一、新媒体对企业文化的冲击

（一）新媒体是企业文化宣传的新窗口

新媒体的崛起使得纸媒和传统的强势媒体电视都受到了前所未有的冲击。新媒体以其颠覆性的信息多样化、迅速性、互动性改变了人们以往接收信息的习惯，成为企业进行文化宣传的新窗口、新平台。人们通过PC终端、手机随时了解企业的一举一动，而企业的官方网站、微博、手机报等全新的媒介也使得人们更加轻易地获得企业的相关信息。

（二）新媒体是企业文化建设的高速通道

机遇与挑战并存。同样，新媒体也给企业文化的建设带来四通八达的道路。企业要真正地利用好新媒体，不要认为开通了官方微博就万事大吉了，新媒体能够成为舆情的镜子，成为与消费者沟通的桥梁。善用新媒体，企业文化建设将事半功倍。

（三）新媒体是企业文化核心的放大镜

由于新媒体的功能多、作用大，企业管理者要坚持以发展的眼光看待新媒体，通过不断的学习和研究，利用新媒体平台为企业文化建设服务，加强维护和管理，并且注重培养相关管理人才。通过新媒体平台，一点芝麻大的小事也可能会无限放大，企业原来能够应用自如的危机公关也可能面临新的问题。

二、企业文化构建过程中易入的误区

如今越来越多的企业管理者意识到企业文化的重要性，于是开始重视起来。由于迫切的期待和对企业文化的错误认识，使得他们走入了企业文化构建的误区，非但没有为企业形象锦上添花，反而背道而驰、忙中添乱。以下几点是常见的几个误区。

（一）企业文化自生自灭

在竞争如此激烈、品牌多如浩瀚星辰的今天，仍然有少数企业认为企业文化无足轻重，或者认为企业文化不需要花费时间去建设管理。我们知道在商品质量基本同质化的情况下，消费者更加注重的是产品之外的附加值，这些附加值通过什么来体现呢？那就是企业文化所展现出来的企业价值观等内涵。纵观世界 500 强的企业，凡是能于商海屹立不倒的，都是十分重视企业文化建设的企业。

（二）企业文化符号化、肤浅化

当很多企业意识到企业文化的重要性时，他们开始花重金聘请设计师为企业设计制作精美、昂贵的宣传手册，他们要求员工统一服装，喊着响亮的口号。然而，宣传手册、响亮的口号虽然是企业文化的组成部分，但关键是宣传手册上印刷的内容是否符合企业的核心价值观和经营理念，而那些响亮的口号能不能激起员工的共鸣。这种本末倒置的企业文化建设方法不能与企业经营目标相一致，不能代表全体员工的意愿，也不能帮助企业在竞争中取胜。

（三）企业文化僵化

企业文化必须与时俱进。很多企业的领导拍了一下脑门子就开始了企业文化建设，之后十年如一日不闻不问，心里还美滋滋的。企业文化是企业的灵魂，是需要灌溉和滋润的，只有把企业文化当做小树苗来呵护，它才会用丰硕的果实来回报企业。企业的文化建设和发展，必须以企业的经营目标和市场的变化为导向，以全体员工为创造的源泉，不能将企业文化制度化、僵化，而应激发员工们的活力，让他们成为企业文化的建设者和参与者，不断注入新鲜的能量，使企业文化成为员工们共同认同的信念和期待的模式。

【思考与训练】

1. 企业文化有哪些具体内涵？
2. 企业文化系统应从哪四个层面构建？
3. 概述一个企业构建企业文化系统的五个要素。

第二章　企业品牌的策划与塑造

> **▶ 提示**
>
> 品牌作为企业重要的无形资产，是企业文化的外在表现。进行企业文化建设，首先要塑造企业的品牌形象。本章从企业品牌的含义、特征入手，就品牌的定位方式、品牌定位的过程、品牌的再定位及企业品牌策略的运用等方面对企业文化的品牌塑造进行了全面系统的阐述。

第一节　企业品牌的含义和特征

随着经济的发展，市场竞争越来越激烈，市场中产品的同质化程度越来越高。同时，消费者可以选择的产品和服务也越来越多。面对琳琅满目的商品和服务，理性的消费者该如何选择呢？这时，品牌成为他们挑选商品的主要依据，因为一个好的品牌往往是一流企业和一流产品的象征，是优质服务的保证。可见，一个企业要在竞争中取胜，必须要让自己的产品有一个叫得响的名字，这一点已成为众多企业家的共识。所以，品牌的塑造对企业的发展来说是至关重要的。

为了能全面、有效地进行品牌策划，我们首先必须从品牌的含义入手，进而对品牌有一个全面深刻的认识。

一、品牌的含义

品牌在生活中被称为"牌子"。"牌子"对于消费者来说越来越受到关注。每当消费者在购物时，都会习惯性地问是什么牌子的，"牌子"就是品牌的最直观的解释。但究竟什么是品牌？人们从不同的角度对品牌的描述和理解各不相同。据不完全统计，到目前为止，世界上关于品牌的定义就有200多种。但概括起来最权威的定义主要有以下三种。

（1）《营销术语词典》中给"品牌"下的定义是：品牌是一种名称，一个符号和一种设计。

（2）1960年，美国市场营销协会给的定义是：品牌是指用来识别一个（或一群）卖主的商品或劳务的名称、术语、记号、象征或设计及其组合，并用以区分一个（或一群）卖主和竞争者。

（3）著名营销学家，美国西北大学教授P.科特勒给的定义是：品牌是一种名称、名词、标记、设计或是它们的组合运用，其目的是藉以辨认某个销售者或某群销售者的产品，并使之同竞争对手的产品区别开来。

可见，品牌是一个复合概念。它不仅有其外在的表现形式，如名称、术语、标识、记号和象征等有形的物质载体，品牌还有其内在的文化内涵和价值底蕴等意识范畴的特性。比如，作为全球最有价值品牌之一的可口可乐品牌，其外在的表现形式为红色，用斯宾瑟字体书写的白色英文商标、波浪形飘带图案，这种有形的实体带给消费者以活力、动感、乐观、积极向上的价值体验。可口可乐公司通过这种视觉冲击力极强的品牌标识，将其个性、精神、价值观有计划地、准确地传递给顾客和公众，以不断提升其知名度和美誉度。

众所周知，品牌是企业最重要的无形资产，是一个企业的生命线，不再是仅仅表示商品或服务来源的标志，而是企业商品或服务的市场信誉、市场占有率和市场竞争力的集中体现。其发展乃是衡量一个国家、一个地区的经济科技水平的重要标志。各国企业都要把品牌的创立作为企业发展的战略性目标，作为企业生存的基石，各种营销活动都是为了提升品牌的知名度和塑造品牌形象。一个企业的经营思想、产品质量、服务质量等都凝聚在品牌中，拥有一个强势品牌是企业的最宝贵的财富，可以为企业创造长期的，也许是永远的利润。正如可口可乐公司总裁所说，即使把可口可乐在全球的工厂全部毁掉，它仍可在一夜之间东山再起。但从现实来看，可口可乐的品牌霸主地位也在慢慢地被侵蚀。曾经的"世界第一品牌"可口可乐的品牌价值在过去的几年中每年都在缩水，而因生产音乐播放器"iPod"风靡全球的苹果公司的品牌价值则在近几年里猛增38%，成为品牌价值增长最快的商标。而苹果手机的推出更是改变了世界，不仅将老牌的手机强势品牌诺基亚挤出了榜单，更是使苹果的品牌价值猛冲至世界第一的宝座。

因此，品牌形象的建立是一个长期而艰巨的任务，而品牌形象的维护则更应该引起各个企业的重视。

二、品牌的特征

法国著名学者金·卡弗在其所著的《战略品牌管理》一书中，对品牌的特征进行了诠释。他说："任何产品在品牌初建阶段都很一般，但过了一段时间，品牌就会有自己独立的内容了。开始就如同把一个毫无意义的词附在一个新产品上，可是年复一年，却能形成一种含义，这种含义由记忆中的交流和产品组成，解释可及和不可及之处。"卡弗首先肯定了品牌形象的建立是一个长期的过程，同时，他强调品牌特征是由最初的一个"毫无意义的词"、产品、"记忆的交流"等组成。从卡弗对品牌特征的诠释，我们不难看出，品牌的特征主要表现在以下几个方面。

（一）品牌的依附性

品牌本身没有物质实体，是无形的，不占有空间，但它最原始的目的就是让人们通过一个比较容易记忆的形式来记住某一个产品或企业。因此，品牌必须依附于物质载体。没有物质载体，品牌就无法表现自己。品牌的直接载体包括如文字、图案、符号等，间接载体包括如产品的质量、价格、服务、知名度、美誉度等。任何一个著名的品牌，都有一个显著的物质载体做依托，如可口可乐的文字和波浪形飘带图案，麦当劳的金黄色双拱门图案，肯德基的山姆大叔头像等，都为其品牌的整体传播提供了一个很好的依附载体。

（二）品牌的专有性和排他性

品牌是用以识别生产者或销售者的产品或服务的。品牌拥有者经过法律的程序，取得对品牌的专有权，其他企业和个人不得仿冒和伪造，违者会受到法律的惩处。从这一意义上来讲，品牌也是具有排他性的。然而，随着经济的发展，国内很多大企业也迅速地扩大及发展起来，由于法律意识的淡薄，致使有些国内的金字招牌在国际市场上遭遇到尴尬的局面。如我国的"红塔山"在菲律宾被抢注，另有100多个品牌在日本被抢注，在澳大利亚也有180多个国内品牌让别人捷足先登，等等。我们国内的企业应该及时反省，要充分利用品牌的专有性和排他性来维护自身的利益。

（三）品牌资产的无形性

品牌形象一经形成，便成为企业的一项无形资产，对企业的生产经营和服务能较长期地、持续地发挥其作用。这种无形资产虽然不能像有形资产那样用实物的形式来表述，但它能使企业的无形资产迅速扩大，并且可以作为商品在市场上进行交易，比如可以以品牌入股形式组建企业，品牌可以在市场上进行转让，可以采取品牌特许经营的形式，等等。

品牌虽然是一种无形资产，但品牌价值是可以量化的。如美国《福布斯》杂志、《商业周刊》、世界《财富》杂志等每年都会对世界知名品牌的品牌价值进行评估及排序。如2013年美国《福布斯》品牌价值排行榜，苹果（Apple）以1043亿美元居于首位；其次为微软，品牌价值为567亿美元，屈居第二；可口可乐、IBM、谷歌分别以549亿美元、507亿美元、473亿美元，分别居于第三位、第四位、第五位。

我国的品牌创造虽然起步较晚，但国内的名牌发展也较为迅速。

（四）品牌效益的不确定性

品牌创立后，在其成长的过程中，由于市场的不断变化，需求的不断提高，企业的品牌资本可能壮大，也可能缩小，甚至某一品牌在竞争中退出市场。品牌的成长由此存在一定的风险，对其评估也存在难度。品牌给企业带来的效益也出现了不确定性。主要原因在于：企业的产品质量、企业的服务等可能不稳定；品牌的资本盲目扩张、运作不佳等。所以，对品牌资本的维护就更显重要，哪怕是"世界第一品牌"——可口可乐，其霸主地位也会随着市场的发展而不断地受到冲击与威胁。

三、塑造企业品牌形象的意义

品牌形象是人们对企业产品标记的情感体验，即总体印象和评价。企业的品牌形象能决定企业的信誉、竞争能力和利润。而且，品牌形象本身也能创造价值。因此，塑造企业品牌形象对企业的发展意义重大。其重要意义主要体现在以下几个方面。

（一）有助于企业品牌的广告宣传

企业进行品牌宣传的目的是要让目标受众记住，并能理解，进而消费自己的品牌。品牌若没有自己的名称、形象，受众就无法去记忆、理解，更谈不上去消费。所以，品牌形象的塑造是企业品牌的广告宣传的重要基石。

（二）有助于监督保证产品质量

质量是品牌的生命线。一个好的品牌形象，往往代表的是高质量的产品，同时，品牌形象的形成，也是对消费者的一种承诺与保证。消费者每一次购买时，都会于购买之前与购买之后在心理上产生强烈的对比。如果买的是名牌产品，他们会在心理上产生满足感与荣耀感，进而会刺激消费者再次购买。如果消费者对所购买的产品不满意，则会加快品牌的灭亡。就如人们一提到家电产品，都会自然地联想到"海尔"，因为海尔品牌形象能给消费者提供可靠的质量和优质的服务保证，能将"海尔真诚到永远"的经营理念贯穿到每一个角落。

（三）有助于开发、扩大和控制市场，促进销售

有了品牌形象良好的质量、服务保证，消费者很容易对企业的产品与品牌形成一定的信任度和忠诚度。这种良好的信任与高度的忠诚度是企业进行市场开发、不断扩大市场份额的助推器。同时，有了品牌形象的质量保证，消费者的需求心理得到了满足，往往可以充当促进消费者做出购买决策的"润滑剂"，能促进产品的销售。可见，企业品牌形象的塑造对企业的拓展市场与提升销售的作用是不可小觑的。

（四）有助于创立名牌

名牌是高知名度、高美誉度的品牌。任何名牌产品在生产之初都是默默无闻的，它需要经历从劳动产品到商品，再从商品到品牌，最终发展为名牌的一个艰难、曲折、漫长的过程。品牌形象的建立是创立名牌的前奏。多数产品能够树立自己的品牌形象，但却成不了名牌，所有的产品亦不可能从一件普通的商品一跃而成为名牌产品，品牌形象的塑造是名牌产品成长的一条必经之路。

四、努力争创名牌

名牌是品牌形象的升华与延续。企业拥有了名牌，就能受益于名牌为企业带来的巨额利益。它不仅对企业内部产生强大的凝聚力，对企业外部产生持久的吸引力，而且是竞争的有力武器。

（一）树立名牌意识

名牌就是企业的无价之宝，它本身可以作为商品被买卖。谁拥有了名牌，谁就等于掌握了"点金术"。世界著名的可口可乐公司总裁曾经说过："如果可口可乐公司在全世界的所有工厂，在一夜之间被大火烧得精光，那么可以肯定，大银行家会争先恐后地向公司贷款，因为（可口可乐）这牌子放在世界任何一家公司头上，都会给它带来滚滚财富。"可见，名牌的含金量很高，有的甚至可以超过产品的实物价值。为此，企业必须树立名牌意识，争创世界名牌。

（二）策划名牌推广

名牌是同高知名度、高美誉度联系在一起的。一个产品质量好、功能独特和令人喜爱

的牌子，是名牌的基础，但绝不等于名牌。好的品牌、最优秀的产品，还需要靠推广策划才能成为受消费者青睐的名牌，所以策划推广是争创名牌的重要一环。

1. 寻找市场切入点

名牌不是天生的，最初入市时都是无名小卒，在市场上没有席位，在竞争中没有优势。对此，它们只有进攻一条路可走，进攻就必须选准突破口。对突破口的选择一般有两种做法：一是钻空子。所谓钻空子，就是开创一个崭新的市场。一个产品要进入市场，往往面对两种饱和：在多数情况下是处于多供给的饱和，即许多竞争者都生产同种产品，市场竞争表现为供给者之间的争夺；有少数情况是无需求的饱和，即无生产需求，处于零点饱和状态。当某一厂家要推出新产品时，等于创造了一种新的供给，要使其成功，就必须创造新的需求。正如美国硅谷的营销专家里吉斯·麦克纳说："在变化迅速的行业中，营销者需要有一种新的方法。他们应该考虑的不是分享市场，而是开创市场；不是获得一块馅饼的较大份额，而是必须努力制造出更大的馅饼。更好的办法是，烘烤出一块新品种的馅饼。"二是楔钉子。所谓楔钉子，就是后起的企业面对先入市的企业一部分或全部占领了市场这一情况，寻求市场缝隙，像楔钉子一样挤进市场。当然挤进市场不是硬碰硬，而是以己之长，克人之短，同时，取得成效后，不可盲目转移目标，而是集中兵力，进一步完善特色。

2. 选择科学的分销渠道

新产品在切入市场时，必须认真选择分销渠道。分销渠道不畅，不可能成长为名牌产品。可供企业选择的分销渠道有直线型和曲线型两种。直线型分销渠道又称直接分销渠道，就是产品从生产者流向最后消费者或用户的过程中不经过任何中间商，而是自我销售创名牌。自我销售有多种方法，如邮购销售、电话销售、电视销售、上门推销和租借柜台等。这种直接分销只有生产者和最后消费者或用户两个环节，是最短的分销渠道。曲线型分销渠道又称间接分销渠道，是指产品从生产者流向最后消费者或用户的过程中经过若干中间商转手的分销渠道。曲线分销渠道是两个层次以上的分销渠道，相对于直线型分销渠道，其链条更长一些。一般消费品多采用曲线形分销渠道。

（三）加大宣传力度

在创名牌的过程中，宣传是必不可少的。我们常见的宣传方式主要有以下几种。

1. 新闻牵头

脑白金等新产品切入市场，离不开借机造势。造势的直接效应是消费者理解品牌、偏爱品牌，逐渐取得名牌地位。

2. 广告开路

新产品入市，绝大多数离不开广告的配合。广告是提高知名度、塑造品牌个性的有力工具，品牌的广告推广应该成为品牌策划的核心工作。企业在开展广告宣传活动时，必须进行以下 5 项主要决策，即所谓的"5M"：广告推广的目标是什么（任务，Mission）、有多少钱（金钱，Money）、应传递什么信息（信息，Message）、应使用什么媒体（媒体，Media）、如何评估广告效果（测量方法，Measurement）。

3. 公关助威

尽管广告在新产品入市时的作用甚大，但局限性也越来越明显。主要原因是各种广告已使人目不暇接，几百万元的广告投入常常石沉大海。一些名牌的入市成功，皆不同程度地借用了公关手段，引起新闻效应，迅速地提高知名度。可供企业选用的公关手段包括：

（1）制造新闻，如就公众关注的热点，有意识地把名人与企业组织或品牌联系起来，并以此制造新闻。例如巧借传统节日等开展公关活动、制造新闻。

（2）演讲，即通过宣传媒体圆满回答各种提问，并在行业协会和销售会议上演说，以此提高知名度；

（3）举办公益服务活动；

（4）散发书面资料；

（5）编辑视听材料等。

4. 促销灵活

广告宣传用来建立品牌忠诚度，而促销则是用于打破其他品牌忠诚度。企业利用促销来吸引新的使用者。企业可使用的促销活动主要有限量销售、优惠券、赠送样品、文化销售、联合促销等。

（四）加强名牌保护

名牌不是永恒的，市场竞争却是残酷的。面对激烈的市场竞争，名牌只有加强保护，才能成为永恒的名牌。

1. 名牌的经营保护

名牌的经营保护，就是企业在具体的营销活动中所采取的一系列维护名牌形象、保护名牌市场地位的活动。

（1）顺应市场变化，迎合消费者的需求。名牌不是企业自封的，而是消费者公认的。名牌的经营保护与消费者的兴趣、偏好密切相关。如果名牌的内容不随市场上消费需求的变化而做相应的调整，名牌就会被市场无情地淘汰。纵观世界名牌，都是在不断地变化以迎合消费者的兴趣偏好。可口可乐的口味、麦当劳的调味汁、李维牛仔裤的式样等，几乎所有的名牌产品都随着市场的变化而变化。

（2）保护产品质量，维护名牌形象。质量是名牌的灵魂，高质量才能提高名牌的知名度、美誉度，才能维护名牌形象、保护名牌的市场地位。

（3）进行名牌再定位。一种名牌无论在市场上最初定位是如何适宜，但到后来企业可能不得不对它重新定位。竞争者可能继该名牌之后推出新的名牌，以削减该名牌的市场占有率。此外，消费者的兴趣偏好也许已经转移，其对该名牌的需求减少。因此，只有重新定位，才能保护该名牌。

2. 名牌的法律保护

名牌是产品的脸面，要保住名牌的脸面不丢，就必须利用有关法律对其进行保护，准确地说，就是要利用注册商标来对名牌进行保护。

对名牌进行法律保护的一个有力武器就是取得商标专用权。名牌商标是一笔宝贵的财富，必须精心保护。其中首要的是要及时申请注册。商标应及时办理注册手续，切不可等产品出名后再注册，以免被人抢先注册，使自己辛苦创出的牌子被他人享用。依法注册商标后，就可取得商标专用权，就会得到法律保护。

上述几个方面告诉我们，创名牌是要下很大功夫的。

第二节 企业的品牌定位

品牌作为一种特殊的资产，已经成为企业文化的外在表现。在产品同质化程度越来越高的今天，在全社会都重视企业文化建设的今天，要树立具有鲜明个性的品牌形象，品牌定位起着举足轻重的作用。每天，当我们看到有很多个品牌就像流星一样一闪而过的时候，不禁会感慨：品牌能够长生不老的秘诀到底在哪里？其实，答案很简单，就是所谓的品牌定位，定位决定一切，这就是秘诀。

一、什么是品牌的定位

品牌定位的目的，就是将有形的产品转化为无形的品牌，让消费者能够正确地识别。一个品牌要成功，最基本的一点就是要做到：它必须以鲜明的个性与消费者的心理需要连接起来。因此，企业最初对其产品可能有多种定位，但最终是要建立对目标消费者最具有吸引力的竞争优势，并通过一定的手段将这种竞争优势传达给消费者，将其转化为消费者的心理认识。

塑造品牌形象，就必须把握消费者的心理需求，当消费者产生这一方面的需求时，就会想到它的品牌的定位。比如，当人们提到汽车，就会想到"奔驰"的高档豪华、"沃尔沃"的安全等不同的产品形象。所以，品牌定位就是指企业在市场定位和产品定位的基础上，为自己的品牌在市场上树立一个明确的、有别于竞争对手的、符合消费者需要的形象。

良好的品牌定位是品牌经营成功的前提，它会为企业占领市场、拓展市场起到很好的导航作用。如果不能对品牌进行准确的定位，不能为产品树立独特的能让消费者认同的品牌个性与形象，产品和品牌就不能彰显其个性，其结果只能是使产品淹没在众多产品质量、性能及服务雷同的商品中。品牌定位是品牌传播的客观基础，品牌传播依赖于品牌定位。而品牌是企业文化的外在表现，所以，对品牌进行有效的定位、塑造鲜明的品牌形象，对企业文化的建设与宣传是极为重要的。

在对品牌进行准确定位的同时，有一个问题值得众多企业关注，那就是定位不准确或者企业过于宽泛的产品类别将会稀释品牌的力量。2007年5月14日国际著名营销战略专家、定位理论之父阿尔·里斯在访华期间曾对"稀释品牌"的问题做出专门的解释，他说："如果把公司的品牌贴在公司所有产品上，你会觉得这个品牌不代表任何含义，因为生产的产品太多太杂了，并不是专门生产哪一种产品，在这种情况下，对这个品牌的含义附载太多内容之后，这个品牌就被稀释了。"而同是IT业的佼佼者，戴尔、英特尔就专门做芯片，微软则做电脑软件，这三家企业都是集中做某一领域，不是既做芯片又做软件。而日本的富士通就是既做电脑又做芯片，还做电脑软件，致使富士通在消费者心目中的形象就不如戴尔、英特尔和微软。这就是品牌稀释，换句话讲，品牌的力量就被削弱了。

二、品牌定位的方式

品牌的有效定位，就是要找出自己品牌与竞争者的差异性，利用这个差异性，在消费者心目中占据一个与众不同的位置。而这个差异性的确定，离不开科学严密的思维，是技术性较强的一项工作。品牌定位的方式很多，总体来看，主要有以下几种。

（一）功效定位

消费者购买产品主要是为了获得产品的使用价值，他们对产品的功能、效果或效益等都会有自己的预期。因而，以强调产品的功效为诉求是品牌定位中的最常用的方式。很多产品可能具有多重功效，定位时向顾客传达单一功效还是传达多重功效并没有绝对的定论。但由于消费者的记忆能力有限，他们往往只对某一强烈诉求容易产生较深的印象，诉求点太多，反而会对消费者的记忆造成一定的干扰。因此，宣传一种功效的单一诉求更能吸引消费者，更容易让消费者产生记忆，也更容易突出品牌的个性，获得成功的定位。如同样是洗发水，飘柔的定位是"柔顺"，海飞丝定位于"去头屑"，而潘婷则定位在"健康亮泽"，等等。

（二）情感定位

消费者在获得产品的使用价值的同时，会对所使用的产品进行评估，评估的唯一标准就是能否满足自己的感情需要。企业可以抓住消费者的这一需求，采用情感定位的方式，树立自己的品牌形象。该定位就是将人类情感中的关怀、牵挂、思念、温暖、怀旧、爱等情感内涵融入品牌，使消费者在购买、使用产品的过程中获得这些情感体验，从而唤起消费者内心深处的认同和共鸣，最终获得对品牌的喜爱和忠诚。有很多品牌都应用了这种定位策略，使品牌形象深入人心。如浙江纳爱斯的雕牌洗衣粉，就是在品牌塑造上大打情感牌，其创造的"下岗片"中，"……妈妈，我能帮您干活啦"的真情流露引起了消费者内心深处的震颤和强烈的情感共鸣；洋河蓝色经典白酒的"男人的情怀"和安徽卫视"剧行天下，爱传万家"等品牌定位都是采用了情感定位的方式，在品牌的宣传上获得了很大的成功。

（三）品质定位

品质定位就是以产品优良的或独特的品质作为诉求内容，向那些主要注重产品品质的消费者进行诉求的一种方式。在现实广告案例中，以品质定位的品牌诉求应用也非常广泛。如海尔定位真诚到永远；蒙牛高钙奶宣扬"好钙源自好奶"；绿城集团将"真诚、善意、精致、完美"作为企业赖以生存的文化价值核心等都是强调其优良的品质，进而给消费者留下深刻的印象。

（四）价格定位

价格在绝大多数消费者心目中都是非常重要的一个因素，以价格的高低来确定产品的档次是消费者的普遍心理。所以，价格定位也是企业最常用的定位方式。哈根达斯（Hagen-Dazs）以"超高价"定位切入冰淇淋市场，至今仍持续在全球市场的"高价"类别区。

价位的高低与其产品的品质是紧密联系的。高价位往往传达了高品质的信息，所以高档品牌多通过高价位来体现其价值。但也有人说无论价高还是价低，只要定位正确，都是好价。美国沃尔玛、法国家乐福等世界零售业巨头都以"天天低价"作为自己明确的品牌定位；格兰仕要将"价格"进行到底；西南航空以及英国"轻松飞航空"均堪称"低价"定位的经典。

品牌价格的定位主要还要依据企业的整体营销策略。不同的价格面对的是不同的消费群体。市场的发展也需要有不同档次的产品和品牌与之相适应。各种不同品类的产品，从化妆品、服装到汽车等,无论价格高低都有高、中、低档品牌的划分。

(五)档次定位

不同档次的品牌带给消费者不同的心理感受和体验。在现实中,常见的是高档次定位策略。档次定位通常与价格联系起来,很难想象一个高档次的品牌以低价位来体现。高档次的品牌往往被赋予很强的表现意义和象征意义。如劳力士、浪琴和江诗丹顿手表能给消费者独特的精神体验和表达"高贵、成就、完美、优雅"的形象和地位;奥迪A4上市时,宣称"撼动世界的豪华新定义",显示出产品的尊贵和气派。当然,也有低档定位。比如"老村长"白酒,从品牌名称上就给人以乡土气息的感受,其明确的低档定位,帮助产品很快在农村市场打开销路,占据了一定的市场份额。

(六)文化定位

文化是品牌的灵魂,将文化内涵融入品牌,形成文化上的品牌识别,被称为品牌文化定位。文化定位能大大提高品牌的品位,使品牌形象更加独具特色。中国文化源远流长,国内企业要予以更多的关注和运用,目前已有不少成功的案例。珠江云峰酒业推出的"小糊涂仙"酒,就成功地实施了文化定位,他们借"聪明"与"糊涂"反衬,将郑板桥的"难得糊涂"的名言溶入酒中,由于把握了消费者的心理,将一个没什么历史渊源的品牌运作得风生水起;"金六福"酒实现了"酒品牌"与"酒文化"的信息对称,把在中国具有亲和力与广泛群众基础的"福"文化作为品牌内涵,与老百姓的"福文化"心理恰好平衡与对称,使金六福品牌迅速崛起。

万宝路香烟的品牌定位也是采用了文化定位的方式。20世纪30年代美国菲利普·莫里斯烟草公司推出了万宝路香烟。产品上市之初,市场表现非常糟糕。经调查得知,主要原因是由于万宝路香烟带过滤嘴使其焦油含量较低。因此被人们认为是"女性香烟",由此影响了销路。据此,公司认为只有改变品牌的形象才能争取到更多的消费者,特别是男性消费者。于是,公司开始煞费苦心地为其品牌引入"男性文化"的因素。公司采取了很多措施,如改换代表热烈、勇敢和功名的红色包装;用粗体黑字来描画名称,表现出阳刚、含蓄和庄重;选择壮实、粗犷的牛仔担任万宝路香烟的形象代言等。通过反复强调万宝路的男性世界,终于使万宝路香烟的销量和品牌价值位居世界香烟品牌排名榜首。

以上是几种比较常见的品牌定位方式,除此之外,有些品牌也运用了消费群体定位、企业理念定位、自我表现定位等多种形式的定位。随着品牌竞争的日趋激烈,相信在今后还会有越来越多的品牌定位形式涌现出来,为企业的品牌建设作出贡献。

三、品牌定位过程

由于需求的复杂性和多样性,不同的消费者对同一产品的需求会存在一定的差异,为了将企业有限的资源用于更好地满足消费者的不同需求,就必须对品牌进行准确的定位。品牌定位的过程是一个很复杂的过程,它是建立在市场细分基础上的。通过细分市场,再结合自身品牌的竞争优势,选准目标市场,有针对性地进行品牌宣传,以建立消费者对品牌的认知度与好感度。这就是品牌定位的整个过程,我们可以将其概括为定位"三步曲"。

第一步:分析行业环境,进行市场细分。

分析行业环境就是我们经常说的市场调查，这种调查更趋向于对行业环境和竞争对手的调查。我们可以从竞争对手们的市场厮杀中发现他们各自的优劣势，也可以通过对消费者的调查发现竞争对手们在消费者心目中的地位。

第二步：寻找品牌区隔支撑点。通过调查分析得出自身品牌的优缺点，瞄准优势迅速建立强劲的支撑点。

第三步：确定目标受众，进行市场推广。通过分析确定正确的目标受众之后，企业需要进行合理的、科学的市场推广，在每一次的品牌传播活动中，都要尽力体现出独特的品牌定位，为企业品牌塑造更加鲜明的形象。

美国百威和米雪罗两大淡啤酒的品牌定位成功的案例，基本能说明品牌定位的基本过程。

1987年，日本第三大啤酒厂Asahi推出一种新产品——"淡啤酒"，喝起来清凉爽口，稍具甜味，而且喝过之后口中不会残留酒精的味道。产品推出后大受欢迎，成为日本有史以来的最成功的品牌之一。于是厂商大力推广淡啤酒，不到一年就占据了日本啤酒市场的近33%的市场份额。日本啤酒厂商不满足于国内市场的成功，积极准备开拓国外市场。当时，日本四大啤酒厂商都相继在美国建立了分公司，筹备打入美国市场。

当时，美国啤酒厂商中比较成功的有安氏、美乐等几家。面对日本啤酒厂商的进攻，安氏公司决定在日商打入美国市场之前抢先推出一种品牌的淡啤酒。为此，安氏派出一组人员到日本进行市场调查，并得到以下结论：

（1）市场正期待一种新的、更刺激的啤酒；

（2）消费者对淡啤酒感到非常好奇；

（3）消费者了解"淡"在葡萄酒或香槟酒上的意思，但不知道淡啤酒是怎么一回事；

（4）嗜饮啤酒的人急欲知道更多有关淡啤酒的信息。

根据调查结果并分析日本淡啤酒成功的反应，安氏公司认为推出一个品牌的淡啤酒时机已经成熟。当时，安氏公司旗下有米雪罗、百威及布希三种啤酒品牌，其中百威是最成功的一个品牌。是选择其中一个品牌还是新创一个品牌？如果延用旧品牌应选择哪一个呢？这是安氏公司当时面临的又一品牌决策。经过分析，安氏公司最终选择了米雪罗作为其淡啤酒的品牌，其原因如下：

（1）由于是全美第一的新产品类别，风险及投资都将比一般产品大，需要一个稳健的品牌名称支撑；

（2）日本的淡啤酒似乎较符合有上流形象的米雪罗系列的特征；

（3）米雪罗淡啤酒与百威淡啤酒都可能畅销，如果市场空间如预期的大，应可容纳二者并行发展，但如果由百威先行推出，即可能因为其品牌强势及消费有忠诚度，致使米雪罗淡啤酒无法顺利推广；

（4）安氏公司急需改善米雪罗系列产品的销售状况，因为米雪罗从1981年起销量一直在下降，以米雪罗的牌子推出淡啤酒有可能使这个产品线再度充满生机。

通过对市场的调查分析，并根据淡啤酒的品质和对米雪罗这个品牌的正确认识，安氏公司为米雪罗淡啤酒选定了目标市场：

（1）教育程度中上的年轻人，有着上流社会的品位；

（2）女性（喜欢饮用后口中不残留酒味的特性）；

（3）喜欢喝清淡口味啤酒的人。

由于品牌定位的准确,在推出一年之后,米雪罗淡啤酒就占领了83%的淡啤酒市场。两年之后,安氏又推出百威淡啤酒,借其品牌强势大受消费者欢迎。1990年年底,安氏旗下两大品牌拿下了美国淡啤酒市场的94%,几乎垄断了淡啤酒市场。

安氏公司用旧品牌推出新产品并由此使其焕发生机的案例,基本上涵盖了品牌定位的过程,即明确其潜在的竞争优势,准确选择竞争优势并选定目标市场,通过一定的手段向市场传播,这就是品牌定位的"三步曲"。

四、品牌的再定位

当品牌定位一经确定,围绕该品牌所进行的一系列营销策略都应该有效地组合起来,为宣传推广该品牌服务,而不能孤立地进行。例如,当"金利来"确定了其品牌定位后,推向市场的产品几乎无一例外的都是高档男士用品,昂贵的价格以及高档商场和专卖柜形式的销售渠道,加之"金利来,男人的世界"的广告宣传,使其塑造了"金利来"高档商务男装的品牌形象。

但是,任何品牌都不是在真空的状态下进行的。消费者需求的变化,竞争对手的干扰,技术的进步和社会流行趋势的影响等都会对品牌定位的稳定性造成很大的冲击。一个品牌由于最初定位的失误或者即使最初定位是正确的,但随着环境的变化,原来的定位也可能已无法再适应新的环境,此时,品牌拥有者就应该尽可能早地发现品牌定位遇到的各种挑战,并抓住时机对品牌进行重新定位。

那么,企业如何知道已到了品牌重新定位的时候了呢?一般可以从以下几种情况进行判断。

(1)竞争者对该品牌定位进行了模仿,侵犯了本企业品牌的市场份额,致使本企业品牌的市场份额下降。

(2)新产品问世,消费者的品牌偏好发生了变化,致使本企业品牌的市场需求下降。

(3)消费者对该品牌的认知发生偏差或出现认知模糊。

(4)经济发展状况改变,消费者可接受的价格发生了很大的变化。

(5)生产该类产品的技术有了改进。

(6)品牌已经延伸到了其他领域。

……

总之,当企业发现品牌定位被削弱,品牌资产受到影响时,就要综合考虑影响品牌定位形成的因素,看看是否需要重新定位。此时,可以从两个角度考虑:一是认真分析竞争品牌的定位,获得本品牌发展的空隙;二是调查研究消费者的需求,为本企业品牌重新定位。第一种做法似乎有些保守,但也有很多品牌利用它获得了成功。

美国Stolichnaya牌伏特加酒就运用了第一种策略进行再定位。其广告说:"绝大多数的美国伏特加酒,看起来似乎是俄国制造,但Samovar牌,在宾州史堪利制造;Smirnoff牌,在康州哈特福制造;Wolf Schmidt牌,在印州劳伦斯堡制造。"广告继续说:"Stolichnaya牌与众不同,是在俄国制造"。广告刊登后,Stolichnaya牌伏特加酒的销量开始急剧增长。这是Stolichnaya充分了解了消费者的消费心理,利用见缝插针的策略使本品牌获得了很好的发展。

当然,品牌重新定位并不等于品牌更新,它不是说企业应马上放弃现在的品牌定位。

因为，原有品牌在消费者心目中已经有了一个特定的形象，要完全抛弃原有的形象，重塑新形象谈何容易。企业应通过解决一些问题，以保持品牌的成长和稳定。企业在为品牌重新定位时应注意考虑以下几个问题。

（1）分析研究该品牌初次定位的突破点是什么？是什么发生了变化？

（2）通过市场调研，分析消费者对本品牌的态度是否已经改变，同时研究竞争者的情况。

（3）不要过早放弃一个产品，事实证明当媒体谈到"下一波大趋势"时，消费者并无多大兴趣。

（4）不要把任何事情都视为理所当然，要时时重新评估本企业的产品售价、品质、形象，考虑是否应加强品牌形象。

（5）尽量维持一定的曝光率，不要在业绩不佳或时机不好时削减投入、减少曝光率。

（6）为消费者保留该企业产品的独特卖点。

品牌的再定位是相对的，不是绝对的。并不是任何品牌都需要重新定位，但一成不变的定位就有可能满足不了消费者的需求，而被市场所淘汰。然而，过于频繁的定位变化也不利于消费者对品牌形象的接受和认同。如"青岛啤酒"十几年来的定位转化和调整就证明了这一点。从"中国最早的啤酒"到"不同的肤色，共同的青岛"，再到"激情无处不在"。随着定位主张的每次变换，企业都要规划不同的沟通传播方案，运用不同的沟通手段和价值符号与市场进行交流，期待消费者的接受和认同。由于每一次定位都不是相互连续的，"中国最早的啤酒"强调的是历史，"不同的肤色，共同的青岛"强调的是国际化，"激情无处不在"强调的是激情、时尚。由于每一次品牌定位的核心不同，造成每次品牌输出的信息都不同，使用的元素也不同，从而导致消费者对品牌形象缺乏清晰的认识。

在对品牌进行重新定位时，应遵循以下原则。

1. *新定位与原有定位要保持一定的连续性*

在给品牌进行重新定位时，要慎重考虑现有的品牌资产与新定位之间能否建立起有说服力的相关性。新定位与现有的品牌定位之间差异越大，可信度越低，说服消费者的难度就越大。特别是要实现跳跃式的品牌重新定位的时候更需要特别谨慎。比如一个在消费者心目中根深蒂固的老年服装品牌试图扩大目标消费群体，试图取悦年轻消费群体，变成年轻人的最爱，就很可能出现新定位难以成功，同时也失去了原有的品牌资产的情形。在这一点上，王老吉凉茶就颇有可取之处，在原有王老吉"凉茶"概念的基础上，提炼并强化"预防上火"的品牌定位，带来王老吉走出华南地区区域品牌的局限，走向全国市场。相反，很多品牌定位朝令夕改，今天强调国货，明天又强调自然，给消费者带来的只能是混淆的品牌信息和模糊的品牌个性。

2. *严格履行新的品牌承诺*

新的品牌定位确定以后，企业一定要严格确保品牌的表现能够完全履行新定位对于顾客所作的承诺。国内许多公司把品牌重新定位（包括品牌定位）仅仅看作是广告上的噱头或文字游戏，而不去考虑如何履行新的承诺，这是十分危险的。如果品牌表现不能支撑新定位所作的品牌承诺，品牌的可信度就会大大的降低，危害性将更大，因为乐于首批使用的消费者大多是意见领袖，他（她）们会毫不犹豫地把自己的不快告诉其他人，品牌重新定位所做的努力也大多会付诸东流，这也部分地解释了为什么很多品牌进行重新定位而以失败告终的原因。

美国联合航空公司就经历过这样的尴尬。有一段时间，为了改变在顾客心目中服务差的印象，这家老牌航空公司试图把自身定位为"最以客户为中心的航空公司，最理解客户的烦恼并有能力迅速解决"，并以"上升"为主题策划了新的大规模广告运动。随之而来的是客户的期望值确实迅速"上升"了，但是该公司现有的运营体系却没有能力实现这一品牌承诺，因此被迫放弃了"上升"计划和新的品牌定位。

3. 可考虑过渡性品牌重新定位

由于品牌重新定位的复杂性和风险性，一些企业开始在现有定位和未来定位之间寻求过渡性定位，这种过渡性定位兼顾到客户的需求和企业目前的资源，并为未来定位的发展保留出口。目的在于在最终实现非常具有挑战性的品牌定位的过程中，保证消费者不断感受到该品牌的可信赖性。随着品牌的不断成长和企业资源的不断壮大，再把更高的品牌定位很有信心地传递给客户。

第三节　企业的品牌策略

随着经济的发展，国际化趋势也越来越明显。对于中国企业来说，能否成功地实施品牌策略，将直接关系企业的兴衰。企业的品牌策略是企业经营自身产品（服务）的决策的重要组成部分，是指企业依据自身状况和市场情况，最合理、有效地运用品牌商标的策略。

一、实施品牌策略的四要素

企业要合理、有效地实施品牌策略，首先要有坚实的质量基础，产品的质量不高则不可能得到消费者的青睐，更不要说达到所谓的名牌效应了。另外，还要提高服务质量，加强促销宣传，讲求规模效益，这样才能更好地发挥品牌策略的功效。最后应借助法律框架来保护、巩固产品的市场名牌地位，增强企业的整体竞争实力。

（一）质量

高质量是品牌的坚实基础，只有不断推出高质量的新产品，才能在市场竞争中有长盛不衰的品牌，这是世界著名品牌的成功经验。没有质量这一基础，品牌则无从谈起。海尔之所以成为著名品牌，主要在于消费者肯定其产品质量。海尔集团创造了一套自成体系的管理方法：日清日高管理法，此管理方法已成为该企业以质量取胜的重要保证。事实证明，只有依靠质量才能占领市场，才能取得效益和企业整体素质的提高。因此，实施品牌策略，必须建立完善的质量管理和质量保障体系，牢牢坚持"质量第一，以质取胜"的经营管理思想，不断提高企业的市场竞争能力。

（二）服务

一个良好的服务体系之所以能加快品牌的形成，就在于优质服务不仅能保证优质产品的正确使用、使其质量优势充分体现出来,更重要的是在服务过程中企业员工通过与顾客之间的直接接触,架设起情感的桥梁,建立良好的关系,进而提高顾客的忠诚度。品牌是由自己的庞大的顾客群托起的,而优质服务正是形成这一顾客群的催化剂。小鸭集团就深谙此道。早在1995年,小鸭集团就向社会推出了"超值服务工程"、为消费者提供"超越常规,超越产品本身的价值,超越用户的心理期待"的全方位的亲情服务,从而赢得了顾客。

(三)促销

促销是指通过人员或非人员的方式传播商品信息,强化企业与顾客之间的沟通,赢得顾客的好感和信任,进而促进商品销售的活动。促销在企业的营销活动中起着强心剂的作用。促销不仅包括各种促销活动,也包括广告宣传。

品牌要依靠大力促销来提高其知名度和美誉度,进而形成庞大的消费群。青岛双星集团总经理汪海到美国考察,在记者招待会上一位记者问"双星"的含义,汪海微笑着说:"一颗星代表东半球,一颗星代表西半球,我们要让'双星'牌运动鞋潇洒走世界。"在场另一位记者立刻尖锐地问道:"请问先生您脚上穿的是什么鞋?"用意非常明了,如果你穿的不是"双星",就意味着连自己都不愿穿,还谈什么潇洒走世界?不料汪海自信的答道:"在贵国这种场合脱鞋是不礼貌的,但是这位先生既然问起,我就破例。"说着把自己的鞋脱了,高高举起,指着商标处大声说:"Double star!Double star!(双星!双星!)"这时场下响起了热烈的掌声,不少记者争相拍下了这一镜头,第二天,美国纽约各大报纸在主要版面上纷纷刊登出这幅照片。汪海的这一举动为"双星鞋"的"潇洒走世界"起到了助跑的作用。

(四)法律

由于品牌是企业的无形资产,好的品牌能够给企业带来丰厚的利润,致使假冒、仿制商标、抢先注册等侵害品牌的事例屡见不鲜。企业必须拿起法律的武器,利用多方位注册、技术保护、打假等措施有效地保护自己品牌的合法权益。例如,红豆集团就在35类产品商标和8类服务商标上进行了防御性注册。此外,能申请专利的一定要申请,这样才能享有产品的制造权、销售权、使用权和转让权等。

二、品牌策略分析

品牌是用来识别一个企业的商品或劳务的名称、术语、标识等,是企业市场竞争实力的反映。企业不仅要精心地经营自己的品牌,还要持续创新并保持鲜明的品牌特色或个性。这是一个品牌发展成名牌所必须经历的过程。也正因为如此,各种各样的品牌策略应运而生。

(一)单一品牌的延伸

单一品牌策略是指企业生产的若干产品皆使用同一个品牌。如日本的索尼公司、荷兰的飞利浦公司、韩国的三星电子公司均采用单一品牌策略。品牌延伸即通过一个成功的品牌,向其他领域扩张,从而实现品牌资源的最大化利用,它又叫品牌扩展策略。该策略是单一品牌策略中最为重要的策略。单一品牌策略的实施,对品牌管理的要求非常高,毕竟这是企业的全部寄托。所以在市场的发展中,如何协调好品牌与市场之间的关系,使之保持协调同步,对企业而言就是关乎企业生存的根本之计。

企业在对单一品牌经营的过程中,必须把握以下两点。

1. 品牌单一,但不能单调

单一品牌策略是企业集中所有资源打造一个品牌,由这个品牌统领企业的全线产品。但单一品牌并不意味着品牌的内涵就是单调的,所以,企业在对品牌进行延伸时,必须保证品牌核心价值的统一。否则,品牌的外延就会受到限制或出现扭曲。例如,家喻户晓的"格力空调"就是这样一个品牌单一但品牌内涵丰富的品牌。珠海格力电器股份有限公司成立于1991年,是中国空调业唯一的"世界名牌"产品。1995年以来,格力空调连续18年产销量、市场占有率位居中国空调行业第一;2005年以来,家用空调产销量连续8年位居世界第一。"好空调,格力造"使得格力空调质量过硬的形象受到消费者普遍认可。2010年格力更是重金聘请国际巨星成龙以一身唐装为其代言,使"格力空调"民族品牌形象深入人心。在二十多年的时间里格力专注于空调,在董事长董明珠这位传奇女性的带领下以"掌握核心科技"为品牌理念,使品牌价值不断提升,品牌内涵不断丰富,创造了企业年收入逾千亿的奇迹。

2. 品牌的继承和发展

一个好的品牌之所以能给人留下深刻的印象,就在于它有着鲜明的个性。没有个性的品牌很难受到消费者的关注。而且,随着环境的变化,品牌也应该做出相应的调整。所以,品牌在保持个性的同时,必须针对不同的地区、不同的社会文化采取相应的变化;同时还要时刻关注人群的变化,在品牌延续的基础上,适应时代的发展,让品牌保持旺盛的生命力。

企业使用单一品牌策略主要是因为单一品牌策略有利于企业节约促销费用,有利于新产品开拓市场,有利于品牌的成长。但这种品牌策略的不足之处是当某一产品出现问题时,可能影响整个品牌的形象,当优先效应与近因效应发生冲突时不利于新产品进入市场。

(二)多品牌策略的运用

多品牌策略是指企业生产的产品使用多个品牌,即企业生产的每一种产品都有一个品牌名称。一个品牌只适用于一种商品、一种市场定位,有助于最大限度地形成品牌的差别化和个性化。实行这种策略的企业通常有一个类似于产品组合的品牌组合,企业以品牌为单位组织开展营销活动。

说到多品牌策略和管理,不能不说到宝洁。这个日化行业的领导企业,管理着上百个品牌。这些品牌在不同的国家、不同的市场领域为宝洁冲锋陷阵,而其形成的集团军式的品牌优势也让众多竞争者无处插手。

一提起宝洁公司,人们很自然地就会想到"海飞丝""飘柔""潘婷""玉兰油""舒肤佳""佳洁士"等众多知名品牌。宝洁公司是在全球范围内最先推出品牌经理制的公司。它实行一品多牌、类别经营的经营政策,在自身产品内部形成竞争,使宝洁产品在日用消费品市场中占有了绝对的领导地位。宝洁的成功很大程度上取决于其品牌策略。宝洁公司的产品从产品的命名到定位，再到宣传，以及公司的整个运作模式都非常地讲究。从宝洁的成功经验中我们知道：运用多品牌策略是对企业品牌管理能力的非常大的挑战性。

首先，多品牌策略的运用一定要寻找差异市场。

不是任何产品都可以采用多品牌方式的，关键在于能否找到消费者的差异化需求。多品牌的目的是为了适应不同消费群体的需求，有针对性地塑造品牌，迎合某个特定人群的欣赏品位，从而促进销售。同样是洗发水，宝洁公司在中国就成功地推出了飘柔、潘婷、海飞丝、沙宣、依卡露等品牌。众所周知，飘柔的诉求重点在于可以让头发更柔、更顺；潘婷则强调滋润、护理；海飞丝则专注于去屑。每个品牌都有各自的品牌属性，在所属的消费人群面前都具有较高的忠诚度。宝洁公司在同一领域推出不同品牌的做法，与我们传统的产品理念有很大的差别。宝洁并不害怕"窝里斗"，而是不断地在相同领域推出自己的不同品牌，主要原因还在于它能找到市场的差异性。由于市场本身的多元化，以及消费者不同性格、不同喜好、不同偏爱、不同需求这一根本差别，宝洁不仅要力争满足全球消费者的共同需要，同时也尽力满足具体市场的独特需求。这也是多品牌策略成功的本质。

其次，多品牌策略的运用对企业提出了更高的要求。

从表面上看，多品牌策略的运用只是对某个专业市场按照消费者的不同进行了细分，而后针对不同细分市场塑造不同的品牌。事实上，多品牌策略是个系统工程，它对企业提出了更高的要求。一方面，它要求企业能够充分考虑消费者的需求，能以消费者的需求为中心制定本企业的经营战略。从而使每个品牌都能被照顾到，不会顾此失彼。另一方面，它还要求企业具有一定的实力。如果企业自身实力本就弱小，又去分散自己的资源，结果会得不偿失。最后，它还要求企业具有高超的品牌管理技巧。如何有效地避免出现"窝里斗"的情形，这就很大程度上取决于企业品牌管理的水平了。

"目前的国内企业几乎都不具备多品牌运作的能力。"一位资深的跨国公司市场总监说道："多品牌是方法，不是目的。它来源于对消费者不同需求的洞察，需要不同的品牌思考方法，甚至用完全不同的渠道销售。这就要求企业有几个品牌就要建立几套独立运作的队伍。而靠成本领先的国内企业几乎不可能做到。"事实证明这位总监的话是对的。几乎所有的日化品牌都想学习"宝洁"和"欧莱雅"的多品牌策略，但却很少有成功者。

最后，多品牌策略要有效地把握好品牌的进与退。

多品牌自然可以让企业牢牢地抓住不同的消费群体，但并非是所有的品牌都会枝繁叶茂地成长。在市场竞争中，由于竞争对手的挤压、消费群体的萎缩或消费者倾向的变化，都可能让定位清晰的品牌失去生命力，这时放弃这些品牌便成为一个不得已而为之的选择。这对于实施多品牌策略的企业是一个无法回避的问题，从品牌设立的那天起，企业就必须做好这方面的准备。

很多企业家喜欢把"品牌"比作自己的"孩子"。这个比方并不恰当，因为"孩子"再不争气也无法抛弃。而品牌管理完全是另一回事情，不成功的品牌必须坚决放弃。联合利华2003年将全球的1600个品牌减少到400个，但是利润却上升了22%。所以，当一个品牌已经失去竞争力的时候，要舍得放弃。

（三）企业的品牌再造

品牌自诞生之日起便被赋予了生命，它像所有的生物一样，也会经历一个出生、成长、成熟和衰退的过程。因此，企业需要不断地对品牌进行检验，给品牌注入新的生命力，使之永远焕发青春的光彩。要做到这一点，唯有进行品牌再造。

所谓品牌再造，指的是在原有品牌的基础上，通过对品牌进行重新调研、重新评估和重新定位，使品牌获得持久竞争力的一系列过程。品牌再造对所有的企业都是非常重要的，只要企业想成为百年老店，品牌的再造就是无法回避的问题。当然，品牌再造不一定要到品牌遭遇危机时才被提上日程，品牌管理者们应该形成这种意识，等到品牌已经无法适应市场、消费者和企业的发展时，再来考虑品牌再造就已为时太晚。无论是老牌企业如麦当劳、恒源祥等，还是新兴的企业如新浪、雅虎等，都出于不同的目的经历过品牌改造的过程。

中国最畅销的饮料之一加多宝，就经历了重要的一次品牌再塑造。

加多宝在经营王老吉品牌的十几年里，一直遵循特劳特战略定位理论。2012年品牌地震之后，特劳特战略定位咨询公司应邀为加多宝立即重启了定位研究，对消费者、经销商、促销员进行了大量访谈。定性研究的结果不容乐观，消费者很难接受新的品牌。当然，这也符合特劳特战略定位理论的一贯观点。

经过定位研究，加多宝意识到，消费者的心智坚如磐石，不可改变。不过，这一点反倒为加多宝提供了一条重新定位、打开消费者心智的不二法门。过去十几年里，加多宝公司坚持只生产310毫升的红罐一种产品、只用同一条广告语（"怕上火"）、甚至只用相似的广告创意（蓝色冰雪中有一个大大的红罐和"怕上火"广告字样），已经在消费者心里打下了深刻的烙印。既然消费者就认准了它（红罐、凉茶、"怕上火"三位一体），那就告诉消费者，加多宝就是它，而不是一个新的品牌。

于是，重新定位的广告语出炉了："怕上火，现在喝加多宝。全国销量领先的红罐凉茶改名加多宝，还是原来的配方，还是熟悉的味道。怕上火，喝加多宝。"新的定位，用通俗的语言安抚消费者，将王老吉在消费者心目中的烙印承接过来，完成了惊险的新品牌形象的塑造和客户的转移。

新的定位广泛传播，大量的顾客已经转向了加多宝之后，这时候去除了改名信息，回归到"凉茶领导者"定位上，以便于有效压制竞争对手。广告的改变顺理成章，"怕上火，更多人喝加多宝。中国每卖10罐凉茶，7罐加多宝。配方正宗，当然更多人喝。怕上火，喝加多宝。"加多宝经营凉茶十几年，在改名前就已经围绕"凉茶领导者"建立了成熟的战略系统。重新定位为"改了名字的凉茶领导者"后，加多宝又能迅速围绕新定位形成独特而强有力的战略配称，包括生产能力、渠道能力、快速的市场反应能力和创新传播能力。

加多宝凉茶，一个新品牌，经历定位和重新定位，完成了惊险一跳，成功保留了凉茶领导者地位。这再次说明，一项产品或服务，最有价值的是如何在顾客心目中占据一个有利位置，这便是如何针对市场的复杂变化，随时调整和定位产品在消费者心目中的形象，加多宝凉茶的成功，在于有效地定位了产品在消费者心目中的位置，在顾客心目中重新夺回了凉茶这个心智资源。

品牌再造的方法和途径不是绝对的，不同的企业有不同的做法，但终结到一点，那就是在思想上要有创新。企业在日常经营中就应该密切关注与品牌再造相关的一些信息，如品牌再造所希望进入的目标市场的市场环境；品牌重新定位后，市场的可能反应；品牌再造可能获得的机会和遇到的威胁；企业在品牌再造后具有的优劣势等。

品牌再造对所有的品牌都是至关重要的，无论企业的品牌在市场上处于什么样的位置，对品牌的管理和维护都是企业必须要做的工作。所以，品牌再造的过程对所有的品牌都无一例外。但是，对品牌进行重新塑造，必须结合企业的实际情况，进行量身定做。这就要求企业在进行品牌再造前必须对品牌进行严格的审视，选择最佳的时机、最稳健的方案，让品牌永远焕发青春的光彩。

（四）理性诉求策略的运用

广告宣传的目的在于说服消费者购买本企业的商品或服务。随着经济的发展，消费者的消费行为越来越倾向于理性。所以，很多广告宣传凭借着理性诉求策略的运用，在市场竞争中获得了成功。

所谓理性诉求策略，即是通过诉求消费者的理智来传达广告内容，从而达到促进销售的目的。这种广告说理性很强，常常利用可靠的论证数据揭示商品的特点，以获得消费者理性的承认。它既能给消费者传授一定的商品知识，提高其判断商品的能力，又会激起消费者对产品的兴趣，从而提高广告活动的经济效益。

在运用理性诉求策略时，为使品牌的广告宣传达到最佳效果，以下几点可以借鉴。

1. 为消费者提供恰当的购买理由

理性消费者在购买行为发生前，往往要先找到一些合理的购买理由，才做出购买决定。所以，品牌在进行广告宣传时必须为消费者提供恰当的购买理由，以迎合这一群体的需要。例如，一般工薪者要去高级饭店吃饭，常常是借着某某人生日或其他理由，使这种奢侈变得心安理得。雅戈尔西服作为中国名牌西装，其价格是一般西装价格的几倍，一般工薪阶层向往名牌，但下决心购买确实有一个痛苦的过程。雅戈尔针对消费者的这一心理，适时提出"男人应该享受"这一宣传主题，为这些很想购买又舍不得购买的人们提供了一个恰当的理由。

2. 明确品牌广告宣传的重点

任何广告宣传都不是免费的，每一次广告宣传都需要投入大量资金，从而使得文字广告不可能很长，形象广告呈现的时间亦很短。另外，消费者也不可能花很多的时间和精力去研究某则广告。因此，无论从哪个角度来看，都有必要拟定一个十分明确的说服重点。当然，重点的确定不能是随意的，也不能是一相情愿的。它必须从目标市场消费者的需求出发，为迎合消费者的心理需求特点，结合品牌产品的特点，有针对性地进行宣传，这样才能震撼人心。

3. 重视用事实来说话

不可否认，消费者对企业有一种天然的怀疑与抗拒心理。因此，企业的说辞再动人、再有道理，他们也不见得真正相信。"王婆卖瓜，自卖自夸"的心理定势无时无刻不在起作用。消费者更想看到、也更愿相信的是事实。因此，在运用理性诉求策略时，用确凿的事实进行论证比漂亮的说辞更重要，也更省力。事实的阐述要求语言精练、准确。可以采取直接陈述的方式，也可以通过提供数据佐证、列图表、与同类产品类比等方法，向消费者提供信息。

4. 运用双向信息交流,增加可信度

在说服过程中,尤其是在带有浓厚商业性色彩的广告宣传中,可信度一直是困扰着说服者的一个问题。明明自己绝无假话虚言,可消费者就是不相信或半信半疑。如何解决这一矛盾呢?一种可行的方式就是提供双向信息,即在大力彰扬产品优点的同时,也说出产品的一些不足之处。有人曾将同一型号的汽车做了两则广告,一则广告说:"这种汽车的内把手太偏后了一点,用起来不顺手,但除此之外,其他地方都很好。"另一则广告中没有这一条,全部讲优点。结果都相信前一则广告。细加分析,前一则广告的成功乃是由于采用了欲擒故纵的手法。

并非任何宣传说服都是以提供双向信息为佳。当目标市场消费者文化水准较高时,双向信息为佳;当目标市场消费者文化水准偏低时,单向信息为佳。此外,当人们原先的认识与宣传者所强调的方向一致时,单向信息有效;而在最初的态度与宣传者的意图相左时,双向宣传的效果比较好。落实到广告宣传中,似乎应遵守这样的准则:新产品及新广告出现之初,可采取双向信息的方式,以打消消费者的怀疑并建立起信赖感。当消费者已经接受了广告的说服宣传,或者是基本上接受了广告宣传,这时就可以运用单向信息对消费者已经建立起来的观点予以强化。

在理性诉求策略的运用上,德国大众甲壳虫轿车表现得尤为突出。甲壳虫自进入美国市场后一直默默无闻,在激烈的市场竞争中已是奄奄一息。但是经过美国广告大师威廉·伯恩巴克的妙手回春,甲壳虫老树发新枝,迅速登上美国市场进口汽车的第一名宝座,并从此奠定了强有力的市场地位。伯恩巴克带领其策划小组成员经过周密的市场调研,在综合研究的基础上,创造了一个新的商品概念:甲壳虫是与美国汽车相对抗的完全不同的车子。从这一新的概念出发,广告表现采用反传统的逆向定位手法,故意强调自己的缺点,以退为进,正话反说,引出甲壳虫的优点;使用大标题、大图片以及幽默、荒诞等出人意料的手法和技巧。他们创作了"想一想还是小的好!""柠檬(不良品)""送葬车队"等系列广告,在消费者心目中塑造了小型汽车的品牌形象,并积极抢先占领了这一细分市场。

(五)感性诉求策略的运用

"现代乃至将来都是一个过剩的消费时代,在一个相对富裕的社会里,消费者的目的,不再是只为需要而消费,而更多的是为消费而消费,为感觉而消费"。这是在一次国际广告研讨会上专家们提出来的一个观点,这样的话听起来似乎有点危言耸听,但仔细想一想也并非没有道理。在生活节奏日益加快的现代社会里,人们因过多地忙于各自的工作而忽略了情感方面的需求。事实上,正是在这样的情形下,人们更需要情感。爱情的甜蜜感、家庭的温馨感、事业的成就感、地位的荣誉感等,都是人们生活中不可缺少的一部分,而这种情感又往往从消费上容易体现出来,也正因为这样,感性诉求广告在现代社会得以诞生。

感性诉求,又称情感诉求,它通过诉求消费者的感情或情绪来达到宣传商品和促进销售的目的。感性诉求的广告不做功能、价格等理性化指标的介绍,而是把商品的特点、能给消费者提供的利益点,用富有情感的语言、画面、音乐等手段表现出来。通常感性诉求广告所介绍的产品或企业都是以感觉、知觉、表象等感性认识为基础,是消费者可以直接感知的或是经过长期的广告宣传,消费者已经熟知的。采用感性诉求,最好的办法就是营造消费者使用该商品后的欢乐气氛，使消费者在感情获得满足的过程中接受广告信息，保持对该商品的好感，最终能够采取购买行为。

品牌的感性诉求具有极大的魅力和说服力，但它毕竟基于人类的感情。人的感情是复杂易变的，要想真正使感性诉求达到预期的目的，应遵循以下原则。

1. 以现实为基础

消费者不是一个可以任意施加影响的消极主体，而是一个具有一定的要求、信念、定势和意向，有着判断是非标准的积极客体，他们对广告的内容完全是根据自己要求的价值标准加以摄取或排斥的。所以，说实话、抒真情是广告的生命，是赢得受众的本质力量。品牌在进行感性诉求时，必须忠于事实，用真情打动消费者，才能有助于品牌形象的建立和传播。

2. 幽默、诙谐、风趣

幽默的广告之所以受到人们的喜爱，根源在于其独特的美学特征与审美价值，它运用"理性的倒错"等特殊手法，通过对美的肯定和对丑的嘲弄两种不同质的情感复合，创造出一种充满情趣而又耐人寻味的幽默境地，促使接受者直觉地领悟到它所表达的真实概念和态度，从而产生一种会心微笑的特殊审美效果，感性诉求广告正是通过幽默的情趣淡化了广告的直接功利性，使消费者在欢笑中自然而然、不知不觉地接受某种商业和文化信息，从而减少了人们对广告所持的逆反心理，增强了广告的感染力。

3. 与理性浪漫相结合

感性诉求广告创作的一个最基本的条件就是要具有创作的冲动，在广告中表现激情，只有在这种情感状态下才能够创作出优秀的作品。在感性诉求广告创作中，情感始终起着重要的作用。日本广告艺术设计师松井桂三说过：情感经常是一种在广告设计中不可缺少的元素，它能够把观赏者的心吸引过来，让他们获得全新的感受。但关于艺术创作中的情感极限问题，自古以来就是众说不一。在柏拉图看来，艺术创作的时候极其需要灵感，他认为创作的灵感就是一种"迷狂"状态。法国现代非理性主义哲学的代表柏格森更是认为艺术创作应该舍弃理性，注重直接、刹那间的情感，他认为只有在直觉中人和客体世界才能在本能冲动下互相渗透，达到统一，从而洞察到世界的本质。但是，我们知道，感性诉求广告不同于一般的艺术创作，它的目的是促进消费，它的目标受众是消费者。如果说自由艺术创作的情感可以是隐晦的、深奥的，别人不理解也可以的话，感性诉求广告则不能这样，它必须注重效应，因此它要求较为直观和外露，使人们能够在短时间内理解。因此在进行感性诉求广告的创作时，我们鼓励宣泄激情，但这种激情的宣泄又必须在一定的理智控制之下进行，这就是我们所说的"理性浪漫"，只有这样它才能把主体内在的浓烈的情感作为对象纳入一定的视觉形式之中，使之对象化和物态化，成为有意义的形式。

4. 运用艺术表现手法

感性诉求广告的目标受众是消费者，在人们的社会心理和市场竞争日新月异的今天，它的表现形式更应该向艺术化的方向发展。今日的消费者不再是纯粹地追求物质满足，他们不仅要求广告能告之他们信息，而且要求有艺术性和娱乐性，满足其心理上的审美需要，所以，没有强悍的艺术感染力的广告是很难与消费者产生情感共鸣的。众多的广告活动表明，具有极强的艺术性和表现力的广告总是容易引起消费者的注意与兴趣，起到引导消费的作用。因为它使人们在获得信息的同时得到了艺术美的享受，正因为具有艺术表现力，它才能造成一种生气勃勃、富于情趣的意境，才能极大地增强广告作品的吸引力和感染力。

在感性诉求广告中可运用的艺术表现手法很多，除了前面所提到的谐趣幽默外，还有对比、抒情、夸张、比喻和联想等，应在不同的场合下运用不同的创意以达到预期的目的。

总之，在竞争日益激烈、广告铺天盖地的当今社会，感性诉求广告已经成为取悦消费者的一把利剑，特别是在中国这样一个"情为上"的国度里，这种情况更加显得重要。只有在感性诉求广告中尽量减少点商业味，把丝丝情感融入无情商业之中，才更能被消费者所接受，也只有我们进一步去探讨感性诉求广告的创作与实施方法，才能真正达到最终的目的。

（六）建立品牌忠诚度

忠诚的顾客是企业最宝贵的财富。我们通常把品牌看作企业的资产，但实际上真正的资产是品牌忠诚。如果没有忠诚于品牌的消费者，品牌不过是一个仅用于识别的符号。研究表明，企业相当大的一部分销售额来源于很小一部分的忠诚消费者；而且，企业开发一个新客户所花费的成本大约是保持一个老客户的两倍。因此，品牌忠诚度的重要性已经成为理论界和企业界的共识。

那么，如何才能建立品牌忠诚度呢？品牌忠诚度的建立，要求企业始终树立以消费者为中心的观念，千方百计地满足消费者的需求，赢得消费者的好感和信赖，这是建立和提高企业品牌忠诚度的根本途径。具体来说，可以从以下几个方面进行营造。

1. 把握消费需求

建立品牌忠诚是企业营销的一个重要环节，而营销就是"满足顾客需求的活动"，企业及时了解和掌握消费者的意见、建议和要求，就能使企业做到按需生产、按需销售，保证产品适销对路。不仅如此，企业在满足需求的同时还要能创造需求、引导需求，这样才能使企业在激烈的市场竞争中，由被动地适应需求变为主动地引导需求，进而创造市场。

2. 长期地保证产品质量

良好的产品质量是建立品牌忠诚的前提条件。剑桥大学企业策略计划研究的一项调查研究表明，决定企业长期赢利的关键因素是被顾客广泛认可的优质产品。凡是成功的企业，无不将质量作为企业生存发展的生命线。任何企业从不敢忽视质量问题。就算是奢侈品 LV 箱包，也不敢否认令其品牌誉满天下的基础就是其产品顶尖优质的皮料和精美绝伦的工艺。

3. 为顾客提供满意的服务

在产品同质化程度越来越高的今天，服务日渐成为现代企业建立品牌忠诚度、获取竞争优势的关键，经济服务化趋势日渐明显。一些有代表性的企业已通过向顾客提供优质服务，为企业创造了大量利润。美国国际商用机器公司（IBM）公开表示自己不是电脑制造业，而是提供满足顾客需求的服务业。该公司总裁说："我们公司不卖电脑，而是卖服务。"美国波士顿福鲁姆咨询公司在调查中发现，顾客从一家企业转向与之竞争的另一家企业的原因，有 70% 的人是因为服务问题。美国马萨诸塞州沃尔瑟姆市一家销售咨询公司经过计算证实，公司服务质量每提高 1%，销售额能增加 1%。

4. 塑造良好的企业形象

消费者对品牌的忠诚度不仅仅是出于对产品使用价值的需要，也带有强烈的感情色彩。日本最大的企业形象设计所兰德社曾评论说，松下电器和日立电器在质量和价格方面并不存在差别，可更多的消费者更乐于购买松下电器，就是因为他们更喜欢这家公司。与价格、质量因素不同，企业形象是提高品牌忠诚度的"软件"，它要求企业作长期的、全方位的努力。任何一个有损于企业形象的失误，哪怕是微小的失误，都有可能严重削弱消费者的忠诚度，甚至导致忠诚的转移。

【思考与训练】

1. 企业文化建设为什么要塑造品牌形象？
2. 什么是品牌定位？品牌定位的方式有哪些？
3. 品牌的发展过程中为什么要进行再定位？
4. 老乡鸡连锁快餐是安徽著名品牌，着急打造符合中国人饮食习惯的健康中式快餐。目前，老乡鸡已经在安徽省稳稳扎根，面临走出安徽走向全国的境况。请为老乡鸡连锁快餐店写一篇创名牌策划书（可以从品牌文化的建立、品牌的定位、品牌的营销策略三方面入手）。

第三章　企业品牌的调查

> **提示**
>
> 企业的品牌调查是塑造企业品牌形象的基础。不经过品牌调查树立起来的品牌形象必定缺乏竞争力。本章主要阐述了企业品牌调查的含义和内容、品牌调查的方法、品牌调查问卷的设计以及如何撰写调查报告，为企业进行品牌调查提供一定的参考。需要我们注意的是，大数据时代的到来势必深刻影响品牌调查的速度和效果。

第一节　企业品牌调查的含义和内容

一、企业品牌调查的含义

著名经济学家马里恩·哈珀曾经说过："要管理好一个企业，必须管理好它的未来，而管理好未来就是要管理信息。"信息从何而来，也许我们会说，可以通过读书、看报、看电视、听广播、听别人介绍等众多途径获得，但我们不要忘记，要想迅速获得大量准确、翔实、有效的信息，唯有通过调查方能获得。哈珀的意思实际上就是强调了调查在一个企业发展运作中的重要性。特别是在竞争日益激烈的市场环境中，对信息的要求比过去任何时候都更为强烈。这也就促使调查活动得以延伸和发展。调查活动对企业的发展至关重要，它融入企业发展的每一个环节，品牌的管理也不例外。

市场竞争离不开品牌调查。一个品牌能否生存和发展，是市场上各种力量竞争的结果。了解消费者行为和消费者的品牌认知，掌握品牌市场表现和市场竞争状况，是企业调整和控制品牌营销策略的重要依据。例如，著名的宝洁公司对每个不同地区的文化形态的深入了解，是宝洁产品能在全球迅速推广的根本原因之一。在进军中国市场之初，宝洁公司在中国全境做了长达两年的市场调查，在中国建立了完善的市场调研系统，开展消费者追踪，并尝试与消费者建立持久的沟通关系，从而使宝洁旗下的各个品牌真正做到了家喻户晓。

那么，究竟什么是品牌调查？综观众多著名品牌成功的案例，我们可以为企业品牌调查做如下定义：为树立企业品牌形象，制定和调整企业的品牌营销策略而进行的一系列调查活动统称为企业品牌调查。

二、企业品牌调查的内容

品牌形象是构成品牌认同的因素之一，确认消费者如何看待品牌，无疑是建立品牌认同的一项很重要的内容。一般来说，企业品牌调查可以从以下几个方面进行。

（一）测定品牌知名度

知名度调查就是确认消费者对品牌的熟悉程度。消费者对品牌的认知度可按以下尺度进行测定：（1）从没听说过；（2）仅听说过；（3）知道一点；（4）知道很多；（5）很熟悉。如果大多数消费者的回答都限于前两项，则品牌建设的当前任务则是建立品牌知名度。

（二）测定品牌美誉度

如果调查发现消费者喜爱这一品牌，接下来就要判定消费者对品牌的喜爱程度。一般的判断尺度为：（1）很不喜欢；（2）不怎么喜爱；（3）无意见；（4）比较喜爱；（5）很喜爱。当然，具体调查时，答案的粗细层次应与调查对象的状况保持一致。如果回答选择前三项居多，则企业要弄清楚消费者不喜欢的原因是什么。

（三）确定品牌形象内涵

确定品牌形象内涵，也就是确定消费者对品牌的确切看法，找出喜爱和不喜爱的真正原因。常用的方法是语意差别法。语意差别法就是在两个意义相反的词之间列上尺度，由被调查者选择代表他或她意愿方向或程度的某一项。

比如，调查消费者购买产品时考虑的主要因素时，可询问"你购买某类产品时，最关心的是什么"，当回答是"质量"时，则可划分为两个尺度：产品质量好和产品质量差；当回答是"服务"时，则划分为：服务质量好和服务质量差，等等。再在划分的两极之间分出3—5个尺度，以此作为评价标准。一般来说，有三种类型的尺度：评价尺度（好—坏）、能力尺度（强—弱）、行为尺度（主动—被动）。根据这三个标准，可以去掉没有意义且易引起被调查者厌烦的尺度，以此作为品牌形象评价的项目。

任何一个品牌，其品牌形象的内涵应该是相当宽泛的。它不仅包括消费者的购买因素、消费者对品牌的印象及评价，还包括产品的价格、包装、广告宣传、功能等诸多方面。调查时，我们可结合企业的实际需求，有重点、有选择地进行。

（四）设计品牌期望形象

在调查的基础上，确定企业的品牌形象，但不能超越企业现有的人力、物力、资源以及市场状况。假设牙膏生产企业希望消费者对其产品的质量、服务水平、价格水平、包装设计、广告宣传等多方面都有较高的评价，如果考虑企业现有的状况，不能达到理想目的，那么企业就应该根据实际情况来设计适合自己的品牌形象，而不是不切实际地蛮干。

三、企业品牌调查应遵循的原则

企业的品牌调查是一项很复杂的工作，也是一个科学系统的研究活动。在进行品牌调查时应遵循以下基本原则。

（一）科学性原则

科学性原则是指企业的品牌调查所收集的资料都应该是通过科学的方法获得的。它要求从调查对象的选取、调查方式的选择、资料分析方法的采用直至调查报告的撰写，都应该严格遵循科学的规律。比如从调查方法的选择上来讲，调查方法很多，每一种方法都有其优点，也有其不足之处，调查的组织者应该采用科学合理的方法、程序、技术来进行品牌调查，以确保调查结果的准确性和科学性，而不能够图方便、便宜而随意地选择调查方法。科学性原则还表现在调查收集到的资料必须具有充分性和代表性，否则就会得出错误的或片面的结论。

（二）客观性原则

客观性原则是指在调查过程中，一切应从客观存在的实际情况出发，详尽地占有资料，在正确的理论指导下，进行科学的分析研究，从而得出正确的结论。客观性原则还表现在对调查人员的要求上，调查人员应该自始至终地保持客观的态度去正视事实。不论其对于预期假设是有利还是不利，都不能带有任何的主观偏见。只要调查过程是科学的，结果是可靠的，就一定要坚持自己的调查结果，千万不能擅自修改数据结果。

（三）时效性原则

市场现象是在不断变化的，在这个瞬息万变的时代，谁能最快、最准确地了解市场信息、了解消费者的动态，谁就能在竞争中站稳脚跟。企业的品牌调查就应该及时收集、整理、分析消费者对品牌的各种反应，并做出及时的调整和处理。有些资料的时效性是非常强的，它只对某个时期发挥作用，错过了这一阶段，资料就失去了其应有的价值。

（四）系统性原则

品牌调查所收集到的资料必须是系统而完整的，要有一定的逻辑性，不能前后矛盾，或者一眼就能看出很大的漏洞。否则你所收集的资料就是无效的资料。此外，调查的过程也应该全面贯彻现代系统科学的原理、思想、方法，要全面地考虑问题，注意工作的各个环节、问题之间的协调与配合，而不是孤立地看待问题。

第二节 企业品牌调查方法

企业品牌调查方法是指调查者在进行企业品牌调查过程中为获取信息资料所采用的具体方法。调查中所获得的信息资料分为两种，一种是一手资料，另一种是二手资料。二手资料就是指未通过直接调查，从别的机构所获得的现成资料。二手资料属于既有资料，其取得相对比较容易。而一手资料需要通过实际调查才能获得。这里所讲的品牌调查方法就是获得一手资料的方法。

一、访问调查法

访问调查法，又称询问调查法或者直接调查法。它是调查人员以询问为手段，从调查对象的回答中获得信息资料的一种方法。它是市场调查中最常用、最基本的调查方法。

访问调查法的最大优点在于，整个访谈过程是调查者与被调查者相互影响、相互作用的过程，也是人际沟通的过程。因此，访问调查法要取得成功，不仅要求调查者做好各种调查准备工作，熟练掌握访谈技巧，还要求被调查者的密切配合。

根据调查者与被调查者接触方式的不同，我们可以将访问调查法分为个别面谈调查、电话调查、集体访问调查。此外，还有邮寄调查、留置调查、日记调查等几种。因为后面三种都与问卷有关，在此不把它们归入讨论范围之内。

（一）个别面谈调查

个别面谈调查也就是调查员当面访问被调查者，询问与品牌经营活动有关的问题。这实际上是一对一的关系，就像记者采访一样，调查员应该具有记者的敏锐和机警。个别面谈调查又有多种形式，如入户面访调查、街头拦截调查、计算机辅助个人面访调查等。

一方面，个人面谈调查由于是面对面，一般回答率非常高，只要调查对象接受了访问，都会如实地回答问题，除了一些特殊问题以外，回答率一般在90%以上。在访谈的过程中，当被调查者因各种原因不愿意回答或回答困难时，调查者可以当面解释、启发和激励被调查者合作，以完成任务。另外，可以根据被调查者的性格特征、对访问的态度、心理变化及各种非语言信息，适时扩大和缩小提问的范围，因而，具有很强的灵活性。

从另一方面来讲，采用个别面谈调查，调查的人力、经费消费较多，对于大规模、复杂的品牌调查更是如此。该方法对调查人员的素质要求较高。在调查员工作的过程中，也很难对调查员的工作进行控制。

（二）电话调查

电话调查是一种从拥有电话的家庭中选出样本家庭再实施电话访问的方法。电话访问法较适合于在电话普及率高的都市。这种方法也有其优缺点。

在所有的调查方法中，电话调查法是取得信息资料速度最快的方法。一个人若有兴趣就某些当时的事件迅速地进行测验，他可在邮寄调查或其他访谈调查计划还没做出之前，就可以用电话取得对问题的回答。从成本的角度考虑，电话调查法的费用是很低的。有数据表明，电话访谈所需现场工作的费用，可能仅是亲自访谈费用的20%-25%。由于电话调查中，调查者与被调查者不是亲自接触，询问时只能问一些简单的问题，相应的对调查员的要求就不是那么高了。

但是，采用电话调查时，对样本的选择有一定的限制，它只限于有电话和能通电话者。由于问题简单，也会直接影响调查问题的深度和广度。同时，由于电话调查无法出示调查说明、照片、图表等背景资料，也没有时间在电话中逐一解释，因此被调查者可能因不了解调查的详情而不愿意与调查者合作。

（三）集体访问调查

集体访问法是个别访问法的延伸和扩展，就是调查者邀请若干被调查者，通过集体座谈的方式收集调查资料的方法。这种集体访问法的特点在于，它不是一个一个地访问被调查者，而是同时访问若干个被调查者，即通过与若干个被调查者的集体座谈来了解有关品牌的信息。因此，集体访问过程是调查者与多个被调查者相互影响、相互作用的过程。严格来说，集体访问法分为专家集体访问和消费者集体访问两种。一般采用自由会议法和批驳论证法两种方法进行。

自由会议法又称头脑风暴法，是20世纪50年代以来发展起来的一种特殊的会议形式。

"头脑风暴"原来的意思是指精神病患者在精神错乱时的胡言乱语，这里转用它的意思表示无拘无束、自由奔放地思考问题。

自由会议是一种会议形式，要求会议的气氛融洽而轻松，没有任何条条框框的限制。这种方法对会议的主持人要求高，要非常有经验。他一般不发表意见，以免影响会议的自由气氛。这种方法有四条原则：不互相批评、自由发言、欢迎提出各种观点与方案、要求结合别人的观点发表意见。

批驳论证法又称反头脑风暴法、质疑头脑风暴法。它是对已经形成的设想、意见、观点与方案进行评判的会议形式。这种方法的基本要求与自由会议法完全一致。在收集消费者态度的调查中，这种方法鼓励消费者互相质疑、互相批评、互相补充。原则上，别人说过的观点，自己不要重复，只是增加或批评。这种方法在品牌调查收集资料的过程中用的不如自由会议法多。

集体访问与个别访问相比，其了解情况的速度更快，工作效率更高，更加节省人力和时间。运用集体访问进行调查，参加的人员多，提供的信息广，而且被访者之间可以互相启发、互相补充、互相核对、互相修正，因而能得到比较真实的社会经济信息。

二、问卷调查法

问卷调查法是指采用问卷的形式作为调查依据的一种方法。采用问卷进行调查是国际上通行的一种调查方式，也是我国近些年来推行最快、应用最广的一种调查手段。学习该方法，最重要的是要学习问卷设计的一些基本知识。问卷的设计从内容到格式都有一些严格的规定。它不同于访问法中采用的问卷可以随便一些，粗浅一些。这部分内容我们将在本章第三节做重点介绍。

三、观察调查法

观察调查法是调查者在现场对被调查者的情况直接观察、记录，以取得信息资料的一种调查方法。这种方法不是直接向被调查者提出问题并要求回答，而是凭调查人员的眼睛、耳朵等感觉器官或是利用录音机、照相机、录像机和其他器材，记录和考察被调查者的活动和现场事实，以获得必要的信息。

结合品牌调查的特点，我们可以从不同的角度出发将观察调查法分为几种类型。

（1）按照观察者参与观察活动的程度不同，可以分为完全观察、不完全观察和非参与观察。

（2）按照观察的具体形式的不同，可以分为人员观察、仪器观察和实际痕迹观察。

（3）按照所取得资料的时间的不同，可以分为纵向观察、横向观察和纵横结合观察。

观察法的最大优点在于它的直观性和可靠性。观察法基本上是调查者的单方面的活动，特别是非参与观察，它一般不依赖于语言的交流，不与被调查者进行人际交往。因此，它有利于对无法进行语言交流的现象进行调查，有利于排除语言交流和人际交往中可能发生的种种误会和干扰。

观察法虽可提供较为客观和正确的资料，但它只能反映客观事实的发生经过，而不能说明发生的原因和动机。同时，观察法常需要大量观察员到现场进行长时间的观察，调查时间较长，调查费用支出较大。因此，这种方法在实施时常会受到时间、空间和经费的限制,比较适用于小范围的微观调查。

四、实验调查法

实验调查法是指通过实验对比来取得资料的方法。实验调查法的应用范围很广,任何一个品牌在改变其定位,改变它的产品的品质、包装、价格、广告及陈列方法等因素时,都可先用实验调查法进行小规模的实验性测试,以调查市场的反应。品牌调查常用的实验方式主要为市场反应实验。

1956年,宝洁公司开发部主任维克·米尔斯在照看其出生不久的孙子时,深切感受到一篮篮脏尿布给家庭主妇带来的烦恼。洗尿布的责任给了他灵感。于是,米尔斯就让手下几个最有才华的人研究开发一次性尿布。当时美国和世界许多国家正处于战后婴儿出生高峰期,将婴儿数量乘以每日平均需换尿布次数,可以得出一个大得惊人的潜在销量。宝洁公司产品开发人员用了一年的时间,最初样品是在塑料裤衩里装上一块打了褶的吸水垫子。在1958年夏天现场试验结果,除了父母们的否定意见和婴儿身上的痱子以外,一无所获。

1959年3月,宝洁公司重新设计了它的一次性尿布,并在实验室生产了3.7万个样子,拿到纽约州去做现场试验。这一次,有2/3的试用者认为该产品胜过布尿布。于是宝洁面临了新的问题:降低成本和提高新产品质量。改良式纸尿布在1961年12月于伊利诺伊州皮奥里亚市率先试销,宝洁公司很快发现皮奥里亚的妈妈们喜欢用这款名叫"娇娃"(Pampers)的纸尿布,但不喜欢10美分一片尿布的价格,若要定期使用仍嫌太贵。之后宝洁在6个地方进行的试销进一步表明,定价为6美分一片,就能使这类新产品畅销。最终这款Pampers纸尿布终于成功地推向美国市场,随后进入更多的国家和地区,1999年正式进入中国市场,并且按照中国的文化习俗、文字特点命名Pampers为"帮宝适",取得了巨大的成功,至今仍在中国的纸尿布市场占有一席之地。

从理论上讲,采用实验法所取得的调查结果应该同自然科学实验一样精确,但实际并非如此。在品牌调查实验期间,众多的不可控因素,如消费者的偏好、竞争者的策略等,都可能影响实验对象,完全相同的条件是不存在的,进而影响实验结果。另外,实验调查法获得资料的时间长,费用也比较高,所以,实验调查法的应用对调查者提出来更加严格苛刻的要求,要求调查者以更加科学严谨的方式才有可能获得接近实际情况的调查结果。

五、大数据对传统调查的影响

随着云时代而到来的大数据,在2013年创造了120亿美元的产值,这一数值将持续快速增长,预计到2016年到达238亿美元的产值。以纷繁复杂的网络平台为基础的大数据,不仅带给我们海量的数据,更让我们见识到不同于以往的信息处理整合分析,以及由此驱动的产业链。大数据给我们带来高效率低成本的准确资料,也带来完整的消费者群体描述,但是仍然有某些内容需要传统的调查方法来完成。这就需要大数据和传统调查方法相结合,去完成市场调查中定性、定量的复杂工作。

第三节　企业品牌调查问卷的设计

问卷设计是问卷调查法中十分重要的一个环节。设计问卷时，首先必须了解问卷的基本结构。

一、问卷的一般结构

从结构上看，一份完整的调查问卷通常采取以下结构。

（一）问卷的标题

标题是概括地说明调查的研究主题，使被调查者对所要回答什么方面的问题有个大致的了解。标题应简明扼要，易于引起回答者的兴趣。如"汽车消费状况调查""我与住房——某市居民住房状况调查""海飞丝品牌诉求调查"等，而不要简单采用"问卷调查"这样的标题，它容易引起回答者不必要的怀疑进而拒绝回答。

（二）卷首语

卷首语是给被访者的一封短信，旨在向被调查者说明调查的目的、意义、调查者的身份、调查内容、保密措施和向被访者表示感谢等。有些问卷还有填表须知、交表时间、地点及其他事项说明等。卷首语一般放在问卷的开头，通常它可以使被调查者了解调查目的、消除顾虑，并按一定的要求填写问卷。

（三）填表说明

填答说明又叫指导语，是用来指导被访者填写问卷的说明，它主要包括填答方法、要求、注意事项等。例如：

填表说明：
1. 请在每一个问题后适合自己情况的答案号码上画圈，或者在_____上填上适当的内容。
2. 问卷每页右边的数码及短横线是上计算机用的，你不必填写。
3. 若无特殊说明，每一个问题只能选择一个答案。
4. 填写问卷时，请不要与他人商量。

（四）问题与答案设计

问题与答案设计是问卷的主体，也是调查的基本内容。从设计角度看，问题的形式一般分为开放式问题和封闭式问题两类。开放式问题是在设计中只给出问题，而不列举问题的各种答案。例如，您认为您使用摩托车的原因是什么？这种设计从问题的设计角度非常简单，但是对此问题的分析却非常麻烦。首先要将被访者关于此问题的所有答案都浏览一遍，然后把具有相似情况的答案归入一类，再对每个被访者的回答编号。所以，开放式问题在一般的问卷调查中不能用得太多，一般不能超过 3 个。同时，开放式问题的运用与问卷调查这种方法的理论背景是不一致的。因为问卷调查的本质是要以简单的调查、易于统计分析的方法来进行的,而开放式问题更适用于访问法等其他调查方式。开放式问题是问卷调查过于简单的补充。

封闭式问题是在设计中不仅给出问题,而且要列举问题的所有可能的答案。封闭式问题与问卷调查的本质是一致的,它能更简单、直接地收集资料,而且得到的数据资料是结构化的,易于统计处理与分析。

(五)调查过程记录

调查过程记录可以放在问卷的最前面,也可以放在问卷的后面,主要是记录调查员的姓名、督导员的姓名、在调查过程中有无特殊情况发生、被访者的合作情况等。这部分内容不要让被访者看到。

(六)被访者的联系方式记录

在一般的调查中,被访者的姓名、联系方式都不能记录,目的是为了保证匿名性,打消被访者的顾虑。但是在品牌调查中,往往为了复核的需要而对上述问题做记录。

二、问卷的类型

一般来讲,一次完整的问卷调查都包括三种类型的调查问卷,即甄别问卷、调查问卷和回访问卷(复核问卷)。

(一)甄别问卷

甄别问卷是为了保证调查的被访者确实是符合调查要求的目标对象而设计的一组问题。一般采用排除法来进行过滤。

1. 对身体自然状态的排除

对身体自然状态的排除主要是为了甄别被访者的自然状态是否符合你的调查要求。主要的自然状态变量包括年龄、性别、文化程度、收入等。我们用一个高档化妆品的品牌调查的甄别问卷为例来说明对身体自然状态不适用的排除。

(1)对年龄的甄别。由于中国人使用化妆品具有明显的年龄倾向,针对一款高档的化妆品,要排除年少的人和年老的人。对年龄的甄别问题设计如下。

您的年龄为:
A. 18 岁以下(终止访问) B. 18—60 岁(继续访问) C. 60 岁以上(终止访问)

(2)对性别的甄别。如果该化妆品是女性专用产品,则应对女性进行调查。

(3)对收入的甄别。在中国,收入影响女性购买化妆品的因素有两个,即个人收入和家庭收入。因此,对收入的甄别问题的设计就包括两个方面。

请问您的个人月收入(包括工资、奖金、第二职业收入等)为:
A. 3000 元及以上(继续访问)   B. 3000 元以下(终止访问)
请问您的家庭月收入为:
A. 8000 元及以上(继续访问)   B. 8000 元以下(终止访问)

（4）对个人居住地的甄别。假设是要调查北京市的居民，其对居住地的甄别问题的设计如下。

请问您是否是北京市市民：
A. 是（继续访问）　　　　　　B. 否（终止访问）

2. 对产品适用性的排除

假设这种化妆品只适用于油性和混合性皮肤，那么其对产品适用性的甄别问题的设计如下。

请问您的皮肤为：
A. 油性（继续访问）
B. 混合性（继续访问）
C. 干性（终止访问）

3. 对产品使用频率的排除

很明显，个人对化妆品使用频率过低，就不可能成为调查产品的目标消费者。所以，对产品使用频率的甄别问题的设计如下。

您平时多长时间使用一次化妆品：
A. 几乎不用（终止访问）
B. 很少使用（继续访问）
C. 经常使用（继续访问）

4. 对产品评价有特殊影响状态的排除

这种排除主要是为了使职业习惯可能对调查结果的影响排除掉。它一般有固定的设计格式，人们对产品评价有特殊影响状态的甄别问题的设计如下。

您和您的家人是否有在以下单位工作的：
A. 市场调查公司或广告公司（终止访问）
B. 社情民意调查机构或咨询公司（终止访问）
C. 电台、电视台、报社、杂志社等媒体（终止访问）
D. 化妆品生产或经销单位（终止访问）
E. 以上都没有（继续访问）

5. 对调查拒绝的排除

您是否愿意帮助我完成这次访问：
A. 是（继续访问）　　　　B. 否（终止访问，谢谢被访者）

（二）调查问卷

调查问卷是问卷调查最基本的方面，也是研究的主体形式。任何研究，可以没有甄别问卷，也可以没有回访问卷，但是必须有调查问卷，它是分析的基础。根据调查目的的不同，调查问卷的内容和形式没有一个统一的标准，总体上它是要反映出所要了解的信息的全部内容。我们研究所需要的所有的信息都来自于调查问卷。

（三）回访问卷

回访问卷又称复核问卷，是指为了检查调查员是否按照访问要求进行调查而设计的一种监督形式的问卷。它是由卷首语、甄别问卷的所有问题和调查问卷中的一些关键性的问题所组成。

三、封闭式问题设计中应注意的事项

在问卷的问题设计中，主要需要注意三个方面的问题：问题要根据调查的目的来设计；要注意问题的顺序；要注意问题的提法。

（一）根据调查目的设计问题

设计问题时主要应考虑三个方面。

（1）设计的问题与目的要相符。

（2）设计的问题不宜过多。与调查目的不符的问题再多，也不能反映真实的情况，而且占用的篇幅大。被访者回答的问题太多，会占用他们的时间，这样他们就会产生不耐烦或厌倦的情绪，进而影响调查结果的可信度和有效度。

（3）设计的问题不要过于粗浅，要能反映调查的目的。任何调查都离不开特定的调查目的，为了索取具体的资料，就要避免使问题流于一般化。如果问"你对××产品的印象如何""你对××产品是否感到满意"，显然过于笼统，很难取得预期的效果。所以，应分开提问："你对××产品的质量是否感到满意""你对××产品的价格是否感到满意"等。这样就显得很具体，被访者在回答时就更有针对性。

（二）问题的顺序

在设计问题时，问题的顺序安排合理，可以让人感觉条理清楚，更能提高回答效率。在安排问题的顺序时应遵循以下几个规则。

（1）消费者使用状况的问题放在前面，描述原因的问题放在问卷的后面。

（2）简单的问题放在前面，比较困难的问题放在后面。

（3）封闭性的问题放在前面，敏感性、开放性的问题放在后面。

（4）先问行为，再问态度、意见、看法等方面的问题。

（5）能激起被访者的兴趣、比较活泼的问题放在问卷的中间。

（三）问题的提法

在设计问题时，问句的表述要简单明了，概念的表达要准确，不能提似是而非的问题。具体来讲应注意以下几点。

1. 问题的语言要简单，陈述要简短

因为被访者可能是各个阶层的人，如果采用比较复杂的语言或学术术语，很多被访者就不可能理解其含义。同时，你的问题的陈述若过于复杂或者很长，就会使被访者产生厌烦的情绪。

2. 问题不能具有双重或多重含义

一个问句最好只问一个要点，如果一个问句中包含了过多的询问内容，会使回答者无所适从，给统计处理也带来困难。如"您的父母是知识分子吗"这就使那些父母中仅有一个是知识分子的人无法回答"是"或"否"。防止出现类似问题的办法是分离语句中的提问部分，使得一个语句只问一个要点。

3. 问题不能带有引导性

如果提出的问题不是"折中"的，而是暗示被调查者的观点和见解，力求使回答者跟着这种倾向回答，这种提问就是引导性提问。例如："消费者普遍认为××牌子的彩电好，您的印象如何？"像这种提问就是引导性提问。引导性提问会导致两个不良后果：一是被调查者不加思考就同意所引导的问题中暗示的结论；二是由于引导性提问大多是引用权威或大多数人的态度，被调查者考虑这个结论既然已经是普遍存在的结论，就会产生心理上的顺向反应。此外，对于一些敏感性的问题，在引导性提问下，被调查者不敢表达其他想法等。因此，这种提问是调查的大忌，常常会引出和事实相反的结论。

4. 避免提断定性的问题

有些问题是事先断定被访者已经有某种商品或行为，而事实上被访者极有可能没有此商品或行为。例如："你家的空调是什么牌子的""你的丈夫抽什么牌子的香烟"正确处理这种问题的方法是，在断定性问题之前增加过滤问题。如"你家是否有空调器""你是否已经结婚""你的丈夫是否抽烟"，如果被访者回答"是"，再用断定性问题继续询问，否则，在过滤问题之后即停止访问。

5. 问题要考虑时间性

有些问题由于时间间隔太长，或过于零碎，被访者有可能已经忘记，问卷中应避免提问"在去年二月你在电视中看到几次航空公司的广告""请说出你在本月内购买了哪些日用品"，消费者不可能记住和回忆清楚这些问题，应改为"近一周内你见过几次航空公司的电视广告""最近3天你购买了哪些日用品"。显然，这样缩小时间范围可使被调查者比较容易回忆，回答也比较准确。

6. 避免提令被调查者难堪、禁忌和敏感的问题

要避免提关于各地的风俗和民族习惯中禁忌的问题、涉及个人利害关系的问题、个人隐私问题等。比如，许多人认为年龄、收入、婚姻、受教育程度等是个人隐私，不愿意或不真实回答，因此，问卷中应尽量避免。如果有些问题非问不可，也不能只顾自己的需要，穷追不舍，应考虑被调查者的感受，要注意提问的方式、方法和措辞。

四、封闭式问题的答案设计

（一）封闭式问题答案设计的两个基本原则

1. 穷尽性原则

穷尽性原则即要将问题的所有可能的答案全部列出，才能使每个被调查者都有答案可

选，不至于因被调查者找不到合适的答案而放弃回答。如果某个被调查者在所列的答案中找不到合适的答案，那么这一问题的答案就一定是不穷尽的，或者说是有所遗漏的。

2. 互斥性原则

互斥性是指答案相互之间不能相互重叠或相互包含。即对于每一个被调查者来说，他（她）最多只能有一个答案可以选择。如果一个被调查者可同时选择两个或更多的答案，那么这一问题的答案就一定不是互斥的。当然，已说明可多选的答案除外。如果答案不互斥，被调查者可能会做出有重复内容的双重选择，对资料的整理分析不利，影响调查效果。

（二）答案设计中应注意的事项

在设计答案时，我们应注意以下几点。

1. 单选题的答案设计不宜太多

单选题的答案设计不宜太多，最多不能超过9个。因为被调查者在阅读问题与答案时，记忆答案的数量是有限的，一般不超过9个。如果答案过多，被调查者的回答就会有遗漏或产生不耐烦的情绪。有研究表明，在备选答案超过9个的问题中，答案的可信度或有效度只有20%，也就是说还有80%的被调查者选择的答案并不是他们想选的答案。当他们浏览答案时，因答案过多，可能看后面忘了前面，最后就近选择一个比较合适的答案算了，而这个比较合适的答案可能并不是最合适的。

2. 答案设计要与调查对象的状况保持一致

这方面的问题是很普遍的。比如，宝洁公司在农村搞了一次关于态度问题的调查，问卷设计如下。

您对飘柔洗发水的态度是：
（1）很喜欢　（2）比较喜欢　（3）一般　（4）不太喜欢　（5）不喜欢

结果，一些年纪较大的人的回答叫调查人员无所适从。他们的回答是"还行""还可以""不错"等，再进一步追问是否喜欢，他们回答"喜欢"，再问"是很喜欢，还是比较喜欢"，他们的回答是"喜欢就是喜欢"。结果，调查者无法断定他们的态度的层次。因此，对于那些文化层次较低的被访者，应该只用三个层次或两个层次，如"喜欢""一般""不喜欢"或"喜欢""不喜欢"。同样，在调查一些文化程度较高的被访者时，如果用两个或者三个层次的答案，他们的回答经常是"不能说是完全喜欢，只是比较喜欢而已"等。因此，调查的答案设计不是千篇一律的，是要根据实际情况变化的。

3. 要注意定距问题和定比问题的答案设计

不同的问题有不同的答案设计方法，在设计答案时，要根据研究的具体要求决定采用哪种形式的答案。例如，在研究每月工资收入或女士年龄时，如需准确了解具体数字，则可采用填入式，即：

您的每月工资收入是_____元。您的年龄为_____岁。

但调查这类敏感问题时，为消除被调查者的顾虑和资料整理分析的需要，通常采用定距或定比的答案设计。例如：

您的月工资为：
（1）2000元以下；（2）2000~3500元；（3）3500~7000元；（4）7000元以上。

设计这类的答案要注意:(1)划分的档次不宜太多,每一档的范围不宜太宽。因为档次太多,使得问卷篇幅增大,而且有些档次只有极少数人可填。一般的方法是,在大多数人所需要的范围内进行适当的分档,将两端列为开口组就行了。(2)要尽量使档次之间的间距相等,这样便于整理和分析。(3)各档的数字之间应正好衔接,无重叠、中断现象。

4. 答案不能带有更多的信息

有的问卷设计中有这样的设计:

您最喜欢的洗衣机品牌是:(1)甲(本年度最畅销的产品);(2)乙(本年度最畅销的产品);(3)丙(本年度最畅销的产品);(4)丁(本年度最畅销的产品)。

这种设计等于对被访者进行诱导。在没有特殊用途时,这种设计是不允许的。因为它不能反映被调查者的真实想法。

5. 答案中尽量不用贬义词

在调查中,如果答案使用贬义词,会严重影响调查的结果,通常的做法是在褒义词前面加上否定,比如不用"喜欢"和"厌恶",而用"喜欢"和"不喜欢"来进行设计。

· 附卷 ·

安徽××品牌调查问卷

尊敬的先生/女士:

您好!我是××学院广告专业的在校学生,受××集团的委托,正在进行有关××品牌牙膏的消费情况的调查,衷心希望您能花费一点时间填写这份问卷。您仔细的填答,将给予我们莫大的帮助!

这次调查的全部资料仅供我们统计分析之用,决不对外提供,敬请放心!请按要求回答每一个问题,在所选序号上打勾或按要求填写序号,如选择"其他"项,请用文字说明。

真诚地感谢您的合作与支持!

1. 请问您知道××牙膏吗?(　　)
   A. 知道　　　B. 不知道
2. 下列牙膏品牌中,您经常选用的是(可多选)(　　)。
   A. 黑人　　　B. 高露洁　　　C. 佳洁士　　　D. 中华　　　E. 云南白药
   F. 两面针　　G. 冷酸灵　　　H. ××　　　　I. 纳爱斯　　J. 其他＿＿＿
3. 在选择牙膏时,您关注的因素按重要程度依次为(限选三项)(　　)(　　)(　　)。
   A. 口感　　　B. 功效　　　　C. 使用习惯　　D. 外包装
   E. 广告效应　F. 购买便利　　G. 价格　　　　H. 品牌
   I. 实惠　　　J. 牙医推荐　　K. 其他＿＿＿
4. 您曾用过××牙膏吗?(　　)
   A. 用过　　　B. 没用过
5. 对选择"没用过"者,请问:您从不使用××牙膏的原因是(之后停止访问)(　　)。
   A. 对××牙膏不了解　　　　　　B. 根本不知道有××牙膏
   C. ××牙膏的品牌不硬　　　　　D. 质量不好

E．口感香型不喜欢　　　　F．其他_____

6. 对选择"用过"者，请问：您认为××牙膏效果如何？（　　）
   A．很好　　　　　　　　B．一般　　　　　　　　C．不好
7. 您用过××哪些品牌牙膏？（　　）
   A．××特效牙膏（止血脱敏）　　B．××清凉牙膏　　C．××茶盐清健牙膏
   D．××皓雅劲爽牙膏　　　　　　E．××御齿道牙膏　　F．××维生素牙膏
8. 您购买牙膏喜欢的规格为以下哪一种？（　　）
   A．55克左右　　　　　　　B．90克左右　　　　　　C．120克左右
   D．150克左右　　　　　　 E．180克左右
9. 您喜欢哪种香型的牙膏？（　　）
   A．冰凉薄荷　　　　　　　B．绿茶　　　　　　　　C．柠檬
   D．茉莉花茶　　　　　　　E．香甜水果　　　　　　F．其他_____
10. 您能接受的牙膏价格档次为（　　）。
    A．5元以下　　　B．5~10元　　　C．10~20元　　　D．20元以上
11. 您比较感兴趣的牙膏促销方式为（　　）。
    A．赠送小礼品　　　B．打折　　　　　　C．牙膏牙刷配套销售
    D．有奖销售　　　　E．其他_____
12. 您主要在以下哪一地点购买牙膏？（　　）
    A．大型综合超市　　B．小超市　　C．就近便利店　　D．购物网站（淘宝、京东等）
13. 请问您平时使用的牙膏一般由谁购买？（　　）
    A．本人　　　　　　B．父母亲　　　　C．子女　　　　　D．其他_____

您的个人资料：
1. 您的姓名：_____
2. 您的年龄：_____
3. 您的职业：_____
4. 您的联系方式：_____

第四节　调查报告的撰写

尽管品牌调查的复杂程度和规模各不相同，但在最后都要提供完整有效的调查报告。一般来说，调查报告从形式上来看分为两种，即书面报告和口头报告。口头报告相对比较简单，我们在这里主要介绍的是书面调查报告写作的步骤及有关技巧。

一、书面调查报告写作的基本要求

1. 实事求是

调查报告作为调查研究的成果，最基本的特点就是尊重客观实际，用事实说话。但要

真正做到实事求是是不容易的，其原因在于：（1）人们的认识能力有局限性，因而，不可能轻而易举地做出准确的判断；（2）少数人弄虚作假，虚报瞒报，他们所反映的信息并不是他们自身的真实情况，用这样的信息分析出来的结果也会失去客观性。

2. 符合经济规律和有关政策的规定

品牌调查属于经济活动，经济活动是有一定的规律性的，所以在进行品牌调查时，一定要摸清市场规律，及时掌握市场规律的变化，研究其变化的原因，加深对市场规律的认识。

3. 观点与数据要结合起来运用

调查报告的特点就是以调查资料为依据，而资料中的数据资料显得尤为重要。数据资料具有很强的概括力和表现力，用数据证明事实的真相往往比长篇大论更能使人信服。当然，数据的运用要适当，不能太多，也不能太少。数据表达的形式多种多样，可以叙述，也可以用表格、图表等方式来表达，使人一目了然，而且可增强调查报告的科学性、准确性和说服力。

二、书面调查报告的格式

书面调查报告的格式一般由标题、概要、正文、附件等几部分组成。

（一）标题

标题应是画龙点睛之笔，它必须能准确地揭示调查报告的主题思想，做到题文相符。另外，标题还要简单明了，高度概括，具有较强的吸引力。

标题的写法灵活多样，一般有两种：单标题和双标题。

单标题就是调查报告只有一行的标题。一般是通过标题把被调查单位、调查内容明确而具体地表示出来。

双标题就是调查报告有两行的标题。一般采用正副标题的形式，正标题用来表达调查的主题，副标题用于补充说明调查对象和主要内容。

从叙述方式来看，标题一般有三种叙述方式。

（1）"直叙式"的标题。它是反映调查意向或只点出调查地点、调查项目的标题。这种标题简明、客观，一般的调查报告的标题多用此种。

（2）"表明观点式"的标题。它是直接阐明作者的观点、看法或对事物的判断、评价的标题。

（3）"提出问题式"的标题。它是以设问、反问等形式，突出问题的焦点和尖锐性，吸引读者阅读，促使读者思考。

以上三种标题的形式各有所长，特别是第二种、第三种形式的标题，它们既表明了作者的态度，又揭示了主题，具有很强的吸引力。但第二种、第三种形式的标题单从标题上不易看出调查的范围和调查对象。因此，必要时可采用双标题的形式，用副标题加以补充说明。

（二）概要

概要即调查报告的内容摘要，主要包括以下4个方面的内容。

（1）简要说明调查的目的，即简要说明调查的由来和委托调查的原因。

（2）简要介绍调查对象和调查内容，包括调查时间、地点、对象、范围、调查要点及所要解答的问题。

（3）简要介绍调查研究的方法。介绍方法有助于使人确信调查结果的可靠性，因此，对所用的方法要进行简短叙述，并说明选用此方法的原因。

（4）简要说明调查执行结果，包括主要发现、结论和建议。

（三）正文

正文是调查报告的主要部分。正文部分必须准确阐明全部有关论据，包括问题的提出、引出的结论、论证的全部过程、分析研究问题的方法等。

（四）附件

附件是指调查报告正文包含不了但与正文有关，必须附加说明的部分。它是对正文报告的补充或更详尽的说明，包括数据汇总表及原始资料背景材料和必要的工作技术报告，如为调查选定样本的有关细节资料及调查期间所使用的文件副本等。

三、撰写调查报告应注意的问题

1. 调查报告的针对性

针对性是调查报告的灵魂，主要包括两个方面。

（1）撰写调查报告必须明确调查的目的。任何调查报告都是目的性很强的，撰写报告时必须做到目的明确、有的放矢，围绕主题展开论述。

（2）报告必须明确阅读对象。阅读对象不同，他们的要求和所关心的问题的侧重点也不同。例如，针对研究人员而写的调查报告，可以篇幅长一些，突出一些技术性细节，有助于其判明市场调查结果的科学性，以决定其对报告有关资料的取舍及应用程度；而针对企业决策者而写的调查报告，则要简明扼要，突出结论和重点，并注意运用图表加以说明，调查过程和细节可以略写。

2. 调查报告的新颖性

调查报告应紧紧抓住社会经济活动的新动向、新问题，引用一些人们未知的、通过调查研究得到的新发现，提出新观点，形成新结论。而不要把众所周知的、常识性的或陈旧的观点和结论写进去。

3. 调查报告的可读性

调查报告虽然是一种应用文体，但也应重视其可读性。比如观点要鲜明、行文要流畅、语言要通俗易懂、结构安排合理有序等。

4. 调查报告的公正性

调查报告要完整的报告调查的结果，不应略去或故意隐藏所知事实。如果调查失败，调查者应有勇气承认，不能随便报道结果，以免误导读者。即便是成功的调查，在调查报告中也不应只选择那些对自己有利的结果做出报告，对其他避而不提。

【思考与训练】

1. 企业可以从哪些方面入手进行品牌调查？
2. 企业的品牌调查方法有哪些？各有何优缺点？
3. 封闭式问题设计中应注意哪些事项？
4. 为了解消费者对某一品牌的认知，请为这一品牌设计一份完整的调查问卷，并撰写调查报告。

附：（调查报告）

芳草牙膏品牌市场调查报告书

目 录
contents

1 前言	
2 基本情况	1. 芳草牙膏市场调研的目的 2. 芳草牙膏市场调研的方法 3. 芳草牙膏市场调研的对象 4. 芳草牙膏市场调研的地点
3 主要发现	1. 芳草的市场占有率分析 2. 消费者对芳草品牌认知度的分析 3. 消费者对牙膏的关注因素分析 4. 消费者对牙膏促销方式偏好的分析 5. 消费者对牙膏香型的选择分析 6. 儿童牙膏市场占有率分析 7. 消费者对儿童牙膏功效的倾向分析
4 结论建议	1. 结论 2. 建议

一、前言

安徽芳草集团是一个有二十多年历史,也是国内生产第一支药物牙膏的企业。2001年9月,芳草人经过24年辛勤耕耘,保持了芳草牙膏的质量,发展了牙膏的品种,拓宽了芳草牙膏的功能,辅以优质的服务,赢得了广大消费者和全社会的信赖,终于获得了"中国名牌产品"的称号。但在牙膏市场异彩纷呈、竞争激烈的今天,老牌芳草的发展却没有意料中的乐观。通过此次调查,我们的确发现了一些问题,但也看到了一些市场机会。

二、基本情况

1. 调查目的

深入了解芳草系列牙膏的市场占有率及销售情况,以及与其他品牌的竞争情况,为芳草集团以后制定市场决策及经营战略提供参考。

2. 调查方法

本次调查采用问卷调查法,共发放问卷840份,收回有效问卷800份。

3. 调查对象

牙膏产品的经营者和消费者。

4. 调查地点

合肥市各主要商场、超市、街道及居民生活区。

三、本次调查主要发现

1. 芳草的市场占有率

黑人、高露洁、佳洁士成为消费者心中的前三位品牌,总体评价都不错。如下图所示:

从此图可看出:芳草的市场占有率很低,黑人、高露洁、佳洁士是芳草的主要竞争对手。因此,企业在制定生产和经营战略上应把黑人、高露洁、佳洁士作为分析研究的对象。

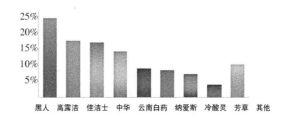

2. 消费者对芳草品牌认知度的分析

据调查,有88.5%的消费者用过芳草牙膏,有11.5%的消费者没有用过。没有使用过芳草牙膏的原因如下图所示:

从图中可以看出:影响消费者购买芳草牙膏的不利因素依次为:质量不好、品牌不硬、市场上很少见到。这对企业的发展是不利的,消费者对芳草的了解是表面的,而对其企业本身却不太了解,因此芳草集团应采取高质而有效的传播方式,以达到提高消费者购买欲望的目标。

3. 消费者对牙膏的认知分析

下图为消费者购买牙膏时最关注的内容。

据调查显示:消费者最关注的是牙膏的口感,其次是功效。

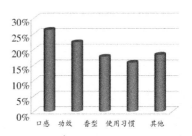

4. 消费者对芳草牙膏促销方式的偏好

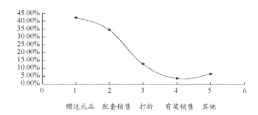

调查显示：消费者最喜欢的促销方式是赠送小礼品，其次是对"牙膏牙刷配套销售"比较感兴趣，再次为打折。在市场上，一般牙膏的促销方式：买一盒规格大的送一盒规格小的牙膏，这种促销方式成效不高，消费者在购买牙膏时，不仅侧重实惠，而且对同种品牌有一定的使用期，长久也会产生厌倦感，从而选择购买其他品牌。

5. 消费者对芳草牙膏香型上的使用偏好

此图反映了：在香型上，薄荷与绿茶在消费者购买中占主导地位，其他香型平分秋色。从质量反映中得知，芳草的薄荷口味比其他品牌的薄荷口味要重些，因此这也是影响消费购买芳草牙膏的一个因素。芳草应该从这点上加以改善。

6. 儿童牙膏市场占有率分析

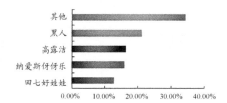

根据调查，有八成以上的消费者认为儿童有必要使用儿童牙膏。这对企业开发儿童牙膏产品做出正确的市场预测有指导作用。这也反映了儿童牙膏市场存在着巨大潜能。此图可反映出黑人的儿童牙膏在合肥市场上已经有了很高的认知度，芳草需加强改善。

7. 消费者对儿童牙膏功效的倾向分析

调查表明，防止蛀牙、营养牙龈、坚固牙齿是消费者购买儿童牙膏最重要的参考因素。企业应根据儿童的牙齿疾病研发新产品，解决儿童最常见的牙齿疾病问题。

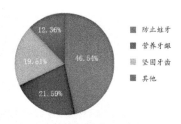

四、结论与建议

1. 结论

据调查显示，芳草牙膏的市场占有率很小，各类不同的品牌挤占市场，产品定位特色也各有千秋，城镇市场也相对趋于饱和。芳草牙膏受欢迎的主要原因是经济实惠，现在的芳草牙膏把市场主要面向农村，针对农村定价，这或许也给了芳草一个喘息的机会，避免了在城镇市场与竞争对手的正面交锋，芳草依旧面临不小的竞争压力，不过这个压力相对于城镇市场应该小一些，所以芳草要竭尽全力做到在农村市场上接近大众化。

2. 建议

（1）重新定位，加大宣传力度，提高知名度

对于芳草的品牌不硬、知名度不高，大量的广告宣传是必要的，许多人对芳草有种怀念情怀，所以必定会有更多的发展潜力，但是现在面临的不单单是激烈的竞争，自身的品牌老化也是致命的一点，时代在发展，综观牙膏市场，各类产品的诉求定位、品牌定位也是相当明确的。所以，芳草必须重新定位，打造符合潮流的品牌形象，利用有效的宣传策略增加知名度，在这个信息社会，大量的广告宣传是必不可少的。

（2）增强自身科技含量，与时俱进，符合市场需求

虽然品牌很重要，但是质量、特效也相当重要，一个产品不能光靠光鲜的外表征服消费者。现如今，各类牙膏产品的功效、口感多种多样，消费者对牙膏的要求也越来越高，广告也要以优质为基本，所以，芳草必须在产品研发方面有所创新。

（3）做好农村市场

芳草牙膏退居中低端，进军农村市场，避免了与竞争对手的正面较量，但是其他品牌在农村市场也有不少的占有率，芳草想要站稳，还需要更多地努力，不过既然选择了农村市场，就要做好，广告依旧不可少，质量依旧是中心。

（4）优化管理

芳草的衰落一部分是因为管理失误，所以芳草要重视管理这一块，不再重蹈覆辙。另外，管理团队不断趋于老龄化，这不利于芳草今后的发展，公司可以利用一些年轻有能力的人，积极听取他们的意见，为团队增添活力。

第四章　企业品牌的设计

> ▶ 提示
>
> 本章从企业品牌的名称设计和标志设计两个方面展开论述。名称和标志形成了产品的脸谱，好的名称和好的标志对产品的销售和品牌形象的塑造都起着举足轻重的作用。掌握一定的方法和技巧，设计一个好听的名字和一个富有冲击力的品牌标志，是进行企业品牌设计的关键。

第一节　企业品牌名称的设计

古人云："名不正则言不顺。"品牌名称是品牌的核心要素，是形成品牌概念的基础。而且品牌名称提供了品牌联想，在帮助企业营销和大众接受产品和服务的过程中扮演了一个重要的角色，很可能直接影响一个新产品的成败。

一、品牌名称设计的意义

海外一位广告专家说："光是凭一个名字，虽然不见得就可以使一个品牌的机遇不同而大发利市，但无疑，好名字却是一个品牌销售成功的必要条件。"尽管名不副实的现象随处可见，但是好名字的确有着促销冲击力。好的命名，可以令品牌起死回生，在一目了然中抢尽商机。我们已迎来一个"形象挂帅"的时代，只有名正了言才会顺，这是企业获胜的头一关。

1. 能提升商品档次和品位

品牌名称的选择是非常复杂和重要的。一个好的品牌名称往往能凸显商品的特点和个性，并能蕴含深厚的品牌文化和企业文化。它能够耐人寻味，引发形象而优美的联想，给消费者留下美好的深刻印象。比如宝洁公司的"护舒宝"品牌，中文名字非常贴合产品特点，而其英文"whisper"的意思是"低声地说，私下说，悄悄话"，中文和英文的发音都很优美，音调基本一致，这是一个非常优秀的并且很成功的品牌命名。这样的命名自然对提升商品档次和品位起到了一定的促进作用，且很容易让人接受。

2. 好的名称便于塑造品牌形象

优美、个性的名字，易于识别，易于编织品牌故事。例如，位于太湖之滨的江苏红豆集团公司，是以无锡市太湖针织内衣总厂为核心的第一家省级企业集团。该集团生产的"红豆"牌衬衣、"红豆"牌西服、"红豆"牌领带等系列产品，风靡全国，畅销海外16个国家和地区，曾在10年间产销翻9番，经济效益翻4番。这一成绩的取得，除了有优良的产品质量做基础外,还同他们取了一个很好的品牌名称——"红豆"是分不开的。因而,被同业称为"红豆现象"。"红豆"二字是取材于唐代大诗人王维的名作"红豆生南国,春来发几枝;愿君多采撷,此物最相思。"诗中"红豆"二字颇能勾起人们的思念之情。老年人把"红豆"视为吉祥如意物;年轻的情侣喜欢用"红豆"衬衣相赠,表达相思之情;侨胞以"红豆"衬衣依托思乡之情;日本人以"红豆"衬衣抒发思古之幽情。

3. 好的名称有利于提升企业形象

品牌形象是企业形象和文化的主要载体和重要体现。好的品牌形象更容易赢得客户的信赖和合作,容易获得社会的支持。例如,做电脑代理起家,现在发展成为中国IT行业巨人的联想集团有个美丽而伟大的名字,就是"联想",它最初的英文"Legend"就是传奇、传说、英雄故事的意思。2001年,"联想"改了个更能提高国际竞争力的、更气派的名字,即"Lenovo"。此名字在字典中是查不到的,其中的"Le"来自于原来的"Legend","Novo"在拉丁文中则是"创新"的意思。这一名字的取得,即告诉全世界:联想要发展,创新是第一位的,进而让全世界都认识联想、支持联想,从而提升联想企业的社会形象。

4. 好的名称有利于进行品牌宣传

一个很土或难念难听的名字,很难引发顾客美好的联想,顾客就很难接受并记住品牌。在进行品牌宣传时,就需要投入更多。相反,一个优秀的品牌名称,能够对顾客产生极强的吸引力,从而减小品牌推广的阻力,并大大降低品牌推广的成本。这就是名字的力量,这也正是准确命名的伟大意义。例如,20世纪50年代,日本樱花公司在胶卷市场上的占有率超过50%,而后富士的市场占有率越来越大,终于击败了樱花公司,成为市场的霸主。根据调查,樱花公司失败的原因并非产品质量问题,而是产品名称问题。樱花公司受其樱花牌胶卷名称的拖累,因为在日文里,"樱花"一词代表软性的、模糊的、桃色的形象;相反,"富士"一词则同日本的圣山联系在一起。樱花牌胶卷受制于这一没有积极、正面意义的形象,各种宣传均无济于事,只有节节败退。

二、品牌名称命名的方法

随着我国经济的逐步发展,品牌意识的增强,越来越多的企业开始关注自己的商标品牌的价值,把品牌的经营纳入企业的营销策略中。在品牌林立的年代,要经营好一个品牌,首先离不开一个好名字。取名的方法很多,总体来看,较常见的有以下几种。

1. 以企业或公司名称命名

这是指企业或公司是什么名称,产品就使用什么品牌名称,如美国福特汽车公司的"福特"牌汽车,飞利浦电器公司的"飞利浦"电器,长城制衣公司的"长城"风雨衣,等等。该方法的好处是花一笔广告费用就可以既宣传了公司形象,又树立了品牌形象,同时也可以节省起名过程中的费用。该方法较为适合某一大类商品品牌名称的选择,不适合综合经营的企业的品牌命名。

2. 根据人名命名

这是直接以人物姓名作为品牌的名称。可分为创业者、设计者、古代名人或有纪念意义的人物姓名。如世界名牌中,酒类产品的轩尼诗、马爹利等;电子产品中的王安等;汽车产品中的福特、劳斯莱斯、丰田等；服装类中的皮尔·卡丹、李威、夏奈尔等；刀具中的王麻子剪刀、张小泉菜刀等。该方法的好处是借助人物声誉影响产品。但如果用人名在某些国家为产品注册则往往受到限制。

3. 根据地名命名

这是以地点名称作为品牌名称，如青岛啤酒、上海手表、北京电视机以及黄河电器、泸州老窖、云烟等。在世界名牌中，有不少以地点名称作为地方特产的品牌名称。诸如科涅克（干邑）是法国地点名称，现成为法国多家著名白兰地的通用品牌；香槟是法国北部的一个地区名，因盛产美味的葡萄酒，香槟已成为该地区诸多葡萄酒的通用品牌。但许多国家都规定，不能以地理名称作为商标。

4. 根据动物名称命名

这是以动物名称作为品牌名称。现实生活中使用动物名称作为品牌名称的产品很多，有龙、虎、豹、狮、狼、兔、金鸡、孔雀、熊猫等。该方法可以使人产生形象感，给顾客留下较深刻印象，创立地区性品牌较为有效。但因为世界各地居民对动物的喜爱差异很大，难以找到一个让所有人都喜欢的动物，所以以动物命名的品牌很少成为世界级名牌。但可以用来作为地域型品牌的名称，有利于开拓区域市场。

5. 根据植物命名

这是指以植物名称为品牌名称。如"雪莲"牌毛衣、"两面针"牙膏等。该方法常使人联想到美好的自然风景。但因植物生长环境有限，人们熟悉程度有差异，同时不同国家居民对各种植物的寓意理解不一，甚至有诸多的禁忌，因此，植物名称一般不作为世界名牌的品牌名称。

6. 根据功能命名

这是用产品本身的功能、效用、成分、用途来命名。此方法可根据实际情况选择明示法和暗示法。明示法是直接用产品功能作为名称使用。一般在制药业应用普遍，如肠虫清、感冒灵、胃泰、醋酸氟轻松软膏等。暗示法是通过含蓄和暗示的手法，选择隐含产品功效的词汇作为品牌名称。这在洗涤、卫生类产品和食品、饮料中应用较多，如可口可乐，暗示饮料有良好的口感，让人舒心快乐；宝洁公司推出的"汰渍"洗衣粉，意味着污渍、汗渍不留痕迹。此外，还有佳美牌香皂、固齿丽牙膏、海飞丝洗发水等。

7. 根据数字命名

以数字命名易识、易记。阿拉伯数字通行全世界，有利于塑造世界名牌。以数字命名几乎涵盖了从0到9的所有阿拉伯数字，如一品沙拉油、双狮牌瓷砖、三星电子、七喜汽水、三九胃泰、4711香水、夏奈尔5号香水等。

8. 根据时间命名

这是以时间概念作为品牌商标名称。诸如天天牌牙膏、今日牌营养液、明日牌香波等。其特点是以明确的时间概念来诱使人们购买和消费。但这种品牌名称特色不够鲜明，只能用于地区性或地方性品牌，不宜用于世界性品牌。

9. 根据谐音命名

命名中强调名称的响亮顺口或谐音寓意。诞生于1888年的柯达公司，起初是由创办人伊士曼以他最喜欢的字母K开头,然后再加上几个朗朗上口的字母,最后再以字母K结尾(Kodak)。看上去虽无任何意义,但其中也隐含着快门一摁、喀哒一响的谐音。北京烤鸭"全聚德"从发音上看隐含有"全具可得"的谐音,意即吃烤鸭不仅能吃到外焦里嫩的鸭肉,而且能得到整具鸭子的全席;从字面上,其含义有注重职业道德的意思。

10. 根据外来语或新造词命名

为了使产品的品牌更有时代感,甚至具有异国情调,可以用外来语作为品牌名称,特别是出口产品的品牌,应以输往国家的文字译名或重新命名,如"桑塔纳""尼康"等。

三、品牌命名的程序

设计一个好的品牌名称,是一项既费时又耗资的事情,必须坚持科学的程序,这大体上包括确定原则、提出备选方案、评价选择、测验分析和调查决策5个阶段。

(一)确定原则

品牌经营者在为品牌命名时,一般应遵循的原则为:字面简洁明了、含义丰富深刻、说起来朗朗上口、能反映企业形象。具体来讲,应遵循易读易记原则、暗示产品属性原则、启发品牌联想原则、支持标志物原则、适应市场环境原则和受法律保护原则。

(二)提出备选方案

品牌经营者在品牌命名之初,应根据命名的原则,收集那些能够描述产品的单词或词组,它们便组成一个备选方案。在提出备选方案、搜集备选名称时,一般采用头脑风暴法。

运用头脑风暴法搜集品牌名称时,主持人必须先让参加者知晓以下四项规则:不能批评他人的主意;欢迎"百花齐放"地自由发言;以求量为先,以量生质;寻求综合和改进。

运用头脑风暴法搜集品牌名称时应该注意以下几点:组建讨论小组,其理想的人数为10—12人;参与者的文化层次最好相当,对该产品的命名问题均感兴趣,但不必是同行;主持人应善于引导,避免不必要的辩论或批评;应提倡轮流发言制,以使每人都有发言机会。

(三)评价选择

对通过头脑风暴法所得到的十几个甚至更多的候选品牌名称要一一进行评价。评价时要采用专家分析法。具体做法如下。

(1)选定有关专家,包括语言学、心理学、美学、社会学、营销学、法律等方面的专家。人数在15—20人。

(2)由有关专家做初次评价判断,即向选定的专家寄发有关产品营销状况的资料和通过头脑风暴法所获得的所有品牌名称的资料,请他们独立地对上述品牌名称做初次判断分析。

(3)反馈并请专家修改,即将收回的所有初次判断资料整理综合,再将综合材料寄回给专家,请他们根据其他专家判断及综合情况修改自己的初次判断,做出第二次分析判断,一般通过2—3次这样的反馈、修改,判断意见趋于稳定,可作为选择的依据。

(4)根据最后一次专家的意见,确定选择的品牌名称。

（四）测验分析

测验分析就是根据评价结果，对选择的方案进行消费者调查，以便最终确定品牌名称。对消费者进行调查，要采用调查问卷的形式。调查问卷中应包括以下内容：名称联想调查、可记性调查、名称属性调查、名称偏好调查等。

（五）调查决策

调查测验结果出来以后，要经过细心的研究才能确定选定品牌名称。如果调查测验结果不理想，就必须重新命名，决不可委曲求全。

四、品牌名称设计的技巧

在品牌诸要素中，品牌名称是最重要的选择，因为它是最直接、最有效的信息传达工具，往往能迅速准确地表达出商品或服务的中心内涵和关键联想。正因为品牌名称与消费者对商品的印象紧紧联系在一起，并且在品牌创立中起着如此重大的作用，因此品牌名称在设计前往往要经过深思熟虑和调查研究。

综观世界各大成功品牌，其名称虽然各具特色，但还是有规律可循的。一般而言，要设计一个优秀的品牌名称，需掌握如下技巧。

（一）易读易记

易读易记是一个好名称的最基本要求。在给品牌起名时，我们首先要把握这一名字的识别功能和传播功能。要让顾客很容易通过名字去识别它所代表的产品，并对产品产生深刻的印象，就必须做到让所起的名字易辨认、易拼写、易阅读、易记忆。一般来说，名称易读，可以产生良好的语感。如"娃哈哈"三个字的元音都是"a"，很适宜婴幼儿发音和模仿，还有"中华""三星""光明"等品牌，都是易于发音的例子。而要做到易记，就必须做到所起的名字要短而精。太长的名字，顾客不容易记住，自然谈不上产生深刻的印象。所以，起名时多以 2—3 个音节为好。如万宝路、柯达、海尔、三洋等。

（二）语意深远吉祥

品牌名称对于消费者来说应该是熟悉的、有意义的，这样能够加强消费者对品牌的理解和记忆，更容易在商品与品牌之间建立起联系。从这一点来看，选择一个形象感较强的品牌名称比抽象的名称更有助于消费者加深对品牌的印象。如"Benz"，译为"奔驰"就比译为"奔斯"更能体现出汽车的行使性能，又能唤起人们的联想。此外，品牌的命名还应该能给人一种吉祥如意的感觉。如香港的"金利来"领带，不仅读起来朗朗上口，更重要的是，这一名字使人感到吉祥愉快——金钱红利源源而来，因而特别受到人们的喜爱，长期畅销。

（三）与众不同，有特色

选择一个易读易记、意义深远的品牌名称有助于增强顾客对品牌的记忆，但一个与众不同、独特、非凡的名称，更加有利于品牌识别和品牌保护。如"汰渍""飘柔"等都是不落俗套的品牌名称。而市场上有一些产品，相同或相似的名称太多了。据资料显示，全国以"长城"命名的企业、产品不少于 200 个，还有如牡丹、熊猫等也被多次使用。这样就使得品牌名称没有特色，自然就起不到很好的效果。

（四）品牌名称与企业名称相统一

在给品牌起名时，可以将其与企业名称统一起来，这样既能节省传播费用，又能增强传播效果。相反，如果二者不统一，企业要分别宣传两个名称，这对企业和顾客都会造成不便利。从我国品牌的排行榜上来看，排在前列的往往是品牌名称与企业名称一致的。如"红塔山""长虹""康佳""五粮液""联想""大宝"等，这些名字既是品牌名称，又是企业名称。在国际上，品牌名称与企业名称统一已成为一种惯例。如"可口可乐""英特尔""迪斯尼""福特""麦当劳"，等等，都是品牌名称与企业名称相统一的很好的例证。可见，品牌名称与企业名称相统一，既有利于品牌的传播，也有利于品牌增值。

第二节　企业品牌标志的设计

品牌名称与标志共同形成产品的脸谱。标志和名称一样对产品的形象和销售都产生重大的影响。实践证明，人们凭感觉接收到的外界信息中，83%的印象来自于眼睛，剩下的 11%来自听觉，3.5%来自嗅觉，1.5%来自触觉，另有 1%来自口感或味觉。品牌标志正是对人的视觉的满足。

一、品牌标志的形式

标志的形式多种多样，归纳起来，主要有以下几类。

1. 名称性标志

这是直接把名称文字、数字用独特的艺术字体来表现，它既是读出声音的品牌名称，又是与众不同的品牌标志，从而实现名称与标志的统一。这种标志又分为文字标志、数字标志。

（1）文字标志。即将品牌名称或名称的第一个字母放大或突出化。如中国的永久牌自行车，又如麦当劳快餐店的黄色大"M"标志等。单独用文字组成标志，含义明确、重点突出，但形象性不及图形标志。

（2）数字标志。即用数字组成品牌标志，如"555""999"等。

2. 解释性标志

对于一些新创造的词汇名称或本身没有什么意义的品牌名称来说，大多采取文字标志的形式。但对于品牌名称本身包含有事物、动物、植物、图形等意义的，常用名称内容本身所包含的图案来作为品牌的标志。如凤凰自行车就是以金凤凰图案为品牌标志。这又分为记号标志、图形标志。

（1）记号标志。即用一种记号作为品牌标志。它既不像文字标志那样含义明确，又不像图形标志那样造型复杂。如日本三菱电机公司的三菱标志，是由 3 个菱形图案组成。3 个菱形代表 3 颗钻石，这 3 颗钻石蕴含了 3 菱公司的三项原则：对社会的共同责任、诚实公平、通过贸易增进国际理解。这个图形简洁、明快，又与公司名称相配，使它今天无论出现在世界的哪个角落，人们都能识得这一标志。金利来的标志是来自"goldlion"单词中"g"和"l"字母的组合。

（2）图形标志。即以动植物、事物等的图形作为品牌标志。如苹果电脑的标志是一个被人咬掉一口的苹果图案。雀巢公司的标志是"两只小鸟在巢旁"的图案。图形标志的特点是形象、鲜明、生动，会给人留下实体形象感。但其表达的含义不如文字商标明确。

3. 名称转化性标志

这是将名称进行若干变化与组合而创造出的标志。这种标志常由文字、图形或记号组合而成。主要有以下几种。

（1）名称与字母组成的标志。如意大利菲拉（Fila）体育用品公司的商品标志，是在"Fila"之上加一个方框，方框之中有一个大"F"。其间不仅利用了美丽的几何图案，而且产生了一种艺术感。

（2）名称与线条组成的标志。如耐克（NIKE）标志是在 NIKE 品牌名称左下角打一个像"√"的图形，这个勾像一艘船一样载着"NIKE"字。

（3）名称具体化为图形标志。如中华牌香烟的标志是天安门和华表，而天安门和华表都是"中华"名称的转化。

4. 与名称无关的标志

这是品牌标志与名称无什么直接联系。如宝马、雪铁龙、雷诺等名车标志都与品牌名称无直接关系。

二、品牌标志设计的原则

品牌标志的特征是形象、鲜明、简洁，具有强烈的视觉冲击力和心灵震撼力，且有内在的意象美即深刻的主题思想，使形式与内容有机地统一，完美地结合。这是标志设计应遵循的重要规律。为此，标志设计应当把握以下原则。

1. 独特性

独特性是标志显著特征的最基本要求。标志的形式法则和特殊性要求标志具备各自独特的个性，不允许有丝毫的雷同，因而标志的设计必须做独特别致、简明突出，追求创造与众不同的视觉感受，给人留下深刻的印象。

2. 通俗通用性

通俗通用性指标志应具有较为广泛的适应性，具有易于识别、记忆和传播的重要因素。通俗性不是简单化，而是指以少胜多、立意深刻、形象明显、雅俗共赏。

3. 艺术性

标志的艺术性是通过巧妙的构思和技法，将标志的寓意与优美的形式有机结合时体现出来的。

4. 时代性

时代性是标志在企业形象树立中的核心。例如对于老牌并享有信誉的标志，可以在原标志的基础上通过一个长期的策略，逐步改造和完善，既具有连续性，易于识别，又富于时代感，让人们在不知不觉中接受新标志，使其具备现代化、国际化的特征。

三、品牌标志设计的方法

品牌标志的设计必须与企业名称、品牌名称紧密地结合起来，与品牌标志设计的主题相一致，这样的品牌标志才能对品牌名称起到升华的作用。品牌标志设计的方法很多，比较常用的主要有以下三种方法。

（一）文字和名称的变化

这一方法是直接运用品牌名称的字体或品牌名称的字头的缩写或单纯的图形作为标志的组成元素。这种方法的优点是识别性强，便于传播，容易被理解；缺点在于比较单调，含义不够丰富。所以采用这种方法设计标志时，为了加强其识别性，常常在字形结构、字体组合、图形装饰点缀和色彩上下功夫，力求突出视觉聚焦点、情趣性、人性化、动态感，避免单调，以加强视觉冲击力。例如，麦当劳品牌的标志——金黄色的双拱门，就是品牌名称字头"M"字母的造型，通过红黄色彩的强烈对比，表达了企业热情、快捷、友善的服务理念。又如苹果公司的品牌标志，在设计上就表现出一个充满人性化、动态感的画面：一只色彩柔和的、被人吃掉一口的苹果，表现出"you can own your computer"的亲切感，体现出苹果电脑追求人机相融的设计理念。今日集团的品牌标志就是一个近乎中国书法草写的"今"字，中间一点幻化为一轮饱满的红日，该标志融东方传统文化与西方现代设计于一体，点的凝重与完美，线的洒脱与突破，红的热情与奔放，灰的冷静与沉着，都渗透着简洁与和谐。

（二）图形标志

这种方法是以几何图形和色块或抽象图案作为标志设计的元素，进行高度艺术化的概括提炼，形成具有象征性的形象。图形标识因为较易被人在视觉上接受，所以也得到普遍运用。这种设计方法能表现企业的效能、优质、智慧、高精尖等特征，适用于产品领域比较广阔的企业。如台湾食品业最大的企业味全公司，1968年因业务的扩大，新产品不断开发，并开始向国际市场大量销售，原来的双凤标志的视觉形象已无法显示味全公司的经营内容与发展，于是聘请日本设计名家大智浩为设计顾问，进行周密的市场调查与产品分析后，确定了新的五圆标志——以5个圆点构成味全英文名字首字母"W"的造型，既象征其食品可口，又寓意中国美食五味俱全的悠久历史。

（三）组合标志

组合标志是以文字、图形的相互组合而构成的标志类型。它集文字标志和图形标志之长，兼有文字的说明性和图形的直观性特点，易识易记，为消费者广泛接受。

组合标志成功运用的代表者当数当今世界碳酸饮料大王可口可乐的品牌标志。可口可乐的标志由四个要素构成：COCA-COLA书写体的标准字、独特的瓶形轮廓、品牌名COKE和红色标准色。在正方形外框中央视觉中心，配置COCA-COLA书写体标准字；标准字的下方顺畅地引入象征化的瓶形弧线轮廓，如缎带般飘逸流动；为强化品牌和瓶形特征，以红色标准色衬托白色标准字和瓶形轮廓曲线,形成对比强烈的视觉冲击力,整个画面充满着运动的韵律感。

四、品牌标志设计的程序

品牌标志设计是企业品牌经营的核心内容。品牌标志设计的好坏直接影响品牌在市场上的竞争能力。标志一旦在市场竞争中站稳脚跟,有了一定的知名度,便会转化为企业的无形资产。因此,在设计品牌标志时,必须经过精心策划。品牌标志设计的程序一般经过以下几步完成。

1. 调研分析

调查是一切活动的基础,在设计品牌标志之前,也应该经过精心地调查研究。了解企业及品牌发展的历史与现状,把握品牌未来的发展规划。根据品牌经营的内容、产品的特性和服务的性质、品牌的知名度和市场占有率以及品牌经营者对标志等视觉识别内容的期望等内容,进行全盘考虑,为品牌制定合理的视觉符号。这些都是标志设计开发的重要依据和基础。

2. 策划构思

策划构思是由公司企划部门或广告公司根据品牌发展的具体情况,进行标志草图创作的阶段。在这一阶段,要根据标志设计的识别性、传达性、审美性、适应性和时代性等原则,进行创意与发挥。尽量创作出大量的设计草图,以备筛选、深化。

3. 评价选择

评价选择是从大量的标识草图中筛选 3—5 个比较完整的满意的方案,然后广泛征求意见,并做进一步的调整和完善。对图形的完整性、黑白关系、长宽比例、线条粗细、放大进行局部检查,缩小进行视觉效果对比,反复斟酌比较,最后确定一至两个最佳方案。

4. 测验分析

测验分析是根据评价结果和市场状况,对重点的几个备选方案进行消费者测试,最终决定入选方案。

5. 调整决策

测验结果出来后,需进行具体的分析和研究,对标志的视觉调整也显得至关重要。其目的是为取得视觉上的和谐与对比,使标志设计得更精细、更完美。

【思考与训练】

1. 一个好的品牌名称对塑造良好的品牌形象有何重要意义?
2. 品牌标志设计的方法有哪些?
3. 举例说明品牌标志设计的基本程序。
4. 设计某一个品牌,自定名称、标识,并设计包装。

第五章　企业形象的策划与塑造

> **提示**
>
> 企业形象是企业文化的一部分，是企业文化的展示和表现。良好的企业形象越来越成为企业制胜的法宝。本章主要从企业形象的含义与特征、企业形象塑造的创意思维、企业形象塑造的程序以及企业形象塑造与企业文化建设的关系等几个方面进行阐述，突出企业形象塑造对企业文化建设的重要影响。

第一节　企业形象的含义与特征

当今社会，"形象"一词愈发受到关注和重视。对于个人来说，形象一般指外貌形体、精神状态、举止礼仪、为人处事的基本风格等方面的内容。对于国家来说，形象尤为重要。2011年1月17日，《中国国家形象片——人物篇》亮相著名的纽约时代广场，中国各领域杰出代表和普通百姓在片中逐一亮相，让美国观众了解一个更直观、更立体的中国国家新形象。很多看了宣传片的国际友人都表示，第一次在大屏幕上看到这么多中国人，片中出现的人物脸上真诚的微笑让他们觉得中国人民生活得很幸福。这一国家形象宣传活动足以说明我国对国家形象的重视，而良好的国际形象，也会带来丰厚的回报。

小到个人，大到国家，都需要"形象"的支持，企业就更不用说了。在科技进步的推动下，企业所面临的市场环境发生了很大变化，靠商品质量、销售价格和销售数量与对手拉开距离的竞争办法已奏效不大，这就迫使企业要逐步地改变自己的竞争战略。现在，越来越多的企业将目标放在了企业实力的又一重要表现形式——企业形象。这也是目前国际企业之间竞争的新趋势。企业形象作为企业经营的重要资源，已成为越来越重要的无形资产。大力开发企业形象资源，认真抓好企业形象管理，精心塑造良好的企业形象，已成为现代企业在日趋激烈的市场竞争中站稳脚跟并顺利发展的法宝。要塑造一个良好的企业形象，有效地实施企业形象战略，首先必须清楚地了解企业形象的含义及其特征。

一、企业形象的含义

对企业形象的界定，可以从多个角度进行。最常见的就是从企业与其社会公众的关系的角度来对企业形象进行认定。就企业与公众的关系而言，企业形象是社会公众对企业在运作过程中的各种表现的整体感觉、印象和认知，是企业的外在形象和内在本质、物质文明和精神文明的有机统一。在现代社会中，一个企业的形象如何会直接影响企业的生存和发展。

以上企业形象的定义，包含了以下几点具体内容。

（1）企业形象好不好，取决于企业自身的表现，是企业自己的事情。事物的发展是内因和外因共同作用的结果，但起主导作用的还是内因，要塑造良好的企业形象应立足于企业自身。企业只有依靠自己坚持不懈、持之以恒的努力，才能树立起良好的形象。企业如果疏于练内功，而一味指望外界的帮助，对良好形象的塑造是无济于事的。任何一个知名企业，无一例外地都将自己的重点放在狠练内功、苦心经营上。

（2）企业形象好不好，来自于社会公众的看法，不是自己说了算。社会公众是企业形象好不好的裁判和评价者。公众不等于群众，企业的社会公众包括消费者、客户、竞争者、股东、投资者、企业员工、希望就职者、金融机构、原材料供应者、大众媒体、政府、公共团体等。企业形象塑造就是要在以上众多对象的心目中形成一个好的印象，要得到他们的认可，进而起到提升企业知名度、信誉度和美誉度的作用。其中，消费者对企业形象的看法是评价企业形象好坏的重要依据。

（3）企业形象是公众对企业的整体认识，是一个有机的组合。企业形象不是由一两个因素所决定的，它是一个有机体。这个有机体主要包括企业的实力形象，它是企业形象存在的物质基础；企业的产品形象，它是企业形象的最基本的形象构成；企业的服务形象，包括服务的时间、方式、体验、安装、维修质量等，是公众对企业形象的感受性体验；企业的外观形象，如企业的地理位置、建筑风格、内部装饰、外部环境等；企业的人才形象，包括企业的人才阵容、科技水平、管理水平等；此外，还有企业的营销形象、社会形象、文化形象、品牌形象、公关形象等。其中，品牌形象是企业的生命线。如果其他形象上存在缺陷，仅仅会影响其他形象，品牌形象的低劣则会使企业形象毁坏殆尽，对企业的生存和发展造成直接的威胁。以上这些要素共同构成企业的形象系统。要树立一个良好的企业形象，必须使这个形象系统中的每一个要素都发挥作用。如果忽视了其中的一个或几个要素，都会影响公众对企业的认识，甚至可能会使整个企业形象毁于一旦。

二、企业形象的特征

企业形象具有多种特征，总体来看表现在以下几点。

（一）客观性和真实性

企业形象的好坏不是由企业自己设定的，它来自于公众的评价。公众评价的基础在于企业的实力、产品、员工的素质、服务、企业领导的作风等多个方面。这些都是客观存在的，是不以人们的主观意志为转移的。无视这些客观存在，企业形象就无法树立起来；即使树立起来了，也会转向反面。在这方面，美国派克公司的教训就是很好的佐证。

当年，派克公司新任总经理詹姆斯·彼特森在对公司改革过程中，犯了一个凭主观想象开展经营的严重错误，加速了"钢笔之王"——派克笔的衰落。本来，派克笔是高档产品，是身份体面的标志。人们购买派克笔，不仅是为了买一种书写工具，更主要的是为了体现一种形象。而彼特森一上任，不是把主要精力放在改进派克笔的款式和质量、巩固和发展已有的高档产品市场上，而是热衷于转轨，经营每支售价在3美元以下的钢笔，争夺低档钢笔市场。这样，派克笔作为"钢笔之王"的形象和声誉受到损害。这正中了竞争者的下怀，他们趁机大举进军高档笔市场。结果，没过多久，派克公司不仅没有顺利地打入低档笔市场，反而使高档笔市场的占有率大大下降。

因此，企业的良好形象的树立必须遵循客观性和真实性的原则，要求企业在塑造自身形象时，必须保持科学的态度，脚踏实地，从严要求，干出实绩，让公众看得见、摸得着、信得过。

（二）整体性和不完整性

企业形象是指企业的整体形象。整体形象由多个子形象组成，企业在某一方面出现失误都可能使企业形象受损。企业所要展示给公众的和公众眼中所看到的、心里所想的是有比较大的距离的。企业所要展示给公众的是一个整体，而消费者有印象的只有自己熟悉的、感兴趣的或经常接触到的那一部分，所以，每个消费者眼中的企业形象都具有很大的主观性，都是不完整的。比如说 TCL 集团是一个综合性的电器集团，但有的消费者没用过它的产品，对它的印象也就很淡，有的消费者用了 TCL 的彩电，还有的消费者用的是 TCL 的手机，对于这些消费者来说，他们心目中的企业形象肯定是很不相同的。在信息不对等的情况下，出现企业形象的不完整性是必然的。一个优秀的企业不仅要关注其整体形象，更要关注各个子形象，要根据各类公众不同的利益需求和评价方式，不断地调整和完善企业形象，以建立其高知名度和高美誉度。

（三）相对稳定性和可变性

企业形象一旦形成，公众对其认可后，一般在短时间内是不容易改变的。企业形象无论在何种状态下，公众的主观认识一般都会落后于实际的变化，从而表现出企业形象的相对稳定性。但企业形象也不是永恒的。企业在不同的发展阶段、不同的竞争状态下、不同的市场环境中都应有不同的形象与之相匹配。另外，社会公众的消费习惯、爱好等都是在变化的。随着公众的利益需求的变化，除非公众对企业有很深的了解，或者是这个企业所提供的产品或服务的忠实消费者，否则企业形象在他们心目中是很容易改变的。因为每个消费者所能接收到的企业信息有限，而且非常具体，而企业形象就是在这些具体的东西中产生的。比如说"大红鹰"的形象广告"大红鹰，胜利之鹰"曾在一段时间内随处可见，但普通消费者不会很在意那个"v"是否真正代表胜利，他只是关心大红鹰的香烟上个月还是 28 元，怎么这个月涨到 30 元了，怎么能随便涨价呢？如何让广告中那个完美的"v"所留给消费者的美好印象来消除香烟从 28 元涨到 30 元所带给消费者的不利影响呢？这是个大学问，也是众多形象广告所要追求的目标。

三、企业形象的价值

如前所述，企业的品牌形象有助于顾客识别商品，减少顾客对商品认知的费用，从而降低企业的成本。而品牌形象正是企业形象的组成部分。企业形象好不好，直接关系企业的生死存亡。所以，现在市场上流行着这样的说法："企业要发展，市场要扩大，企业形象工程要先行。"那么，企业形象的价值究竟体现在哪里？

1. 良好的企业形象是企业无形资产的重要组成部分

良好的企业形象不仅方便顾客对企业的商品或服务进行识别，更重要的是它能让企业的资产增值，是企业无形资产的重要的组成部分。企业的无形资产主要是通过企业形象得以表现的。企业形象的知名度越高、美誉度越好、定位越准确，企业无形资产的价值就越大。如日本丰田汽车公司就是依靠其企业形象的不断完善来维系、保护它的无形资产的。一般的汽车公司厂家维修中心都是顾客把车开到维修中心进行维修，而丰田汽车维修中心接到电话后，会派人开辆好车到用户家中，开走需要维修的汽车，留下一辆好车供用户日常使用。汽车维修好后，维修中心会在汽车中加满汽油再开回用户家中，开走上次的汽车。这种处处为用户着想的服务思想，为丰田汽车树立了良好的企业形象。这种深入用户心中的企业形象使丰田汽车公司的无形资产倍增。

2. 企业形象能够传达该企业的经营理念和企业文化，有效地促进企业的宣传

企业形象是公众对企业在经营过程中的各种表现的综合认识和评价。如同一个人不仅有其容貌、体态、性别、年龄、服饰等因素综合形成的外貌，还包括其性格、经历、职业等因素构成的精神气质的综合。从一张名片到面对大众的视觉媒体都属于一个企业的形象元素。这些大大小小的元素都是人们对企业形象评价的基础。企业的标志、产品、服务、价格、品牌、公共关系等各个方面无不传达出该企业的宗旨、经营观念和企业文化。良好的企业形象在企业宣传的过程中更容易让大众接受，进而使企业的宣传能够达到事半功倍的效果。

3. 良好的企业形象能够提高公众对企业的产品或服务的品牌忠诚度

企业形象的优良与否，是公众选择的重要依据，良好的企业形象，会使公众对产品产生"信得过"的购买心理与勇气，使公众能够在纷乱繁杂、令人眼花缭乱的商品世界中培养起对企业、对产品的品牌忠诚度。比如，新加坡东方大酒店就利用"顾客至上、以人为本"的企业形象，为顾客在力所能及的范围内提供"超级服务"。一次，4位来东方大酒店咖啡厅的客人，因人多嘈杂，随口说了声"吵死了，听不清"。这话让一位服务小姐听到了，她马上为他们联系了一间免费客房供他们讨论问题。对此，4位客人十分吃惊、感动。两天后，4位客人给酒店送来了感谢信："感谢贵酒店前日所提供的服务，我们受宠若惊，并体会到什么是世界上最好的服务。我们4人将是贵酒店的常客，从此，我们除了永远成为您的忠实顾客外，我们所属的公司以及海外来宾，亦将永远为您广为宣传。"这就是企业形象的魅力。

4. 良好的企业形象能够激发员工的自豪感和使命感，提高企业的士气

从企业内部来看，良好的企业形象可以使全体员工在工作中产生同企业同呼吸、共命运的价值观念。从而能最大限度地调动员工的积极性，提高劳动效率，保持企业旺盛的生命力。

5. 良好的企业形象是吸引人才、进行社会公关活动的条件

好的企业形象不仅可以使原有的员工形成凝聚力，而且可以吸引外界优秀人才。有了优秀人才，再加上成功的管理，企业的发展必然蒸蒸日上。同时，企业良好的形象带来的卓越的发展业绩，使社会各界包括金融、投资、各级政府等都会产生信任感，这些都为企业的稳定发展提供了支持和保障，为企业的经营活动排除了许多阻力、增加了许多机会。

第二节　企业形象塑造的程序

企业形象塑造是一个系统工程，也是一个很复杂的过程。在塑造企业形象时，首先应该经过周密细致的市场调研，在调研的基础上，了解企业的企业形象环境，确定企业的企

业形象问题,然后制订正确的实施方案。要塑造一个良好的企业形象,必须严格按照以下步骤进行。

一、成立企业形象策划委员会

企业形象塑造活动是一项很烦琐的工作,要使企业形象塑造工作有条不紊地开展,就必须由专门人员来负责和操作,即首先要成立企业形象塑造的策划委员会。企业形象策划委员会一般由企业内部人员和外部人员共同组成。企业形象塑造工作是企业自己的事情,所以,策划委员会少不了企业内部人员的参与,在企业高层主管的领导下,由企业的各个部门抽调的人员共同组成非常设性机构——企业形象策划办公室。办公室的主要任务在于:为外部专业策划部门提供企业的有关资料;与外部专业策划部门共同分析和策划;对员工进行培训以配合企业形象塑造工作的顺利进行;对整个企业形象塑造工作的实施进行组织与控制等。

企业形象策划办公室更多的是提供一些辅助性的服务工作,要想塑造一个良好的企业形象,还得依靠外部专业的策划部门。企业外部专业的策划部门可以通过向专业的策划公司、广告公司或高等院校的企业咨询中心、策划中心等以招标的方式进行。企业外部专业的策划部门的主要任务在于:根据企业的现状,帮助企业确立其独特的理念精神;在企业理念精神的指导下,为企业进行合理的定位,并制定相应的战略和制度;进行企业识别系统的设计,并通过大众媒体和非大众媒体进行传播;帮助企业制订培训和导入计划;对企业内部员工进行企业形象培训与教育,使全体员工达成共识,共同为塑造良好的企业形象而努力。

企业形象策划委员会成立后,一切活动都必须在策划委员会的统一安排和指导下有条不紊、按部就班地进行。因此,企业形象策划委员会的成立,是企业形象塑造工作的第一步。

二、企业形象的调查、分析与评估

企业形象调查是塑造企业形象的基础,调研的内容是塑造企业形象的依据。不经过深入细致的调查,就不能对企业的现状做出客观的评价,也就不能塑造出好的企业形象。

(一)企业形象调查的概念

企业形象调查是对企业内部与外部形象资产的构造、效力进行的全面系统的调查。企业形象是社会大众对企业进行识别的基本标志,因此,它很容易被人们单纯地看成是设计的问题,可事实并非如此。公关专家罗伯特·D.罗斯曾说:"从强调公司独特之处的标识字体、造型、标志、车辆等情形看来,把企业形象的必要性视为重要因素之一,绝不是很久以前就受到注意的事情。企业形象可以从企业性质、一贯作风、经营或工作上看到,而非局限于企业的标识字体、造型、标志或车辆等表面性设计。"

企业形象的好坏对消费者选择和购买产品或服务产生潜移默化的影响。一个好的企业形象能够在很大程度上提高消费者对该企业产品或服务的信心,并提高他们对产品或服务的购买兴趣。企业形象调查的任务就是帮助企业挖掘自身的特点与不足,为树立健康、吸引消费者的企业形象提供依据。

（二）企业形象调查的对象

对企业经营理念、企业文化以及企业经营状况等信息的了解，我们可以从企业内部和企业外部两个方面来进行。因此，企业形象调查的对象也可以分为两个方面。

1. 企业内部的相关者

从内部对企业形象进行调查，调查对象主要包括：企业的工人、干部（董事会成员）；企业员工的家属；企业的相关机构。

有关企业内部的调查工作，包括企业经营理念、营运方针、产品开发策略、组织结构、员工调查、现有企业形象等，对其逐一加以研究、分析、整理，然后确定企业经营的理想定位，再由外部方面进行调查。

企业内部调查的重点主要是和高阶层主管人员的沟通，应以相互信赖和共同发掘问题为基础，将企业经营的现状、内部的组织、营运的方向等正负面问题深入研讨，将开发设计导入正确的方向。

方向确定，才能针对现有的缺失，开发完整的规划作业——从如何设定企业经营的目标、战略的设计和形象的表现等方面来创造对企业本身的有利环境。

内部员工的认知，也是调查作业的工作重点之一。因为员工的忠诚度、归属感、向心力等意志的贯彻与否，足以决定企业经营的成败。

员工对于内部工作环境、待遇福利、作业流程、管理体制等问题的反映与看法，也是开发新企业形象最佳的参考资料。因此，进行企业形象调查，必须包括和企业最为密切的员工。

2. 企业外部的相关者

从外部对企业形象进行调查，主要包括企业产品的使用者和将来可能成为使用者的个人；客户和交易对象中的法人代表及主要负责人、员工；交易对象的股东、金融机构、批发部门及商店；流通部门；一般消费者、学生及有关地区居民。

（三）企业形象调查方法

调查方法是指在实际调查过程中为收集信息资料而采用的具体方法。对企业形象进行调查，除采用传统的访问法、问卷法、观察法等调查方法外，由于其调查内容的特殊性，还可以采取以下两种特殊的调查方法。

1. 办公调查

办公调查法是指调查人员以工作人员的身份深入企业，对企业的文化、理念、经营状况等进行实地考察以获得信息资料的方法。办公调查法的最大优点在于：调查员直接进入企业，收集资料的手段直接，进而保证了资料的真实性和可靠性。

2. 文献调查法

文献调查法就是通过收集各种文献资料，摘取与调查课题有关的信息的方法。也可以收集以前的调查资料、业绩资料等进行分析，以对企业形象进行客观而科学的评价。采用文献调查法进行企业形象调查，可以超越时空条件的限制，获得真实、准确、可靠的资料信息，实施起来比较方便，而且效率高、花费少。但采用文献法收集到的信息总是落后于客观事实，因为文献、调查资料以及业绩资料都是对过去情况的记载。

（四）企业基本形象调查

企业基本形象是指调查对象对企业的感知评价领域中的印象，它是由企业内在实质系统的诸多识别因素造成的企业总体特征。企业的业绩如何，经营理念如何，管理、营销能力如何，员工的行为是否积极向上，诸如此类方方面面，都能形成一个对该企业的综合性印象。对企业基本形象的调查主要是对"三度"的调查，具体如下。

1. 企业知名度调查

所谓知名度，是指企业的名称、外观、标识、产品特点、商品包装、商标等被公众知道、了解的程度，以及社会影响的广度和深度。这些可以构成评价企业名声大小的客观尺度。要了解和考察企业的知名度，可以通过以下途径和载体获取。

（1）企业在经营管理、产品质量、经营特色、新产品开发等方面在国内获得的荣誉。如产品的权威机构认证、国内外各类组织给予的荣誉记载，等等。

（2）企业在国内外各类权威机构或重要杂志上组织的企业排名中的名次。

（3）国内外新闻媒体对企业所作的报道，以及由此产生的影响。

（4）通过调查获得的顾客对企业的认知程度。

（5）企业现代经营理念被社会大众的传播情况。如企业在科技进步、环境保护、人才培养和回报社会等方面是否走在时代前列，并取得非凡业绩，成为社会公众的美谈。

（6）由企业组织的各类有影响的社会公益活动，及其产生的积极的社会效果。

2. 企业美誉度调查

所谓企业美誉度，是指企业获得社会公众信任、赞美程度及评价。这些都是评价企业好坏程度的重要指标。

知名度主要是衡量舆论评价量的大小，不涉及舆论的质的价值判断。企业知名度高，其美誉度不一定高。相反，企业知名度低，也不一定意味着其美誉度就低。良好的企业形象应该是将知名度和美誉度都作为追求的目标。

考察企业美誉度的指标体系比较纷繁，且不宜定量把握。但是作为一些个案分析和抽样调查还是比较容易的。同时，也可以通过访谈、问卷等形式，让社会大众对企业进行评价。

3. 企业信誉度调查

企业形象调查的基本内容除了知名度和美誉度外，还要调查了解企业在公众中的信誉度，即公众对本企业产品、价格、服务方式等是否欢迎和满意，以及信任的程度。了解公众对企业的运作经营管理、社会活动、环境意识、人员形象等的评价情况。公众对企业形象的认同，往往因各自的社会地位、对企业的了解程度、认识水平的不同而有所差异，所以，应该注意识别公众意见的代表性和正确性。

另外，信誉度好，一般是企业已经得到肯定的评价，而大众接受的程度也已经确定。但是，即使是肯定性的评价，也有各种程度和各个阶段。信赖感的强度往往是和企业实绩成正比的。

事实上，以上所说的知名度、美誉度和信誉度这三者都与企业的业绩高低有关。因此，我们称这种适用于每一行业跟业绩有关的形象为"基本形象"。企业应该时刻掌握这类事关企业形象的基本要素,作为市场活动的参考,也可借此了解潜在资产。基本形象对企业活动的展开,具有决定性的影响。所以,准确把握企业在公众心目中留下的基本形象是企业形象调查活动中非常重要的内容。

（五）企业辅助形象调查

在从事企业形象调查时,仅有对企业基本形象的把握是不够的,还需要对企业形象进行更为具体的调查。我们将这些具体的东西称为辅助形象。企业基本形象与企业辅助形象的调查可同时进行,在调查中可采取统合分析的一体化方案。企业的辅助形象包括哪些方面呢？日本著名的广告学者八卷俊雄先生把它们归纳为以下7类。

1. 技术形象

企业的技术形象主要表现为企业的技术是否优良、研究开发力是否旺盛以及对新产品开发的热心程度。

2. 市场形象

企业的市场形象主要为能否考虑消费者问题、对顾客的服务是不是很周到、广告宣传是否得体巧妙、销售网络建设的完善程度、国际竞争力强弱等。

3. 未来形象

企业的发展前景如何,企业的活动是否很活泼、有积极性,是否很有朝气、合乎时代潮流。

4. 企业风气形象

企业是否具有清新的形象、具有现代感；企业风气是否良好、对人的重视程度如何、对人是否和蔼可亲。

5. 外观形象

大众对企业是否有信赖感、安心感；企业的发展是否很稳定以及企业的规模大小如何。

6. 经营者形象

企业的经营者是否很有魄力、很优秀；经营者的名望地位如何。

7. 综合形象

企业是否是一流企业、大企业；消费者想不想买此企业的股票、是否愿意对该企业进行投资、是否希望自己的子女在该企业任职等。

辅助形象的因素相当复杂,其中还包括不能用语言表达的因素。它既包括正面形象,也包括负面形象。企业基本形象和辅助形象之间也存在着十分密切的关系。一方面的改变,将会引起另一方面的变化。改变辅助形象轴上的一些因素也必然使基本形象轴发生变化。同样,基本形象的某些因素也会影响企业的辅助形象。因此,企业辅助形象因素是企业"三度"调查的明细项目。

（六）调查结果的综合整理分析

调查活动结束以后,要对收集到的信息资料进行整理分析,并最终写成调查报告。对形象调查结果的分析主要可从以下几个方面进行。

1. 对企业的认知
（1）相关者对企业的认知度有多大？
（2）和竞争对手比较的场合，对本企业认知的基准是什么？
（3）在相关团体中，对企业细节的认知程度标准是什么？

2. 企业的规模形象
（1）从人数、企业的经营状况来看，企业规模有多大？
（2）与相关团体的企业规模程度相比，差别有多大？

3. 品牌认知
（1）对本企业拥有的品牌的认知是什么程度？
（2）有没有和竞争对手间的品牌认知产生混乱、误解的情形？到什么程度？
（3）有没有认清品牌的认知程度和品牌业绩或分配额的相关性？

4. 对企业名称的评价
（1）怎样评价本企业名称的竞争力？
（2）评定企业名称的相关团体是什么阶层？被评价的水平如何？

5. 对企业名称标识字的评价
（1）怎样评价目前企业名称、标识字的识别竞争力？
（2）哪类的相关团体在认定有关企业名称的标识字？

6. 对标志设计的评价
（1）如何综合判定本企业目前标志设计的识别竞争力？
（2）是哪种相关团体在对标志设计做公平的认定？

7. 对商品的评价
（1）本企业商品竞争力的评价如何？
（2）对相关团体而言，商品评价的标准是什么？

8. 对销售、服务的评价
（1）本企业销售竞争力的评价怎样？
（2）对地区或相关团体而言，销售评价的标准是什么？
（3）对本企业服务的满意度如何？

9. 员工对企业的认知及评价
（1）员工对自己企业的形象有什么信心、认识？
（2）企业外部关系者的评价与企业内部自己的评价有哪些意见分歧？
（3）按不同阶层区别，对事情认识状况的认知和分歧处是什么？
（4）在员工的不同阶层及属性差别中，对意识问题的观感如何？
（5）员工对企业的理想境界有何设想？

10. 主要理念及基本经营方针
（1）主要的经营环境认识、危机意识是什么？

（2）主要的经营思想及价值观是什么？
（3）今后主要的方针是什么？
（4）企业内部主要的意识问题是什么？

（七）企业形象的评估

通过以上对企业形象的调查与分析，我们可以从以下几个方面对企业现有的形象进行综合评估与诊断。

1. 对企业形象的合理性的评估

企业的理念精神及行为准则是否合适，基本形象是否符合企业的精神理念、经营目标和特色，有哪些突出的正面形象或负面形象等。

2. 对企业形象的认知度的评估

这种认知度是指企业内部员工及外部社会公众对企业形象及品牌形象的认知程度，企业形象的传播媒体是否有助于企业形象的识别和传递，企业形象的识别系统之间是否一致等。

3. 对企业形象的竞争性的评估

这种评估包括：企业名称及其标识的设计是否合理；企业的营销战略是否有利于树立良好的企业形象并具有竞争性；企业现有形象对企业的损益状况、企业的市场地位的影响等。

三、制订企业形象战略实施方案

通过企业形象调研，对企业现有的形象和目前在形象方面存在的问题有了深入的了解后，为改善形象和解决在形象方面存在的问题，就必须制订详细的企业形象战略实施方案。企业形象方案应包括如下内容。

（一）明确目标

明确目标是一切活动的前提，没有目标，企业形象方案就无从谈起。从具象程度来看，目标有总体目标和具体目标之分。企业最终要塑造的企业形象可以看成是企业形象塑造的总体目标。为实现这一总体目标，就需要一系列活动的密切配合，每一项具体的企业形象活动都必须有具体目标。具体目标是为单项企业形象活动服务的。具体目标的实现为总体目标的达成提供了保障。从目标设定的时间长短来看，企业形象目标又分为长期目标（5年以上）、中期目标（3—5年）、短期目标（1—3年）和近期目标（1年以内）。一般来讲，企业形象制定的目标越具体越好。目标不同，所采取的具体实施措施会不同，如为巩固企业形象所采用的策略与为改善企业形象或重塑企业形象所采用的策略会有很大的区别。

目标的设定一定要考虑其可行性。目标不能太高，太高了就难以实现，会增强企业的挫折感；目标亦不能太低，太低了会让企业失去斗志。所以，企业形象目标的设定一定要在调研的基础上，有针对性地制定。同时，目标也不是永恒的，它应该随着企业的发展和市场环境的变化做适时的调整。

（二）进行企业形象定位

企业形象定位是指企业根据自己的实力、环境变化的要求，在企业的经营风格、经营理念、精神等方面在公众心目中形成的独特形象和位置。企业形象活动的开展不能盲目地进行，而是必须有一个行动的方向，这样才能让所有的企业形象活动都围绕一个核心来进行。

企业形象定位主要由企业定位、市场定位和产品定位三个部分构成。企业定位是指企业欲在社会公众心目中形成的总体形象和地位，如麦当劳就是为消费者提供快餐食品及其相关服务的企业，沃尔玛是世界零售业中的佼佼者。市场定位是在现有业务领域内根据各种条件的变化所确定的企业定位，如武汉太和集团是满足白领女性对服饰的需求的企业。产品定位是通过企业的产品在公众心目中形成的独特形象，如潘婷是头发营养专家等。通过企业形象的准确定位去规划塑造企业良好形象的各项活动。

（三）设计企业形象活动项目

企业形象的塑造一般都由一系列的活动项目组成。要塑造良好的企业形象，只有通过一个个企业形象项目的实施，才能最终完成。所以，设计有效的企业形象活动项目是企业形象方案设计的主体。没有企业形象具体活动的开展与企业形象项目的完成，企业的企业形象目标就不会实现。为塑造企业形象，可以采取多种多样的活动，具体活动的选择还得根据时间、地点、环境、对象、市场等不同的情况，再结合企业的具体情况进行合理的选择。可以是服务型的活动、社会型的活动，也可以是公益型、交际性、宣传型、文化型、网络型或其他各种形式的活动。这些活动可以单独进行，也可以几种活动结合起来进行；可以是专门性的活动，也可以是偶然性的。总之，活动的安排只要有利于良好企业形象的塑造，就可以考虑利用。

（四）媒体的选择

媒体是企业形象信息传播的载体。要想达到预期的传播效果，企业形象塑造者必须结合不同媒体的特点，根据公众的媒体接触习惯，选择合适的媒体。媒体选择适当，有助于公众理解并接受新的企业形象，为企业形象的塑造起到了催化剂的作用。

（五）人员分配

企业形象的塑造不是一个人能够完成的，它需要多个人的配合，所以必须考虑人员的组合问题。对人员分配的策划，一般要考虑人员的挑选、培训以及人员分工等事项。人员的挑选要根据企业活动规模的大小、内容的繁简、层次的高低、经费的多少等从量和质两方面来选择。对于选中的人，在具体操作之前，需就方法技巧、活动的目的、宗旨等各方面对其进行培训。之后，根据各人所长，合理地分配到不同的岗位，做到人尽其才，人尽其用。

（六）经费预算

通过经费预算与分配，既可以合理地控制开支，又为整个活动的开展提供了可靠的经费保障。企业形象活动的经费开支主要有日常行政经费，如房租、水电费、电话费、办公费、交通费、差旅费等；器材设施费，如购置、租借或维修各种视听器材、通信器材等费用；劳务报酬经费和具体企业形象活动项目开支经费等。另外，还要考虑活动的机动费用（一般占总费用的20%），以防意外突发事件。

四、企业形象塑造的宣传造势

企业形象塑造是一个十分艰巨的工作，需要企业内外的配合。一方面，它必须在企业全体员工中达成共识，在全体员工的共同努力的情况下才能实现；另一方面，它的实现还必须得到企业外部社会公众的理解、支持和认可。因此企业形象塑造过程中，造势是十分必要的。造势过程是一个宣传与培训相结合的过程。

（1）通过企业简报、有关文件、资料汇编等传播企业形象的有关知识；宣传导入企业形象理念、塑造和提升企业形象。

（2）通过领导讲话、动员报告、各部门讨论，进一步提高认识，统一思想，达成共识。

（3）开办各层次的企业形象知识培训班和研讨班。

（4）利用新闻媒体进行宣传造势。利用企业报刊、官方网站以及企业微博和公共微信账号等媒体平台发表企业领导关于企业形象方面的文章和讲话、介绍企业业绩和员工中的先进事迹、宣传企业文化和企业精神等，为开展企业形象塑造活动做铺垫。

五、企业形象战略的实施

企业形象战略的实施，是企业形象方案所规定的目标和内容变为现实的过程，是整个企业形象工作中最为复杂、最为多变、最为关键的环节。一项企业形象战略的实施，其重要性足以和制订方案本身相比，在某种意义上甚至比方案的制订更重要。

当企业形象方案经过审核，获得批准后，就可以进入方案的具体实施过程。在企业形象方案实施过程中，绝不能简单地照方案办事，因为企业形象方案实施的过程是一个动态的、富有创造性的过程，在方案实施过程中，随着时间的推移和环境的变化，不同环节的实施者必须充分发挥自己的主观能动性，不断地修正或调整原定的方案、程序、方法和策略。

企业形象方案在实施的过程中，必须保证企业形象实施活动不偏离企业形象塑造的总体目标，根据总体目标对企业的活动进行调节和控制。由于塑造工作的复杂性，各项工作会有不同的分工，这样，可能会出现各项工作的不同步或某些环节脱节的情况，因此，必须对整个形象塑造活动的各个环节进行控制和整体协调，以保证各方面工作同步进行和平衡发展。

六、企业形象战略方案的评估

在整个企业形象塑造过程中，企业形象评估至关重要。评估的过程可以贯穿整个活动过程的始终。从目标的确定到方案的制订，再到最后的具体实施，我们可以对每一个环节的合理性及有效性等进行评价。通过评估，可以衡量经费预算以及人力、物力的配备与开展企业形象活动之间的平衡性，衡量企业形象活动的效益。在评估的过程中，如果发现有不和谐之处，可以及时加以调整或改进。同时对企业形象活动的最后评估，还起到了承上启下的作用，为进一步开展企业形象活动提供依据。因此，对企业形象战略方案的评估是企业形象塑造工作中不可忽视的一个重要步骤。

第三节 企业形象塑造与企业文化建设

企业形象与企业文化是两个不同的概念,两者既相联系,又有区别。但企业进行形象塑造与加强企业文化建设,两者是一致的。可以说,企业形象塑造是企业文化建设的一个环节。要弄清企业形象塑造与企业文化建设之间的深层关系,首先必须了解企业形象与企业文化之间的关系。

一、企业形象与企业文化的关系

企业文化是企业管理者所倡导并全力推行,同时被全体员工认可的价值观念和行为准则。企业文化涵盖了企业生产经营活动的方方面面,是由企业哲学、企业精神、企业目标、企业制度、企业价值观、企业实体等若干个子系统组成的一个大系统。企业文化从各个领域、各个方面反映了一个企业相对于其他社会组织的区别和特征,从一定意义上塑造和勾勒出了一个企业的形象。

而企业形象是社会公众对企业在生产经营过程中的种种表现所给予的整体评价和认定。由此可以看出,企业文化与企业形象既密不可分,又各具特色。企业文化是企业形象的灵魂和支柱,企业形象是企业文化的外在表现。

在现实生活中,普遍存在以企业文化建设代替企业形象建设或以企业形象建设代替企业文化建设的偏颇,对两者的建设造成了一定的影响。只有认清这两者的联系,区别地开展好这两项建设,实现两者的相辅相成、相互促进,才能更好地扩大企业的影响,推动企业更快更好地发展。

(一)企业形象与企业文化的联系

企业形象作为企业文化的一个子系统,两者相互联系,又有所区别。其联系或交叉点主要体现在以下几个方面。

(1)企业理念是企业形象的灵魂,同时也是企业文化的核心。

(2)企业的制度既是企业形象要着力建立和调整的内容,也是企业文化不可缺少的组成部分。

(3)有关企业的外观面貌,既是企业形象要着力设计和塑造的,也是企业文化中易为外界所感受的外层表现。

企业形象与企业文化是两个不同的概念,尽管两者在其内涵上有许多交叉之处,但两者还是有区别的。

(二)企业形象与企业文化的区别

1. 建设主体不同

企业文化建设主体是企业员工,它是企业在外部环境影响下的内部行为。而企业形象则需要社会公众和社会机构的认同和评价,需要企业外部要素的参与才能最终完成;有时必须通过评估机构、新闻媒体、广告媒介才能实现。

2. 侧重点不同

企业文化侧重于企业内在的、精神性的范畴，是企业的意识形态和上层建筑。而企业形象则侧重于企业给社会公众留下的印象和影响，即是企业内涵的外在表现。

3. 形成的过程不同

企业文化是企业行为长期沉淀的结果，它不可能一朝一夕就能形成，是在潜移默化中逐步形成的，具有历史的长期性。而企业形象则可以通过理性策划、强力推行，或关键时机的重大调整和重新设计来推出新的形象。

4. 评价标准不同

企业文化的功效以企业员工能否认同为评价标准，而企业形象则以社会公众的认知和评价为标准。

由此可见，企业形象是企业文化的一部分，是企业文化的展示和表现，是企业文化在社会或市场上的认知和评价。企业形象必须受企业文化的指导，是企业形象的灵魂、精神支柱和先决条件。因此，塑造企业形象离不开企业文化建设，离开企业文化，企业形象就成了一盘散沙，没有主题、没有目标、没有核心，企业形象塑造必须在企业文化的指导下来展开。

二、企业形象塑造对企业文化建设的影响

由以上分析可知，企业形象是企业文化的一个重要组成部分，良好的企业形象的建立对企业文化的建设和发展起着重要的影响。

1. 通过企业形象塑造，可以培育企业精神

企业精神是指企业在其营销活动中所形成的并为全体员工所认同和信守的理想、目标、价值观念等意识形态的概括和总结。企业精神一般具有鲜明的个性，同时，也具有持久性。企业精神的塑造和培育，是企业的理性行为。对企业形象进行塑造，其中一个非常重要的环节就是培育企业精神，而企业精神又是企业文化的灵魂所在。所以，塑造企业形象，有利于确立企业文化的核心。

2. 通过企业形象的塑造，可以增强员工的凝聚力和责任感

企业员工的凝聚力和责任感是企业文化建设的关键。因为企业文化的好坏是以企业员工的认同感为评判标准的，能被企业员工认同的企业文化才是优秀的企业文化。企业形象塑造过程中往往要对企业的经营理念进行梳理、更新、明确，要对企业的内部管理制度进行调整、规范。这些活动都应该是在以人为本的思想的指导下进行，使企业员工更加热爱企业、关心企业，进而自觉地接受、认同和执行企业理念和制度，最终使得企业的凝聚力和向心力得以体现。久而久之，会在企业内部形成一个好的企业文化氛围，有助于促进良好的企业文化的形成。

3. 通过企业形象的塑造，推动企业谋求长远的发展空间和自己恰当的市场位置

企业形象塑造绝不是单纯的工艺设计，企业形象塑造是对企业成长战略和市场发展空间的全局性的、长期的谋划。其中，企业的经营范围、所处的空间环境、竞争对手状况、

企业所面临的机会与威胁等是企业谋划战略的外部依据；企业的优势与劣势、企业的资源状况、企业的历史传统、企业的人员素质、企业的已有文化等是企业制定战略的内部依据。企业要依据内外部的客观条件来确定自身的发展。

企业在求生存、求发展并进而决定是采取专业化发展还是多角化发展的过程中，相应地形成了自己的价值取向、审美观念、道德信条、行为规范等一系列意识形态，这些意识形态经过漫长的岁月沉淀下来成为文字或企业员工约定俗成的共识，就铸造了企业的文化。

企业形象塑造对企业文化建设所起的作用还可从其他方面进行分析，但仅就这几方面看，企业形象塑造就是企业文化建设不可缺少的重要组成部分，因此，重视企业形象塑造就是重视企业文化建设。

【思考与训练】

1．如何理解企业形象的含义？
2．良好的企业形象为何成为企业制胜的法宝？
3．企业形象塑造与企业文化建设有何关系？
4．创立于 2000 年的韩国最早的自然主义护肤品牌悦诗风吟，英文 Innisfree，坚持分享自然的文化理念，集合了所有可以解决肌肤烦恼的自然能量，在韩国受到热捧。该品牌在进入中国市场方面，不如那些中国消费者已经熟知的 LANEGE 兰芝、梦妆、The Face Shop 菲诗小铺等品牌那么顺利。

请你针对韩国护肤品牌 Innisfree 悦诗风吟的企业文化特点为其设计一份企业形象塑造策划书。

第六章 企业形象的 CIS 战略

> **提示**
>
> 企业的 CIS 战略是企业形象塑造的一大专业方法。一般认为，CIS 战略主要由企业理念（MI）、企业行为（BI）和企业视觉识别（VI）三大子系统构成。随着对市场以及消费者心理机制研究的深入，企业听觉识别系统（AI）和嗅觉识别系统（SI）也逐渐被认可和重视，加入到 CIS 系统的大家庭中。本章主要围绕 MI、BI、VI、AI 和 SI 五大子系统的设计进行讲述，重点阐述五大子系统所包含的内容及设计方法，为塑造企业形象提供参考。
>
> 自 20 世纪 50 年代"企业形象"一词出现以来，其内涵和外延在不断地丰富和完善。企业形象由最初的企业名称、企业商标、企业的广告标语等发展到现在，其内涵又有了新的拓展。对企业形象的概念在前面已有具体的阐述，在此不再赘述。但在实践中，社会和企业对企业形象的理解更多的还停留在 CIS 的层面上。其实，企业形象并不就是 CIS，CIS 只是企业形象塑造的一个专业方法。企业形象塑造的另一个专业方法便是 CS 战略。本章主要就第一种方法即 CIS 战略展开论述。

第一节 CIS 战略概述

一、CIS 战略的含义

CIS 即企业识别系统，是英语"Corporate Identity System"的首字母组合。CIS 设计是当今世界最流行的企业经营发展理念之一，是推动企业高层次发展的重大战略谋划。CIS 系统由四大要素构成，即 MIS（理念识别系统）、BIS（行为识别系统）、VIS（视觉识别系统）和 AIS（听觉识别系统）。这四大要素的有机组合形成了新的战略体系，即 CIS 战略。

CIS 战略是指企业在生产经营过程中所形成的以理念识别系统为核心，并集企业的行为、视觉和听觉三大识别系统为一体，为塑造良好的企业形象为目的的一种特殊的经营管理方法。

CIS 战略是在市场经济条件下逐步形成和发展的。在不同的市场环境下，不同的时间，不同的地点，CIS 战略实施的方法和目标是不同的。中国内地虽然导入 CIS 战略的时间不长，但随着经济的发展和改革开放的不断深入，许多著名企业，如广东美的集团、山东海尔集团、北京王府井百货公司、上海恒源祥公司以及四川长虹、康佳等都纷纷导入 CIS 战略，并能结合中国特色，逐步形成了具有中国特色的 CIS 模式。

二、CIS 战略的产生和发展

（一）CIS 战略的产生

CIS 战略的实施最早可追溯到 150 多年前商标的诞生。1851 年，美国宝龄公司首先申请注册商标。商标在当时的市场竞争中发挥着重要作用，它是区别企业与产品，尤其是同类企业与产品的唯一标志。随着经济的发展、竞争的加剧，产品的种类和数量越来越多，仅靠商标作为企业及其产品的识别标志，显然已经不能适应经济的发展。这时，以意大利奥利威蒂（Olivetti）公司和德国通用电器公司（AEG）为代表的一批企业已经清楚地意识到对产品视觉形象统一化设计的重要性。这些企业先后聘请著名的设计公司为自己公司设计统一的商标和产品视觉形象，并获得很大的成功。

主持奥利威公司宣传部门工作的宾托里（Giovanni Pintori），于 1947 年为这个公司及其产品设计的标识是稀字距的无衬线小写字体的名称，应用在公司的所有产品及其包装上，并通过传达系统塑造企业与产品统一的视觉形象。宾托里设计的标志，其空间组织有一种随意和舒展的特质，稀字距无衬线小写字体的设计又有一种简洁、明快的感觉。在宾托里的主持下，奥利威蒂公司在产品设计、建筑物和宣传中均获得较高的国际声誉。

在同一时期，德国通用电器公司则聘请了著名设计师贝汗斯（Peter Berhens）为公司及其产品精心设计统一的商标，并将它广泛地应用在公司生产的产品上，使原先分散的产品视觉形象得到了统一，提高了通用电器公司的知名度，在社会公众心目中建立起良好的产品形象，增强了产品的市场竞争力，取得了很好的效果。

此外，英国伦敦地铁公司、美国 IBM 公司等都先后导入 CIS 战略，都取得了举世瞩目的成就，并为其后期的发展繁荣作出了不可磨灭的贡献。

中国的 CIS 导入相对于欧美等发达国家则晚了许多。在中国最早导入 CIS 战略的是台湾地区的台塑集团，其波浪形、延伸式的企业标志，将所有各关系企业的标志结合在一起，充分表现了台塑集团的产业特色，并且象征着整个企业连绵不断、蓬勃发展。中国内地第一家导入 CIS 战略，并获得巨大成功的企业是广东的太阳神集团公司。太阳神的成功，使得地处改革前沿的珠江三角洲地区很快掀起了 CIS 战略的热潮。一大批企业如健力宝、金利来、美的、万家乐等企业均纷纷效仿，从而大大增强了企业的市场开拓力。

（二）CIS 战略的发展与完善

随着经济全球化趋势的日益加强，竞争也趋向国际化。从客观上讲，原来的企业形象视觉化设计已难以维系企业在国际市场上的形象，也不适应企业进一步发展的需要；从主观上看，具有远见卓识的企业家们逐渐认识到：只有建立起良好的企业整体形象，才能在竞争激烈的国际市场上得以生存和发展。无论从客观上还是从主观上，都要求企业建立一套具有统一性、完整性、有组织性的企业识别系统。这样，CIS 战略从企业商标视觉化识别、企业产品视觉化识别和企业形象视觉化识别向企业形象整体视觉化识别转化。

顺应时代的要求，一些国际性大企业开始全面、系统地推行 CIS 战略。美国 IBM 公司是世界上最先全面推广 CIS 战略的企业之一。该公司于 1955 年正式导入 CIS 战略，通过 CIS 战略使 IBM 公司在社会公众心目中树立起高科技"蓝色巨人"的形象，在美国乃至世界计算机行业中占据了非常重要的位置。IBM 公司导入 CIS 战略的巨大成功，大大激发了美国其他企业导入 CIS 战略的热情。20 世纪 70 年代以来，欧洲企业也掀起了导入 CIS 战略的热潮。如法国的航空公司、德国的梅赛新·奔驰公司、西门子电器公司、瑞士的雀巢公司等，先后全面导入 CIS 战略。与此同时，亚洲的日本、韩国、新加坡及泰国、马来西亚等国家和中国的台湾地区、香港地区也先后导入 CIS 战略。

第二节 企业理念识别系统（MIS）的设计

企业理念是企业的灵魂，是企业文化在意识形态领域中的再现，也是企业形象塑造中最基本、最核心的内容。企业形象塑造的一切活动都应该围绕企业理念这个核心展开。

理念识别系统（Mind Identity System, MIS）属企业高层的思想系统，包括企业宗旨、企业精神及信条、经营哲学、管理模式、市场战略，等等。企业的 MIS 是指企业的理念识别系统，是指能够体现企业个性的、反映企业家的经营思想或观念，并能促使企业长期发展的、社会公众普遍认同的价值体系。

MIS 是 CIS 战略的基本精神，也是 CIS 运作的原动力。我们把 Mind 译为"理念"，有其特定的内涵。所谓"理念"，简单地说，就是观念、信念，是纯粹理性的概念。比如，灵魂、自由、诚实、品德、信誉等，都属于理性领域的概念。黑格尔认为理念是"自在而为的真理——概念和客观性的统一"。

企业理念特指带有个性的企业经营活动的思想或观念，其作用如同空气对于生命，虽然看不见、摸不着，却足以影响企业的兴衰成败。IBM 公司的创始人在谈到企业信念时说："任何一个组织要想生存、成功，首先就必须拥有一套完整的信念，作为一切政策和行动的最高准则。其次必须遵循那些信念，处在千变万化的世界里，要迎接挑战，就必须准备自我改变，而唯一不能变的就是企业信念。换句话说，组织的成功主要是跟它的基本哲学、精神和驱策动机有关。信念的重要性远远超过技术经济资源、组织结构、创新和时效。"由此看出，企业理念是企业生命力和创造力的综合的整体反映，是一切企业活动的原点（出发点和归宿点）。

企业理念是一个整体的称呼，它以企业的价值观为基础，以企业组织系统和物质系统为依托，以企业员工的群体意识和行为表现形成一个企业特有的生产经营管理的思想、作风和风格。

企业理念系统主要包括 7 项基本内容，即企业使命、企业精神、企业价值观、企业目标、企业宗旨、企业道德和企业作风，其具体的表现形式为信念、口号、标语、守则、歌曲、警语、座右铭以及企业高层人员的精神、讲话。

一、企业使命

被誉为"经营之神"的松下幸之助先生对企业使命有过精彩的论述。他在总结自己的企业经营经验时说："在 60 多年的企业经营中，我深切地感受到经营思想（即企业使命）的重要性，换句话说，对于'公司为什么而存在，应该本着什么目的，用怎样的方法去经营'这个问题，必须有一个坚定不移的基本想法。"所以，他总结的第一条经验便是"首先确定经营思想，即明确企业的使命。"

在确定企业使命时，可以从三个层面考虑。

第一层面是经济使命。企业作为一个经济性组织，最基本的目的就是追求利润，没有一定的盈利，企业的一切都将是幻想。盈利是企业生存和发展的基础，获得利润则是企业的一项庄严使命。但是，切不可把盈利作为企业的最终使命，这样做就好像把呼吸当作生命的目标一样，不会有大的作为。在现代社会，单讲赚钱是过时的观念。现代企业必须具有超越利润的新观念。

第二层面是社会使命。企业作为社会有机体的一分子，既要满足自身生存发展的需要，同时又要满足社会的需要，企业必须与内外环境相容而处、互利共生，才能取得长远发展。松下幸之助认为，企业的最终使命在于以事业提高人们共同生活的水准。完成这项最基本的使命，利润才能显现它的重要性。利润的获得是企业履行其各种责任和义务后，来自社会的自然回报。

第三层面是技术革命。企业的存在是为了促进人类的进步，而技术本身对社会发展的影响越来越巨大。对技术发展的贡献就意味着对社会进步的贡献。

日本著名学者矢野俊说："在日本，几乎所有的企业自创办以来，都有其自身始终一贯的、明确的经营思想。"他还说："处于企业的基本体制变革的时期，经营者面临着错综复杂的局面和承担重大的任务，在创新时期的转折关头，企业家应具备预见光明前景的智慧，清醒的头脑和热情，同时也应起到积极转向新价值观的重要作用。"因此，在确定企业理念时，一般不以追求利润作为企业的最终使命，而侧重从社会层面或技术层面确立企业理念。

比如，松下公司从社会层面把公司的理念确立为：通过生产、再生产，使那些即使很有价值的生活物资变得像自来水那样丰富、廉价，能无穷无尽地提供给社会。消除贫困，使人间变成乐园。正是这种使命感使松下公司成为日本最大的综合电子技术和电器产品的生产厂家之一，产品多达一万余种，年销售额超过百亿美元。

而索尼公司创始人井深大则从技术层面确定企业理念："不靠模仿他人而成长的索尼"。这一经营思想造就了以"创造精神"和"开拓精神"为核心的索尼公司价值观。

二、企业价值观

每一个独立的个体，因其不同的需求，会形成各种不尽相同的价值观念。而当一些独立的个体处在相同的环境中，出于共同的目标和利益，又会形成某种共同的价值观念。企业价值观正是企业员工在日常的工作中，在共同的企业目标下形成的。它反映出企业的全体员工对于企业本质及其体系的根本观点和态度，作为一种意识形态，它对企业行为产生一系列重大影响。它调节和控制着员工的情绪、兴趣、意志和态度；决定着员工的信念、道德标准；规范着员工的行为；影响着企业经营管理的目标，等等。它对企业的规章制度可起到补充的作用，使人积极地、心甘情愿地响应，而不是被动地服从。

企业价值观主要表现在经营姿态和行为规范两个方面。所谓经营姿态，是指企业的经营目的、态度和手段。其中所牵涉的问题不是"要做什么"，而是"如何去做"。它属于外向价值，诸如"顾客就是上帝""服务于顾客"等观念，其对象是企业外部，是企业对外的存在态度和应接方法。

再如，强调"公平公正交易"的企业理念，强调"现款交易"或"物美价廉"的经营主张，都是企业对外界的一种宣传。目的是让外界了解经营者真正的价值观。日本丰田公司为了实现"车到山前必有路，有路必有丰田车"的宏伟目标，确立了"经常保持幻想与朝气""从不模仿别人"的经营态度。把自己的商品与人类的一种生活观念联结在一起，因而赢得消费者的青睐。其实，经营姿态不仅是企业对外界的宣言，也是其对内部的宣告，重点就在于要求全体员工共同遵守企业既定经营方针。

行为规范完全属于企业内部的问题，它指导和调节企业员工从事生产经营的各种活动、处理人际关系、确定交往关系的准则。行为规范分为制度规范和非制度规范。制度规范借助于法律和行政力量来实施，具有强制性和权威性的特点；非制度规范是依靠舆论力量和心理习惯来维系的，具有示范性、导向性和约束性的特点。它们都在一定程度上反映出企业的内向价值。

作为经济实体的所属员工，为了实现企业经营目标，必须遵循一定的行为规范，同时作为一个社会成员，更应履行合乎社会道德要求的行为规范。所以，企业的行为规范必须是物质文明与精神文明的统一，义与利的统一，经济效益与社会效益的统一。

随着社会经济、文化的变迁与发展，企业的内向价值和外向价值也必须不断发展前进。企业识别就是要为企业注入有新价值的企业理念，以达到组织活性化的目标。松下公司本着"为社会提供自来水般廉价而普及的电器产品"的企业使命，确立以"发展企业、贡献企业"为自己的外向型的价值观。而德国大众汽车公司总经理H.诺尔托霍夫确立了"对本企业商品无限信任和赞美"的经营思想，由此形成了该公司"坚定、自信、前进"的内向型价值观。

早在1976年，苹果公司便诞生了。时至今日，苹果系列产品风靡全球，乔布斯"活着，就是为了改变世界"的独到理念，书写了"苹果"五次改变世界的传奇：一是苹果电脑Apple1开启了个人电脑时代；二是通过皮克斯电脑公司改变了整个动漫产业；三是凭借iPod改变了整个音乐产业；四是通过iPhone影响了整个通信产业以及人们对智能手机的认识；五是通过iPad重新定义了PC，改变了PC就是个人电脑的定式。五次企业的跨越，五次改变世界，也造就了苹果不朽的传奇，而作为苹果的领导人，乔布斯不仅是传奇的领导者，更是定义一个时代的巨人。

三、企业精神

企业精神是建立在共同价值观和共同信念的基础上的，具有本企业特色的群体意识。这种意识包括共同的理想追求、价值准则、思想作风、道德情操、工作态度、行为规范等。

企业精神不是自发形成的，而是通过领导者的引导、宣传、教育、示范，员工的积极参与、配合，在长期的实践工作中逐渐形成。它将企业的经营思想、方针目标、管理方式、发展规划等化作一种意识，这种意识一旦为全体员工所接受，企业就有了向心力和凝聚力，所以，企业精神是整个企业活动的灵魂。正如劳伦斯·米勒在《美国企业精神》一书中论述"卓越原则"时指出："卓越，并非一种成就，而是一种精神。卓越精神掌握了一个人或一个公司的生命与灵魂，它是一个永无止境的学习过程，本身就带有满足感。"

国外的许多成功企业都有自己独特的企业精神。

比如，日本日立公司将其企业精神归结为三点，即"诚""和""开拓"精神。"诚"代表产品的可信赖度，即通过严格的质量管理，给顾客提供最佳产品；"和"就是要求所有日立员工广开言路，团结一致，凝成一股强大的力量，以发挥整体战斗力；"开拓"就是继往开来，先忧后乐，永不停止的开拓、前进的精神。日立公司这种三位一体的"日立精神"，不仅具有本民族的传统思想特点，而且具有鲜明的时代特征。

再如，本田精神：追求技术与人的结合，而不仅仅是生产摩托车。人要有创造性，决不模仿别人；要有世界性，不拘泥于狭窄地域；要有接受性，增强相互之间的理解。

通用精神：以提供高品质的产品与服务为目标，满足顾客需要，成果共享，利益均沾。

四、企业目标

企业目标是指企业要达到的目的和标准。它体现了企业的追求，是企业的理想和信念的具体化。企业目标既是企业理念的表现，又是企业理念更新、完善的动力。

美国人朗巴迪在谈到企业目标时说："高尔夫球最重要的特征就是有个明确的目标存在。你看得见球洞，也知道标准杆——不算太简单，但也非遥不可及——你跟标准杆、自己还有别人竞争。这些东西提供给你既抽象又具体的目标，工作就像打高尔夫球，良好的目标在游戏中造就你追求卓越与成功的精神。"

圣经上有句话叫"先有语言"。不管其本来含义是什么，用在经营上，就是企业要先明确伟大的梦想和远景，作为企业行动的旗帜和奋斗的方向。

1982年，曾任美国肯德基南加州区域经理的王大东，辞去职务回到中国，开了一家快餐店大获成功。消息立即引起了美国快餐界的注意。1986年9月下旬，肯德基公司开始考虑如何打入人口最多的中国市场，发掘这个巨大市场中所蕴涵的巨大潜力。对这家世界最大的鸡肉餐馆公司来说，面前的中国市场是完全陌生的：肯德基的纯西方风味是否能为中国消费者所接受？1986年肯德基正式邀请王大东出任肯德基远东地区总裁，主要目标是开发中国市场。在王大东的带领下肯德基展开了大规模的市场调查，了解中国快餐市场、人流情况、人们的喜好、口味、价格等。做了周密的筹划之后，1987年11月12日，中国内地第一家肯德基在北京天安门广场旁的前门正式开业，至此，肯德基拉开了扩展中国市场的序幕。

于是，快速扩展市场成为肯德基进入中国后的第一目标，同时肯德基也在口味、品类上最大限度地迎合中国人的口味，专门聘请了10多位国内的专家学者作为顾问，负责改良、开发适合中国人需求的快餐品种。认真积极地对待每一次危机公关，争取良好的企业形象。截至2013年年底全国共有1.7万多家门市进行营业，创造了巨大的经济效益，也让肯德基成为所有洋快餐中最受中国消费者认可的品牌。

五、企业宗旨

企业宗旨是企业就其存在的目的以及其对社会承担的责任和义务而向社会做出的公开承诺。一般来说，企业的宗旨有一个历史的形成过程。当企业新建之初，其宗旨都比较模糊或简单，大致都局限在对其经营范围的陈述上。随着企业的发展和对经营过程的体验，其宗旨会逐步成熟和完善。不同企业的宗旨陈述详略不一，表达方式也不相同；也并不是所有的企业都有自己的文字宗旨，或有公开发表的宗旨陈述，但越来越多的企业已将自己的宗旨陈述看成是企业战略发展的重要组成部分。

企业宗旨不是孤立的企业理念，而是在企业哲学指导下为实现最高目标所制定的企业方针和企业政策，是最高目标和企业哲学在企业社会义务方面的反映。例如，美国IBM公司确立了"以人为核心，并向用户提供最优质的服务"的宗旨；深圳华侨城集团的宗旨是"致力于顾客利益最大化，致力于所有者权益的充分实现，致力于与员工共同成长，致力于为社会作贡献"；广州本田汽车公司的服务宗旨是"为顾客提供喜悦，是我们最大的喜悦"；北京铁路局的宗旨是"人民铁路为人民"，等等。可见，企业的宗旨无不是企业对履行自身社会责任的决心和信心，同时也是企业某一段时期或在某方面工作的指导方针。

对企业宗旨的陈述，既要简洁明了，又要内容丰富。那么，如何才能既简要又恰到好处地表达企业宗旨呢？这是一个我们应该重视的问题。一般情况下，企业宗旨的陈述应注意以下几个问题。

（1）企业的宗旨陈述应该比较宽泛。因为，只有宽泛的企业宗旨才能为企业战略管理者的创造性提供发展的空间，过于狭窄的宗旨陈述会限制这种创造性，从而使企业在多变的环境中错过许多机会。

（2）企业的宗旨陈述应该比较全面。企业在陈述自己的宗旨时，应该从各方面来定义自己的企业，同时还要能够综合反映企业各个利益团体的要求，否则就不能为制定目标和战略提供有效的指导。

（3）企业的宗旨陈述又不能过于宽泛而不限制企业的战略选择，因为过分宽泛的宗旨陈述无法统一企业对未来的认识。

无论企业的宗旨如何陈述，都要回答两个基本的问题：即我们的企业是做什么的和按照什么原则去做？我们的企业应该树立什么样的社会形象以区别于其他同类企业？

六、企业道德

企业道德就是企业及其员工在生产、经营的过程中应该遵循的各种行为规范的总和。道德对行为的软约束与厂规、厂纪的硬约束相配合，不但可以弥补硬约束难以面面俱到的局限，而且能够使企业员工的行为自觉地指向企业远景目标的实现，成为企业发展过程中不可缺少的道德力量。

综观在《财富》杂志的企业排行榜上名列前茅的500家企业，除了其先进的技术、严格的管理、旺盛的创新意识、崭新的人才观念值得我们借鉴外，更需要我们高度重视的是他们都拥有企业自身的道德行为规范，即企业道德，这些企业对企业道德建设和实施都非常重视。我们看到，在500强企业的发展过程中，企业的实践者形成了许多优良品德，在道德修养上达到了较高的境界。如索尼公司提出"以提高索尼集团的企业价值作为经营的根本，把自主性和自律性的道德标准作为企业的重要组成部分"，公司通过企业道德产生的强大向心力，建立了"统一和分散型"的经营模式，使企业内部的经营资源能够相互作用，创造出新的价值。美国强生公司也得益于企业严格的道德规范，在一项有关公司形象和发展的民意调查中拔得了头筹。在英国的主要大企业中，60%以上的企业有道德行为规范。从世界500强的成功经验来看，企业道德对企业的发展起着非常大的作用，具有持久力量的企业道德能使企业各个职能部门协调运作，有力地推动技术进步和企业发展。

企业道德是与企业的经营活动紧密联系的，具有企业自身的道德准则和规范。同时，企业道德也是企业社会责任观念的一部分，通过企业道德对企业的各种行为进行约束，能有效地促进企业同其各种社会关系的发展。企业自身的经营活动也需要道德加以调节。在张德、吴剑平主编的《企业文化与CI策划》一书中，曾对中国企业理念的道德体系的构成内容进行了详尽的描述，书中提到：一般来说，中国企业的企业道德体系主要由10个方面内容构成。这10个方面为：忠诚、无私、勤劳、节俭、团结、廉洁、自强、礼貌、守信、遵纪等。这些道德都是企业制定道德规范体系时应该参考和借鉴的。

1985年，海尔集团首席执行官张瑞敏刚到海尔。在检查中他发现400多台冰箱中共有76台存在各种各样的质量问题，张瑞敏说："我要是允许把这76台冰箱卖了，就等于允许你们明天再生产760台这样的冰箱。"一怒之下，张瑞敏抡起大锤砸掉了不合格的冰箱，张瑞敏说："有缺陷的产品就是废品。"

三年后，海尔人捧回了中国冰箱行业的第一块国家质量金奖。

作为一种企业行为，海尔砸冰箱事件不仅改变了海尔员工的质量观念，更是企业道德观念的重要体现，而且为企业赢得了美誉，反映出中国企业质量意识的觉醒，对中国企业及全社会质量意识的提高产生了深远的影响。

当然，也有企业因为道德的缺失而付出了惨痛的代价。如2008年的三鹿奶粉事件使得这一曾经辉煌一时的民族名牌跌入深渊。作为企业，在道德与利益的天平前，该如何让取舍，这是所有企业应该深思的问题。利益迷心、道德缺失引发的问题足以让一个企业走向死亡。

21世纪，企业道德建设问题是许多企业面临的一个重要问题，会同消费者保护问题、环境保护问题都成为企业发展不可避免地要面对的问题。企业在考虑技术进步等问题的同时，必须重视企业道德问题的研究，通过抓好企业道德建设来促进企业的和谐发展。

七、企业作风

企业作风是指企业在生产经营过程中表现出来的领导干部及其全体员工的工作态度或工作风格。企业作风是通过人的行为态度体现出来的。再好的企业理念，也必须靠人的身体力行才能逐渐推广，渐入人心。所以，设计良好的企业作风，是形成健康的企业风气和塑造良好企业形象的需要。

作风建设具体到企业，主要应从责任意识、效率意识、团队意识和奉献精神等几个方面来开展。但在建设企业良好作风的过程中，应该防范"软""懒""拖""浮""散"等现象的发生。所谓"软"，即在工作过程中怕得罪人，怕承担责任。这样会造成工作中缩手缩脚，驻足不前。"懒"是指在工作中缺乏主动性和创造性。遇到困难不能积极主动地想办法去解决，争取做好、做精，而是安于现状、不思进取，不愿也不敢突破原有的思维模式，因循守旧，固步自封。所谓"拖"，主要体现在执行力不强，效率意识淡薄，凡事能拖就拖，得过且过，工作效率极其低下，严重地影响企业的经营和发展。"浮"一方面体现在心态浮躁，只图急功近利，不能循序渐进；另一方面是工作浮，很多人在工作的过程中只注重形式，不注重内容，浮于表面，经不起检查。"散"主要体现在缺乏团队意识，本位主义严重，造成企业缺乏凝聚力。当然，企业的作风问题，不光体现在以上5个方面，阻碍作风建设的现象还有很多，在此就不一一列举，总体来看，突出体现在以上几个方面，企业应该加以重视。

作风建设其实范围很广，光说不做是不行的。例如，中国人寿把"严谨高效，热情周到"作为自己的企业作风。

"严谨高效"，对管理人员而言，严谨意味着决策的科学、缜密；对员工来说，严谨意味着工作的认真负责、精益求精和高度的责任心。对管理者而言，高效意味着决策的果断和及时；对员工而言，高效意味着工作主动与快速敏捷。中国人寿以"严谨高效"作为自己的企业作风，旨在营造一种能适应现代市场竞争的企业氛围。

"热情周到"，企业要视客户为亲人，对待客户要热情、坦诚，积极与客户沟通，把客户利益放在首位，始终与客户保持一种融洽、和谐的关系；建立和完善客户服务体系，想在客户之前，提供客户想不到的超值服务，同时还要为客户提供周到细致的专业化服务，力求每一项服务都尽善尽美，切实提高客户的满意度。

又如，海尔作风——迅速反应，马上行动；长虹作风——团结，勤奋，民主，文明。良好的作风可以从多方面体现出来，企业要根据自己的实际情况有针对性地加以提炼和建设。

中国人寿提出的"成己为人，成人达己"的文化理念，就很成功。世间万物相互消长、互为因果。很多时候，人们因建设自己而造就别人，又因别人的造就而提升自己。狭隘地看待一己的成功，孤立地经营自身的利益，常常会迷失自己。中国人寿提出的"双成"理念其实就是基于这样一个简单的道理，旨在达到相互的成功，共同的繁荣。"成己为人"的含义是只有不断完善、发展和壮大自己，才能更好地为客户和社会服务、才能帮助和促成别人实现价值。"成人达己"是说只有成就和帮助他人、为客户提供满意的服务、为社会创造财富，才能最终发展和完善自己。

第三节 企业行为识别系统（BIS）的设计

企业形象的塑造，必须把企业理念化作具体的、可操作的行为。通过一套企业特有的行为模式，达成企业内部共识，从而使企业内部产生整体性和一致性。同时向外展示企业的魅力，以获得社会大众的认同和好评。围绕企业 MIS 来设计企业 BIS 是企业导入 CIS 战略成功的关键。

行为识别系统（Behavior Identity System，BIS）即为实现企业目标所从事的企业动态工作，如市场调查、产品开发、促销活动、公共关系、流通服务及对内的员工教育、干部培训、生产管理、福利事务，等等。这些动态的工作都必须是在企业理念的指导下，并且是得到企业全体员工认可并自觉遵守的行为方式。

企业行为内容极为广泛，主要分为对内、对外两大部分。

企业对内的行为有：组织管理、业务培训、员工教育（包括服务态度、应对技巧、电话礼貌及工作精神）、奖惩活动、工作环境、职工福利及研究开发项目等。

企业对外的活动有：市场调查、广告活动、公关活动、公益文化活动、促销活动、竞争策略以及与各类公众的关系等。

本节将围绕如何设计企业内部、外部行为识别系统展开论述。

一、企业内部行为识别系统的设计

企业内部行为识别系统的设计是通过对企业内部行为的合理组织与实施，让企业内部员工对企业理念达成共识，并能由此产生归属感、荣誉感和使命感，同时，也在外部公众心目中树立起团结一致、积极向上的、和谐的企业内部形象。

（一）企业内部的组织管理

企业内部的组织管理是企业内部行为识别系统的重要组成部分。任何一个企业都是由一定的组织构成。所谓组织，就是为实现企业的目标，而对企业内部的人力资源进行合理调配所形成的社会机构。组织是构成企业的基本细胞。因此，组织管理问题在企业形象的塑造过程中显得尤为重要。

企业内部的组织管理主要包括组织机构的设置、规章制度的制定、管理方法的运用等。

企业的组织结构是指组织内部的构成及运行方式。企业应根据自身的特点，科学合理地设置企业的内部组织结构，合理地进行部门划分，按需设岗，有效地进行人员配备，以提高企业的整体效能。现代企业的组织结构采用职能式组织、事业部式组织、直线式组织、矩阵式组织以及多维式组织等几种形式。无论企业选择哪一种组织结构，都应该是精简的、职责与权限相对应的、适合企业特点的、高效能的组织结构。这是实施BIS的基本保证。

企业的规章制度和管理方法对企业的全体员工都是一个硬性的约束，是企业全体员工都必须遵守的行为规范。管理方法可以因人而异，不同的领导、对不同的管理对象所采取的管理方法都可能是不同的，关键在于所采用的方法是否有效，能否对员工、对企业的发展起到有效的激励作用。企业的规章制度也是内容丰富，比如从宏观上看，就有企业的管理体制、企业领导制度、企业的民主管理、民主监督制度、职工培训制度等基本制度，还有企业的各项规章制度、企业经济责任制度等；从微观上来看，有各个职能部门的管理制度，如企业的计划管理制度、财务管理制度、人力资源管理制度、生产管理制度、技术管理制度、营销活动管理制度、行政管理制度，等等。每一项制度下又包括很多小项，如财务管理制度下面又包括企业内部经济核算制度、成本管理制度、固定资产管理制度、流动资产管理制度、专项资金管理制度、投资项目管理制度等。小项下面还可细分，如流动资产管理制度又包括现金管理制度、银行存款管理制度、存货管理制度等。

因此，企业内部的组织管理制度的设计是一个系统工程。我们应该进行全方位的考虑才能有效地规范企业组织群体的行为，为塑造良好的企业形象建立一个好的约束机制。

（二）企业员工的教育培训

对员工的教育培训不应该仅仅停留在规范员工行为的阶段。我们塑造企业形象是要让社会公众对我们企业的精神、宗旨、经营方针等理念系统达成一定的共识，其中企业的自我认同至关重要。自我认同感从何而来？最重要的还是来自于员工对企业的认同。所以，企业对员工进行教育培训，是促使企业员工理解、认同企业理念到自觉遵守企业有关规章制度的有力保障。

所有成功的大企业都非常注重对本企业员工的教育培训问题。如著名的松下公司在对员工的教育培训方面做得就非常到位。松下公司对新招募人员要进行特别培训辅导。在松下集团和它的分支机构的员工中，几乎每个人都受过相当多的培训。所有的松下专业人员，无论是工程师、会计师还是推销员，均须从公司中的基层工作做起，每个人必须用一定的时间在一个生产装配线上执行常规的工作。另外，每个新招募的人员，在刚进厂的头几年都得学会按"松下作风"办事，不允许有丝毫偏差。松下通过培训制度向年轻人进行强有力的灌输。讲授课程包括公司的组织机构、财务制度和松下董事长亲自讲授的管理哲学。此外，还对员工进行精神教育和向心力的培养，并训练员工细心地干好工作，甚至进行体操和队列的强化训练。企业员工每晋升一级，都要经过严格的培训。

世界零售巨头沃尔玛更是坚信内训出人才。在沃尔玛，很多员工都没有接受过大学教育，而拥有一张 MBA 文凭并不见得能够赢得高级主管的赏识，除非通过自己的努力，以杰出的工作业绩来证明自己的实力。这并不是说公司不重视员工的素质，相反，公司在各方面鼓励员工积极进取，为每一位想提高自己的员工提供接受训练和提升的机会。公司专门成立了培训部，开展对员工的全面培训，无论是谁，只要你有愿望，就有学习和获得提升的机会，而且，如果第一次努力失败了，还有第二次机会。因此，沃尔玛公司的绝大多数经理人员产生于公司的管理培训计划，是从公司内部逐级提拔起来的。

另外，我们国内有很多企业也开始重视对员工的教育培训，如有些企业有专项的教育培训基金，用于对员工的培训；也有很多企业对员工进行一系列的素质拓展培训教育，以锻炼员工的团队协作精神、相互信任的精神等；还有的通过做早操、早训等多种形式的培训提高员工各方面的素质。

对员工教育培训的方式多种多样。除了以上我们提到的一些之外，还可以通过颁发员工手册、举办各种培训班、研讨会、召开座谈会等方式，或者通过电视、广播以及企业内部的宣传简报、图书阅览室等多种形式，这些都可以起到对员工进行教育培训、提高员工的素质、增强企业的凝聚力、向心力、提高企业竞争力的作用。

（三）企业员工的行为规范

员工的行为可以从两个方面来理解：一方面是指员工在工作过程中的工作规范，另一方面是对员工的仪表、仪态等的礼仪规范。制定严格的员工行为规范是企业 BIS 设计的重要内容。

1. 企业员工的工作规范

企业员工的工作规范是指根据企业现行的制度，结合不同岗位的职责要求，有针对性地制定出员工应该遵守的行为准则。这一工作规范与岗位的职责紧密联系在一起。不同的岗位对员工的行为要求是不一样的，但各个岗位对员工的总体要求又是基本一致的。总体来看，对员工的素质要求主要包括以下几个方面。

（1）要有团队协作的精神。
（2）要有爱岗敬业的精神。
（3）要有强烈的求知欲望。
（4）要有高超的专业才能。
（5）有敢于求新求变的创新意识。
（6）有良好的品德操守。

此外，还有一些更为具体的工作规范，如对工作状态的要求有：工作要认真，工作时要精神饱满，上班时间不准聊天、不准玩游戏、不准打私人电话、不准炒股等。也有一些工作纪律和工作程序上的要求以及在工作过程中的待人接物方面的规范，如要用一些礼貌用语、懂得一些基本的礼节，等等。现代企业都应该通过文字的形式将这些规范明确下来，时时刻刻都对企业的员工起到警示的作用。

2. 企业员工的礼仪规范

礼仪规范分为两个方面。"礼"即礼节；"仪"即仪表、仪态。中国是一个礼仪之邦，中国的企业也应该是一个礼仪之企业。

（1）企业员工的仪容仪表规范

① 服饰规范：服饰要整洁、得体；服饰与饰物要配套协调；服饰适合所处的地位和场合。

② 外表形象规范：除服饰外，头部、手部护理，面部化妆等都必须达到整洁、得体、协调的要求。

③ 姿态规范：站立姿态挺拔、伟岸而不失谦恭；坐立姿态端庄、优雅，且不随心态而变；行走姿态自然、大方、不忸怩；避免捏耳、挠腮等不良体态。

④ 神态规范：凝神、关注、微笑的神态给人以自然、稳重、亲切和可以信赖的感觉。

（2）企业员工的商业社交礼仪

商业社交礼仪包括见面的礼节、迎送的礼节、宴请的礼节、打电话的礼节等，在此不一一列举。

员工的这些细节方面是否做得得体、大方将在很大程度上影响公众对企业的看法。所以，企业在进行 BIS 设计时，对企业员工的行为进行规范是有必要的。

（四）企业员工工作环境的设计

企业员工的精神风貌、行为模式、工作态度、工作的质量等在很大程度上都会受到环境因素的影响。好的环境，可以使员工精神焕发、工作积极主动，甚至把工作当作享受和乐趣；恶劣的环境，只会使员工萎靡不振、态度消极，把工作当成负担和折磨。因此，企业在设计企业内部行为识别系统时，要重视对员工的工作环境的设计。

企业员工的工作环境包括两个方面，即物理环境和人文环境。

物理环境通常是通过空间的布置、光线、色彩、声音、物体的外形等方面对人的视觉、听觉、嗅觉乃至整个感知系统的刺激，来影响员工的工作状态。因此，企业要为员工营造良好的工作环境，如生产车间的安全保卫、噪声的控制；办公场所的室内的采光、色彩的搭配、空间的开放程度等；室外的绿化、各种招牌、指示牌的设计等。

人文环境的营造主要是对企业的领导方式的策划、民主气氛的营造，以及企业内部的合作与竞争氛围的营造等。

二、企业外部行为识别系统的设计

企业的外部行为识别系统的设计，指的是企业通过市场调查、市场营销、广告宣传、公共关系、社会公益活动等外部行为，向社会公众传递信息、展示自己的企业形象。企业的内部行为识别系统设计得再好，如果不对外宣传、推广，企业外部的社会公众就无从了解企业的经营理念、价值观念以及产品和服务的信息，企业就不可能盈利，更谈不上企业形象的建立。所以，我们要对企业宣传、推广的方式、策略以及时机、地点等进行合理地设计、有机地整合，为塑造良好的企业形象服务。

（一）企业的市场营销活动

企业的市场营销活动策划与设计，一定要在现代市场营销观念的指导下有机地进行。市场营销观念经过一个长期的发展过程，已经由过去的"生产观念""产品观念""推销观念"演变成了一切以消费者为中心的"现代市场营销观念"。这一观念要求企业的营销活动要以满足消费者的需要为核心，在考虑消费者的需求、消费者的承受能力、购买的便利性以及如何与消费者进行有效沟通的基础上，把商品、价格、通路、促销四者有机地进行整合，这样，才能在消费者心目中树立起良好的市场营销形象。

（二）企业的广告宣传活动

企业的广告宣传可以说是企业营销活动的一个小小的环节。在此特别来介绍，主要是要突出广告宣传活动的重要程度。

企业的广告宣传就是通过企业广告活动的开展将企业产品或服务的信息有效地传达给目标受众。这一过程包含了四个基本要素，即广告主、广告信息、媒体和受众。要想使广告活动顺利地开展，这四个方面一个都不能少。广告活动的整个过程是一个复杂过程，首先要在广告调查的基础上，从广告创意、策划、设计到媒体发布，都要经过精心地安排。当然，这些工作可以聘请专业的广告公司或营销咨询公司来做，实力强大的企业也可以自己操作。不管由谁操作，广告宣传的目的是不变的，那就是通过广告活动把企业的有关信息传递给公众，从而达到提高企业或产品的知名度、美誉度和信任度，树立良好的企业形象的目的。

（三）企业的公共关系活动

对企业的公共关系活动进行策划与设计，是指企业的公关人员通过对社会公众进行系统分析，结合企业现有的公共关系状况，运用自己所掌握的知识和技能对企业的整体公关活动进行规划的过程。

企业的公共关系的策划和设计是公关活动中的最高形式，它不同于一般日常的公共关系活动，它需要依靠公关人员的知识和智慧。公关活动的形式多种多样，可以通过新闻公关、事件公关、公关谈判、组织专题公关活动等多种形式进行。企业的公关活动是一个连续不断的过程，而且要与销售结合成为营销手段，就更加不易了。

全国知名的房产企业万科是将房产销售与公关活动结合的营销手段运用得淋漓尽致的典型房企之一。万科森林公园项目坐落于合肥北二环，是集住宅、商业、金融于一体的大型城市综合体项目，在项目运作过程中，万科策划团队便利用系列公关活动，成功打造了特色的万科式营销。2013年6月，继万科森林公园推出"巨型二维码草坪"引起全城轰动之后，又结合当地文化，利用合肥"有为青年"包大人的卡通形象为万科代言，高调宣扬"幸福生活我'包'了"，推出短片《包大人买房记》，吸引了全城数万人的关注，在微博上也掀起了一阵点击转发狂潮。之后，万科又推出包大人系列活动，如包大人快闪、包大人夏日送清凉、包大人送红包等，成功将品牌营销与城市文化符号结合起来进行公关营销，打造了特色的品牌战役。

除此之外，万科在植树节，还在微信公众平台推出"你点一个赞，我种一棵树"的活动，吸引了近3万人参与。这种将品牌营销与公益事件相结合的案例，也是另辟蹊径，成功地在公关活动中完成了品牌的植入式营销。

无论是"文化符号+创意事件+粉丝互动"的借势营销，还是将品牌活动融入公益事件吸引大众参与的植入式营销，都是万科公关活动的一部分，在房产企业竞争日趋激烈的市场环境中，另辟蹊径、特立独行成了万科营销的特色，最为重要的是它成功地推广了万科品牌，树立了公众心目中完美的万科形象，堪称成功的公关活动。

第四节 企业视觉识别系统（VIS）的设计

在信息爆炸的年代，人们通过感觉器官所接收的信息中，80%是通过视觉获得的。人们已经习惯了首先用眼睛去观察和感知世界。不管你喜欢读书看报，还是更青睐网络媒体带来的便捷，都离不开对视觉的依赖。甚至，面对如此繁杂的信息环境，我们更需要视觉帮助我们尽快过滤掉对我们无用的信息。因此，企业应该重视其视觉识别要素的信息传递，珍惜每一次与消费者目光接触的机会。对企业的视觉识别系统（VIS）进行策划和设计就成为必然。

企业的视觉识别系统（Visual Identity System,VIS）即通过图形、色彩、文字等的有机组合将企业的经营理念、管理模式等抽象的理念转化为具体的视觉符号，让受众易于接受并产生认同的一整套符号系统。企业的 VIS 在 CIS 的四个子系统中，其感染力和传播力是最强的，也是社会公众与企业最直接的联系纽带。

一、企业 VIS 的构成要素

企业视觉识别系统（VIS）的构成包括三大部分，即基本要素、应用要素和辅助要素。

企业 VIS 的基本要素主要有企业名称、企业标志（产品商标）、企业品牌标准字体（中文、英文）、企业标准色等。

企业 VIS 的应用要素有办公室事务用品、产品包装、广告、车辆、建筑、环境、服装制式、展示规划、接待用品、环境标识、规范手册等。

企业 VIS 的辅助要素有吉祥物、辅助色、辅助字、辅助图案等。

企业 VIS 的设计，由企业标志的设计延伸到包装、广告以及整个企业的视觉识别系统，能通过各个可视面和视觉符号形象地展示企业理念。企业 VIS 设计内容在全世界都是基本统一的，只是设计风格不同而已。

二、企业视觉识别系统（VIS）设计的原则

（一）以 MI 为核心的原则

企业 VIS 的设计不同于一般的美术设计，VI 视觉要素是综合反映企业整体特色的主要载体，是企业形象外在的符号化的表现形式。从本质上讲，它属于一种企业行为，必须能使人感悟到企业精神的个性和内涵，传达企业的经营理念。因此，不能从纯美的角度设计制作，不能以观赏价值代替实用价值。

如中国移动在 2013 年 9 月 28 日结束的通信展上，中国移动展台悄然挂上了新的企业 Logo。将"中国移动通信"改为"中国移动"，去掉"通信"二字，打破"中国移动是做电话通信"的局限认知，淡化中国移动"通信"的行业属性。将"CHINA MOBILE"改为"China Mobile"，大写字母改为小写字母，不仅提高了可读性，也为中国移动品牌形

象加入活泼、亲切感。新的纽带相握的造型，不仅很好地延续了中国移动的品牌形象资产，还使整个形象更加简洁动感、互通顺畅，也打开了互联网特征的延伸性。时尚、亲和、智慧的浅蓝色代替了过去强势、冰冷的色彩感受，一抹生机的绿色为企业注入创新活力与社会责任的品牌联想。

优化后的标志秉承"责任、卓越"的核心价值，体现出"移动改变生活"的战略愿景，强化了中国移动对国家、对社会的价值承诺，并且弱化了与消费者在功能利益和使用体验上的沟通。

（二）美学原则

由于 VI 的识别是通过视觉传达完成的，从一定的意义上来说，公众识别的过程也是一个审美的过程。企业 VIS 的设计若缺乏"美"的艺术表现力，则不能唤起接受者的美感冲动，识别认知的作用也就显得微乎其微。因此，设计 VIS 时要遵循美学原则，讲究统一与变化、对称与均衡、节奏与韵律、调和与对比、比例与尺度、色彩的联想与抽象的情感，等等，通过独创性的符号立意来表现个性。

（三）动情原则

唐代诗人白居易说："感人之心，莫先乎情。"视觉识别系统作为一种静态的抽象符号，必须切合公众的心理需要，使其在不知不觉的感情体验中接受传达的信息，引起情感共鸣，从而产生强烈的视觉震撼。比如，著名的苹果电脑标志，就是一个色彩柔和的、被人吃掉一口的苹果，此标志表现出"你也能拥有自己的计算机"的亲切信息，无形中激发了人的内心需要。在广告画面上，是一个人在与电脑沟通对话，表现出亲密的人机相容关系。

（四）习惯原则

这里的"习惯"是指人们对符号、图形、色彩所载信息的一贯感觉和认识。

比如，人们多用飞翔物或流畅带有方向性的线条作为航空公司的企业标志。日本航空公司的鹤形图案、捷克国内航空公司的鸟状图形、赞比亚航空公司的鹰工图形等，都形象地表现了企业的行业特色与服务宗旨。

在不同的文化区域，有不同的符号、图案、色彩禁忌。如孔雀在许多国家被认为是吉祥鸟，而法国视其为祸鸟，出口到法国的商品绝不能用这个商标。再如，法国人偏爱蓝色，最讨厌墨绿色，而埃及正好相反。

另外，在设计 VIS 时还要考虑到民俗风情、语言习惯。"领带大王"曾宪梓最初为其领带命名为"金狮"，"金乃珍贵，狮乃威严"，两者相加，效果应该不错，可是其产品在香港一直打不开销路。朋友告诉他，问题就出在名称上，粤语中的"狮"与"输"谐音，"金狮"成了"尽输"，犯了当地讲究吉祥的大忌，自然无人问津了。于是曾宪梓将其改为"金利来"，并辅之以"金利来——男人的世界"的广告词，果然销量大幅上升。

所以，我们在进行企业 VIS 设计时，要考虑到不同国家、不同地区、不同民族、不同文化背景下的不同习惯，才能被全国乃至世界各地的公众所认同。

（五）统一原则

统一原则指的是 VIS 的设计风格要统一。只有统一企业的视觉识别表现，才能使之具有良好的识别功能。对于这一点，国内许多企业的认识还是很不够的。相反，国外的一些大品牌就很注意这一点。比如高露洁、可口可乐等，它们的视觉符号就相当统一。高露洁牙膏从成人牙膏到儿童牙膏，还有各种口味的牙膏，消费者一眼就能认出是一家公司的产品，而我们国产的很多品牌的牙膏则是五颜六色、形态各异，让消费者很难识别。百年企业可口可乐在全世界 100 多个国家都建有装瓶厂，但在全世界，可口可乐的视觉识别是统一的。可口可乐公司创造了全球统一包装系统，从送货车到冰柜，从现调机到遮阳伞，统一的图案、文字、颜色出现在不同的国家的公众面前，使人们能一眼认出可口可乐，这就是视觉识别系统统一的力量。当然，风格的统一并不是要求千篇一律、毫无变化，而应该是一种有变化的统一，是在基本原则不变的前提下的统一。

三、企业的标志设计

我国台湾地区的 CIS 专家林磐耸认为：在 CIS 设计开发中，以标志、标准字、标准色的创作最艰巨，是整个 CIS 识别系统的核心，也最能表现 CIS 的设计能力。标志、标准字、标准色三要素，构成了企业的第一特征和基本气质，其他视觉设计皆据此繁衍而成。而标志又是所有 VI 要素中应用最为广泛、出现频率最高的视觉语言，普遍用于店面招牌、广告物、包装纸、制服等上面。它图文并茂、形象鲜明，是突出企业个性、说明企业性质的有效传递工具。

标志是以具体而明确的图形将抽象的企业理念表达出来的视觉符号。

（一）标志的特征

企业标志具有商品区分、品牌识别的功能，并有象征企业信誉的作用。其目的在于确保企业的权益和消费者免受欺骗。在消费者心目中，企业标志是企业、品牌的同一物，由于标志在表现形式和社会功能上的特殊性，使得标志设计在表现方式、审美观念等方面都具有自己独有的特性。

1. 标志的识别性

识别性是标志的最基本的特征。从标志的概念能够看到，标志是将企业理念具体化的一种视觉符号。抽象的企业理念不容易被公众识别、记忆，而具体的标志符号能够把企业的精神轻松地传递给社会公众，让公众很容易辨别、辨认和识别，这是标志的最主要的社会功能。比如，当我们看到金黄色的双拱门形的"M"时，立刻就会想到那是麦当劳的店面，而不是其他的企业。

标志要具有强烈的识别功能，首先必须具有超炫的视觉冲击效果。只有色彩鲜明、造型独特的标志才能在铺天盖地的视觉信息中，首当其冲地吸引公众的眼球。其次，标志的设计还要新颖，陈旧僵化的标志设计是不会顺应流行时尚的趋势和时代的要求的。面对急剧改变的生活方式和快节奏的现代潮流，标志设计应该新颖脱俗、求新求变，这样才能给公众留下深刻的印象，才能让公众有效地识别其所代表的产品、服务、品牌或企业。

2. 审美性

公众欣赏标志的过程实际上是一个审美的过程。审美性是提高标志魅力的重要因素。因此，设计标志时，应十分重视标志设计的美感。标志的美感主要体现在以下几个方面。

（1）易识别的简洁美。标志不单单是一种视觉符号，更重要的是以这种简单的符号把一个复杂的事物表达出来，让公众更容易识别和记忆。标志设计是所有 CIS 要素中最重要的，也是最难设计的。一般通过文字、简洁的图形或者文字与图形的简单组合来表情达意。好的标志应该是单纯的、简洁的、鲜明的、能令人一目了然的。那些让公众看了半天也看不懂的标志不是一个好的标志。

（2）图形的造型美。标志的设计题材丰富，表现形式多种多样。多数标志离不开图形的组合。因此，图形美是构成标志的重要组成部分，也是设计中不可忽视的。生动的标志设计不仅有效地发挥了传达企业情报的效力，而且还影响公众对商品品质的信心和对企业形象的认同。设计时应该通过对图形的艺术加工，经过自然与变化、多样与集中、节奏与平衡、协调与整齐、对比与统一的艺术处理，使之产生独特的艺术造型美。

例如，北京 2008 奥运会会徽造型独特，英文的"北京"和"2008 年"以及奥运五环，将奥林匹克精神和中国的传统文化完美结合。整个会徽分为上、中、下三个部分，主体为上部大红底色的白色"京"字图形，约占整个会徽的 3/5。"京"字形状酷似汉字的"文"字，取意中国悠久的传统文化。整个"京"字图形为一个向前奔跑，迎接胜利的运动人形。"京"字图形下是黑色的英文"Beijing 2008"字样，其下是奥运五环标志。国际奥委会主席罗格则由衷地赞叹："新会徽青春而富有活力，集中体现了中国的悠久历史和灿烂文化以及中国的未来。这是一个卓越且充满诗意的会徽，这是一个完美的奥运会会徽。"

（3）形意结合的综合美。标志设计只有完美的图形是不够的。简洁的图形还必须含义丰富、寓意深刻，这样才能增强标志的艺术感染力和识别力。标志的艺术形象可以概括为两个方面：一方面是意象美，主要由想象、意境、比喻、色彩等组合而成；另一方面则是形式美，主要由变化、运动、对照、均衡等组合而成。这两者在标志设计中缺一不可。意象是内在的，形式美是外在的。只有内外有机结合，才是一个好的标志。

比如，在北京召开的世界妇女大会的会徽标志，就是巧妙地将象征平等的等号和象征女性的阴性符号，用虚线在和平鸽实形中加以布局，不仅产生了图形的呼应效果和动感，而且体现了"和平、进步、平等"的完美意境，可谓形意结合的典型之作。

3. 拓展性

标志是视觉识别系统中最重要的要素，其他要素都由标志拓展而来。标志的拓展性还表现在，企业的标志确定后，应针对各种印刷方式、施工技术、品质材料、应用项目的不同，进行对应的变体设计。还可以采取同一标志不同色彩，或同一外形图案的方式设计手法，拓展出形态各异、造型多变的图案。这样，才能让标志在实际的运用过程中灵活性更强、应用范围更广、传播力度更强。

（二）企业标志的功能

标志的标准符号性质，决定了标志的主要功能是象征性、代表性。在人们的心理上，习惯于将某一标志与其所象征和代表事物的信用、声誉、性质、规模等信息内容联系起来。

1. 信誉保证

商标代表了商品生产，经营企业的信誉，是商品质量的保证。

2. 区分事物

商标在视觉图形上的个性化特征，成为消费者选择和购买商品时的重要依据。

3. 宣传工具

对于商品及商品的生产和销售企业而言，商标本身就具有信息浓缩的广告作用。同时也有利于强化商品和企业的品牌地位，增加其商品对市场的占有率。尤其在现代企业经营策略的"CI"理论中，更强调以商标为核心构建完整的企业形象识别体系。企业可以商标为工具，通过创著名品牌扩大商标的知名度，提高商标的美誉度，从而使商标在激烈的市场竞争中，能够起到无声的产品推销员的促销作用。

4. 监督质量

商标的信誉是建立在商品质量基础之上的。商品质量的好坏，将直接影响商品的信誉和企业的形象。因此，商标具有监督商品质量，促进优质商品生产进一步发展的作用，制约劣质和过时商品生产的作用。商标的这种监督质量的功能，可迫使商品的生产者为了维护商标的信誉，从而持续不断地努力提高产品的质量及服务质量，不断地开发出受消费者欢迎的新产品。

5. 维护权益

在市场经营活动中，品牌本身就是一种无形资产。商标的知名度、美誉度越高，商标的含金量也就越高。在市场竞争的规则中，商品的生产企业，可通过注册商标的专用权，有效地维护其企业和商品已经取得的声誉、地位；企业可以注册商标为依据，利用有关商标的法律，保护企业的合法权益和应得的经济利益不受损害。

6. 装饰美化

标志具有装饰和美化的功能，这一功能在商标的使用中尤为显著。商标在商品包装造型的整体设计中是一个不可缺少的部分。形式优美的商标可以起到对商品装饰美化的作用。对于社会而言，标志的审美和设计水平，既可反映出一个国家、一个地区的文化传统和社会意识，也能从侧面反映出一个国家、一个地区的艺术设计水平。

（三）企业标志的设计要求

一个好的标志，应该能与企业或产品相映生辉、相得益彰，并且能在艺术上和市场上经得起考验。好的标志必须做到如下几点。

1. 构图简洁、清晰，易辨认，易记忆

标志不能设计得太复杂、烦琐，图形应该简洁、清晰，每一笔一画都体现着创意。简洁并不意味着简单，它是艺术的高度概括和提炼。

2. 具有独创性

设计标志的目的是要使这一事物区别于其他事物。因此，标志本身要有独创性，要显示出独特的风格和个性，不能随波逐流，否则，标志就失去了意义。

3. 易于传播使用

由于标志的应用范围极为广泛，具有很高的传播频率，因此，在设计时，应考虑各种媒介的特点，做出适当的技术处理。

4. 阴阳文相一致

标志设计，一般包括阴文（黑底白图）和阳文（白底黑图），一式两份，两份设计要保持一致。同时，必须按照国际标准色谱选定标志色彩。

（四）标志设计的题材

一个优秀的标志必须有很好的创意，好的创意必定来自于对主题本身的挖掘。企业标志设计的主题、素材是标志的生命。如果没有好的题材，而随意地进行标志设计，只会使设计工作事倍功半。即使标志图形本身非常美，也只能是装饰而已，既不符合企业的实际情况，也不会有长久的生命力。

那么，企业标志设计的题材应该如何选择才能起到很好的效果呢？一般可以从以下几个方面来考虑。

1. 以企业理念为题材

企业理念的内容非常广泛，且比较抽象。随着商业信息传递与科技文化交流速度的加快，如何以最快的速度获得社会大众的一致认同？将企业独特的经营理念与精神文化采用抽象化的图形或符号具体地表达出来就显得尤为重要。一般可运用象征、联想、借喻等手法进行构思。

如新希望集团旗下的安徽白帝乳业有限公司1995年注册的标识，上面为"太阳"，下面是一变形的"心"字。解释为：白帝乳业全体员工用心托起一轮初升的太阳。寓言企业的发展如初升的太阳，朝气蓬勃、蒸蒸日上、充满新的希望。这一标志释义充分体现了白帝乳业"求实创新，开拓进取；不断超越自我，永远以今天为新的起点"的企业精神。

2. 以企业经营内容与企业经营产品的外观造型为题材

对于一些行业特点较强，其形态具有广泛认知度的企业比较适合采取这种方式进行标志的设计。这种设计方法能够将本企业的经营内容、服务性质、产品特色等很直观地展现在公众面前，让公众很容易识别和记忆。

3. 以企业名称和品牌名称为题材

这是近年来在国际上较为流行的做法，即所谓名称标志，它可以直接传达企业的信息。在企业名称字体的设计中，采用对比手法，使其中某一字母具有独特的差异性，以增强标志图形的视觉冲击力。

4. 以企业名称、品牌名称或字首与图案组合为题材

这种方式是把文字标志与图形标志进行合理地组合，兼顾了文字说明和图案表现的优点，具有很强的诉求效果。

5. 以企业、品牌的传统历史或地域环境为题材

这种设计形式刻意强调企业、品牌悠久的历史传统或独特的地域环境，诱导公众产生权威性的认同或对于异域情趣的新奇感等，是具有强烈的故事性与说明性的设计形式。这类标志常以写实的或卡通的造型作为表现形式。

第五节 企业听觉识别系统（AIS）的设计

随着经济的发展、社会的进步，CIS 理论也在不断地发展和完善。过去的 CIS 体系是由 MIS（企业理念识别系统）、BIS（企业行为识别系统）、VIS（企业视觉识别系统）三大子系统构成。现在，一个新的子系统 AIS（企业听觉识别系统）已经逐渐发展和完善，并越来越受到企业的重视。企业 AIS 子系统已经被大多数企业载入了企业的 CIS 手册，成为 CIS 的第四大子系统。

企业听觉识别系统（Audio Identity System,AIS）是指将企业精神、企业宗旨、企业目标、企业经营方针等抽象的企业理念转换为公众可以识别的听觉符号，以塑造企业形象、推动企业发展为目的的一整套符号体系。企业 AIS 是企业 CIS 系统中一个重要的组成部分，也是塑造良好企业形象的一个很重要的途径。

一、企业听觉识别系统（AIS）的构成要素

听觉是公众接受信息的一个重要的渠道。有理论表明：人从外界所获取的信息中大约有 80%来自视觉，其余的 20%中，听觉发挥的作用是最大的。实践也告诉我们，当我们听到一段音乐、一首歌曲、一句广告宣传用语的时候，即便我们不用眼睛去看，基本都能识别它所代表的对象。如果反复地听，还能增强记忆，产生深刻的印象。这就是说，企业的 AIS 同企业 CIS 的其他子系统一样，既具有很强的识别功能，又具有记忆功能。

一般来讲，企业 AIS 是由企业歌曲、企业的主体音乐、企业的广播广告词、企业的广告宣传口号或标语、（品牌）名称等构成。

二、企业歌曲设计

企业歌曲设计就是将企业的经营理念、精神、方针、宗旨等通过歌曲的形式表现出来，让公众在美妙的音乐、激昂的歌词中对企业产生良好的印象，从而塑造良好的企业形象。企业歌曲是企业文化的重要组成部分，是企业的精神力量。同时，企业歌曲也是企业的有声名片，是树立企业形象的良好载体和打造企业品牌不可缺少的、有效的宣传方法。一首好的企业歌曲，可以激励一个时代；一首好的企业歌曲，可以唱红一个企业，唱火一个产品，唱响一个品牌。

在为企业设计歌曲时，必须把握以下几点。

（1）能体现企业经营理念。通过传唱，能够激发员工的士气、强化企业的团队精神。

（2）歌曲旋律优美、歌词朗朗上口，便于传唱，有利于企业理念与精神的传播。

（3）符合企业与行业特点，有利于增强公众对企业的信任度，达到塑造良好的企业形象的目的。

企业歌曲主要有两种类型：企业内部歌曲和企业形象歌曲。

（1）企业内部歌曲。这种歌曲一般是企业员工在日常工作或参加企业重大活动时使用。它不仅可以通过内部员工来传唱，还可以通过企业广播媒介的反复播放来强化企业的团队精神。这种企业歌曲只对企业内部有用，对企业外部没有任何影响力。

企业内部歌曲的音乐风格多为大合唱的进行曲，追求激昂磅礴、催人奋进的效果；歌

词常有"开拓创新锐意进取"之类的口号性语言,但容易"假大空",单纯强调团队精神,很少顾及个人情感,是企业歌曲的初级阶段的主要表现形式。

（2）企业形象歌曲。形象歌曲常用于对外宣传和企业重大活动时,重在反映企业的经营理念、精神追求和文化品位。形象歌曲把目标定位在对外宣传上,甚至刻意不区分对内还是对外,直接针对普天下所有人,其涵盖的面最广、涉及的人群范围最宽,形象歌曲是企业歌曲发展的高级阶段。

在企业的标语、口号和标志性语言与整体歌词风格不符合的时候,它就完全不引用,歌词完全自由创作;音乐风格相对自由,多为励志类、抒情类流行歌曲。通过情感的沟通与诉求来塑造品牌形象,给企业和产品一个"情感符号"标签。通过对企业形象歌曲的播放,首先让大家喜欢这首歌曲,然后喜欢这个产品和企业,最终促成购买行为,达到激励人心、增进了解、增加好感、引导消费的最终目的。这样的歌曲在我国香港地区、台湾地区和国外经济较发达地区已经广泛运用,现在内地企业也开始重视这一点,比如：娃哈哈纯净水《我的眼里只有你》；中国移动通信《飞得更高》,等等。

又如,五粮液则通过电视 MTV 的形式在中央电视台的"优秀企业歌曲展播"栏目中进行展播,向公众展示其企业形象。一首《香醉人间五千年》唱响了五粮液完美发展状态的经典乐章。画面中,五粮液集团健康和谐发展的风貌给人耳目一新的感觉,未曾参观过五粮液基地的人们从中看到了传说的十里酒城与气势雄伟的五粮液大本营。形象、健康、充满激情的乐曲赋予了公众一种感染身心的情愫。企业的发展及奋斗的形象展现在公众面前,让人们对这个优秀的国有大型企业、这个几千年的老字号更产生无比敬仰。通过企业歌曲的播放,企业的中庸和谐精神、产品的完美品质理念都得到了精彩的演绎,直观而饱含深意。

企业歌曲的创作因不同行业、不同企业、同一企业的不同的发展阶段而有所不同。总的来讲,企业歌曲的创作原则应是气势磅礴、坚定有力的,能够催人奋进的,而且都要好听、好记、好学、好唱,只有这样才有利于发挥企业歌曲的特有的作用。

三、企业的宣传口号设计

企业形象往往包含非常丰富的内容,为了把企业的理念简洁、明快地传达给公众,也为了使企业员工更好地为实现企业理念而努力工作,就要将企业理念转化成朗朗上口的语句,使之变成企业口号,这不是一句简单的口号,而是企业理念、价值观的表现,也是企业员工共同的价值观,是他们深信不疑的。因此,企业口号应该是简洁的,能直接反映企业形象。不同类型的企业有不同的企业理念,其企业口号的表现也各有不同。比如全球快递业的佼佼者联邦快递公司的企业口号为"使命必达",一言概括了企业对自身的要求和让客户放心的敬业精神。

企业的宣传口号没有定规,可以从多个角度进行分类。从表达方式上来看,企业的口号主要有以下几种形式。

1. 赞扬型

赞扬型就是以直接陈述的方法,称赞商品或劳务的特征、好处,从而加深消费者的印象。如"滴滴香浓,意犹未尽"——麦氏咖啡的宣传口号；"海鸥表,中国计时之宝"——天津海鸥手表厂口号,等等,这些都是采用直接赞扬的形式进行宣传。

2. 号召型

号召型即是用宣传鼓动的词语，煽动起消费者的欲望，督促消费者采取购买行动。如"只要你拥有春兰空调，春天将永远陪伴着您"——春兰牌空调机的口号即属于此类。

3. 情感型

情感型就是用幽默风趣、充满人情味的词句来宣传商品的优点，从而使消费者在轻松欢笑中不知不觉地就接受了企业的宣传。如"与'狼'共舞"——狼牌运动鞋口号；"除了钞票，承印一切"——法国一印刷厂口号。

4. 标题型

标题型就是将广告口号放在广告标题的位置，起到代替广告标题的作用。如云丝顿香烟的广告，只有"吸美国云丝顿，领略美国精神"一条广告口号放在广告顶端，没有再写标题。

四、企业形象宣传语的设计

企业形象宣传语是企业 AIS 的重要构成要素之一。形象宣传语首先要将企业的经营理念、方针和价值观等不断地、完整地通过大众媒体传播给社会公众，使社会公众在反复收听中增加对企业的认同感；其次，要精练、上口、入耳，不含糊其辞，诉求点要独具特色，力排其他竞争者。如飞利浦公司的形象词"让我们做得更好"，这一形象词，简练、上口、入耳，再通过广告媒体的反复播放和传播，几乎是家喻户晓，使飞利浦在激烈的市场竞争中立于不败之地，并塑造出良好的企业听觉形象。

第六节 企业嗅觉识别系统（SIS）的设计

早在 2005 年，世界著名品牌大师 Matin Lindstom 就提出这样的观点：将来的企业如果想在竞争中取胜，就必须建立一个综合人体五官感受的品牌形象体系。哪怕在传统的 CIS 领域已经获得消费者认可和喜爱的品牌，也必须超越视觉和听觉，综合嗅觉、触觉甚至味觉，给予消费者全方位的品牌感知。关于企业嗅觉识别系统的研究和应用开始受到国内外的关注和认可。

一、企业嗅觉识别系统（SIS）的研究背景

嗅觉识别系统（Sense of smell Identity system），可简称为 SIS 或 SI，是通过能够反映企业内涵和特质的个性化气味在各个传播渠道与营销要素中的应用及传播，从而进行企业识别的一种手段。作为 MI、BI、VI 的补充，嗅觉识别系统 SI 与听觉识别系统 AI 一起越来越受到关注和重视。

随着市场竞争的日益加剧和对消费者研究的深入，专家们发现，嗅觉比视觉更能引起回忆，与消费者的情感产生化学反应。

嗅觉在自然界的重要作用不言而喻。狮子等动物通过撒尿向其他动物警示领地的归属，哺乳动物在幼儿时期能够通过嗅觉寻找母亲的怀抱。对于自然界的高级动物人类来说，嗅觉的作用更是不言而喻。我们都可能有过这样的感受，某天闻到了一种气味，令你突然想起儿时的一段时光，想起记忆中的某个人或某件事，内心的情感也会随之发生变化。气味信息是通过鼻腔内的气味感受细胞——嗅觉细胞传给大脑，从而认知气味的存在。人类能够分辨多种气味，气味由一些成分组成，能使人产生许多感觉。气味通常分成七种类型：①薄荷型；②花香型；③幽雅型；④麝香型；⑤树脂型；⑥恶臭型；⑦辛辣型。通过几种基本气味的混合就可以产生无穷多种气味，而每种气味给人的感觉又各不相同。以香水为例，男性的古龙香水以植物的香味为基调，给人以清新爽朗干练的嗅觉体验，而女性的专用香水，则着力打造女性温婉优雅或甜蜜清新的形象。对于企业来说，只要准确把握住企业的内涵和特质，然后找到能够代表这种内涵和特质的气味，并广泛应用，形成独特的企业识别是完全有可能的。味觉虽然不能创造品牌识别，但能增强品牌识别和品牌联想，对气味很强的记忆力以及能产生独特联想的能力，都使嗅觉成为一种增强企业或品牌识别的工具。

所以，嗅觉可以成为企业识别的一个工具。

二、嗅觉识别系统（SIS）的建立

嗅觉识别系统应用在企业的产品或者服务上的时候，与传统的视觉、听觉带来的感受是完全不同的，因为嗅觉与人们的记忆情感联系最紧密。合适的气味可以触碰到消费者的内心，激发他们的情感。因此，将嗅觉识别融入传统的 CIS 体系，将有效地提高品牌记忆的精准度，当人们闻到某一特定的气味是，将迅速触发感官联想，有助于建立品牌的忠诚度。这种精心设计的气味，可以影响消费者的情绪，诱导消费者的行为。

因此，嗅觉识别系统的建立是十分必要的。嗅觉识别系统的建立首先需要品牌管理者深刻理解企业调性、企业文化、企业特质，在此基础上把企业的这些特性与企业理念相融合，形成对企业系统、全面、深刻的认识，然后再寻找能够反映企业这种独特精神的个性化气味，并通过各种渠道予以应用，进行传播。

能够应用和传播企业"味道"的载体主要有以下几个方面。

1. 产品本身

对于很多企业来说，产品本身的气味就是最好的嗅觉识别系统的组成部分。比如一些女性产品，香水、护肤品甚至卫生巾，都通过特定的气味带给消费者独特的产品体验。著名的女性香水"香奈儿5号"，用味道在人们的脑海中勾勒出了一个妩媚性感又不失优雅的女性形象。而阿迪达斯除了在运动服饰方面独树一帜之外，也在日常洗护产品线夺得一席之地，靠的就是在洗发水、沐浴露等产品中加入与运动相关的香氛气味，深得运动爱好者的喜爱。各种运动相关的香氛气味触动了消费者的情感，令他们对运动的热爱延伸到了对阿迪达斯产品的热爱上。

2. 销售终端

在销售终端的各种场所进行嗅觉识别系统的建设，目的是为了营造舒适良好的消费环境，从而促进销售，而从企业品牌形象的角度出发，终端的气味会给消费者以美好的品牌联想,这一方法已经广泛应用于酒店、购物中心、娱乐场所、珠宝、服装、商业地产、家居、汽车4S店等行业。以体验营销闻名的星巴克,对于咖啡的味道与香味要求近乎苛刻。星巴克的员工,在工作期间都不能使用香水。空气中飘溢的只能是纯正的咖啡香味,而这远胜于其他香味带给消费者的记忆,成为星巴克特有的品牌文化。"美的"电饭煲在打开市场之初,就是用嗅觉来进行营销的。他们直接在各大商场用电饭煲煮饭,饭的香味吸引消费者对"美的"电饭煲的注意,便于"美的"向顾客推荐"美的"电饭煲的各种优点。英国高档衬衫零售商托马斯·彼克也研制出一种个性化气味,在纽约、旧金山、波士顿和圣弗朗西斯科新开的商店中放置传味器,当顾客步入店中,传味器就会散发一种新鲜的、经过清洗的棉花味道,而这种味觉享受能够让顾客迅速地联想起该品牌,联想起这种衬衫来自于大自然。

3. 事务用品

事务用品主要包括名片、企业职员的识别证件、信封、信纸、便笺、邀请函、贺卡、证书、赠券、票券、入场券、贵宾卡、贴纸、公文卷宗、公文信封、贴表、资料夹、笔记本、办公用油笔等。这些办公常用物品有物件小、用量大的特点,不仅能够渗透到企业的每一个部门,也是与客户或其他合作单位进行对外传播的一条重要渠道,应该在CI建设中充分利用。把企业"气味"附着到这些物件上,不仅增加了办公氛围,更传递了企业形象。

4. 办公场所

办公场所主要指企业员工日常办公和接待、洽谈的场所。企业员工日常工作的地方是员工接触最多、联系最紧密的场所,在这一空间传播企业"气味"也能起到陶冶员工情操、宣传企业文化的作用。企业中进行接待、洽谈的场所通常为会议室和接待室,是与客户或其他合作者经常接触的地方,室内环境和空间气味通常能影响客户或合作者对企业的印象和评价,所以,这是很好进行SI传播的途径。

5. 交通工具

交通工具主要有工作用车、接待用车、产品运输用车。在这些车辆上,尤其是接待用车和产品运输用车上传播企业"标准味",可以在第一时间让客人或客户接触到这种识别方式,使他们对企业产生良好的印象和联想。

三、嗅觉识别系统(SIS)在企业形象中的应用

莫奈尔(Monell)化学感官研究中心进行过一项实验,在商场的专柜进行比较,喷洒了适当的芳香剂的专柜与没有喷洒的门店相比,有芳香气味的门店更容易获得消费者的关注,而且消费者在喷洒了芳香剂的专柜更愿意久留。最后他们得出结论,适当的香氛气味可以帮助品牌获得更多的关注度和更久的关注时间。

利用嗅觉进行营销在我国其实早有先例。我国有句古话说"酒香不怕巷子深",言下之意就是即使在很深的巷子里,酒的香气也能把顾客吸引过去,这就是在利用人的嗅觉进行营销,也可以说是对酒的生产企业的嗅觉识别。中国的国酒茅台在1915年巴拿马万国博览会上获得金奖已经过去了近百年。"怒掷酒瓶振国威"的佳话让好几代中国人激奋不已,且不管这个故事是否完全真实,中国代表团"以酒香为媒",在博览会上

获得金奖是不争的事实。从此,酱香型的茅台酒成为中国的一个符号。

又如,韩国最大的休闲服饰集团 E.LAND 集团旗下拥有 80 多个的品牌,以 E.LAND、TEENIE WEENIE 为代表的 17 个品牌进入了中国市场,分别专注于不同风格和市场。WHO.A.U 是 E.LAND 家族较晚进入中国市场的一员,品牌理念来自 1849 年的加州淘金热,围绕着勇敢、创新、积极乐观的定位,希望给消费者传递加利福尼亚式的激情与乐观。那么,如何强化品牌的定位,给消费者以深刻的印象?首先在店铺装修上,WHO.A.U 对滑板、椰子树等能代表加州冒险精神的道具进行强化,其次,WHO.A.U 品牌标志以加利福尼亚盛产的橙子为主体,在产品包装袋、店铺专修等多方面突出橙子的图案与联想。最为有趣的是,WHO.A.U 在所有主力店铺中精心营造出淡淡的橙香。这种香味是 E.LAND 集团专门为 WHO.A.U 店里甄选的一种类似香水的喷雾,在所有 WHO.A.U 的主力店,店长被要求每 30 分钟喷一次这种喷雾,所以无论你何时走入哪家门店,熟悉的香味都会扑面而来。在 E.LAND 集团看来,品牌的特性不仅仅可以通过视觉、听觉来改变,也可以让嗅觉发挥更加巧妙的作用。

【思考与训练】

1. 企业 CIS 系统由哪几个要素构成?
2. 企业理念识别系统(MIS)在企业 CIS 战略实施中有何重要意义?
3. 如何进行企业行为识别系统(BIS)的设计?
4. 结合你自己的品牌经历与感受,谈谈你身边成功的听觉营销和嗅觉营销案例。

第七章 企业形象的 CS 战略

> **提示**
>
> CS 战略是企业形象塑造的第二大专业方法,是近十几年来国内外大中型企业应用较多的一种先进的、现代化的经营战略。它由五大满意系统构成。本章主要讲述 CS 战略的含义、内容,CS 战略的发展历程以及 CS 战略的缺陷,实施 CS 战略的重要意义,CS 战略的实施过程等内容,为塑造企业形象提供了新的思路。
>
> CS 战略作为企业形象塑造的第二大专业方法,是在 20 世纪 80 年代末 90 年代初兴起并发展起来的。它既有别于 CIS 战略,又与 CIS 战略有着一定的联系。CS 战略是一个极为庞大复杂的系统战略,它的实施不仅需要完整的执行方案、强大的资金支持、适应的组织结构、严格的管理制度,而且要得到企业从上到下一致的认可和贯彻。因此,并非所有的企业都有能力实施 CS 战略。对处于行业领导者的企业来说,CS 战略是一种效果极佳的市场防御战略。这种战略完全从顾客满意的角度出发,真正体现了"以消费者为中心"的现代营销观念,把顾客需求与顾客满足统一为一体,从某种意义上讲,CS 战略的成功实施会使企业变得不可战胜。

第一节 CS 战略概述

一、CS 战略的含义

CS 是英文 Customer Satisfaction 的缩写,意为"顾客满意"。CS 的基本指导思想是企业的整个经营活动都要以顾客满意度为中心,而不是只考虑企业自身的利益,要尽可能全面地尊重和维护顾客的利益,最大限度地使顾客感到满意。这里的"顾客"是一个相对广义的概念,它不仅指企业产品销售和服务的对象,而且指企业整个经营活动中不可缺少的合作伙伴。

CS 战略即是以 CS(顾客满意)为核心,发展起来的一种先进的、现代化的企业经营战略。实施 CS 战略的企业会将企业的产品研发、制造、定价、销售、服务、促销等各个环节都同顾客的需要有机地结合起来,以最大限度地满足顾客的需求为己任,真正地使"顾客就是上帝"的伟大口号变为现实,以实现企业的利润最大化的目的。

CS 战略最初是在国外一些先进的企业开展起来的以消费者为中心、围绕顾客而进行的崭新的企业经营战略,它包括五大满意系统,即理念满意系统(MS)、行为满意系统(BS)、视听满意系统(VS)、产品满意系统(PS)和服务满意系统(SS)。企业通过对这五大满意系统的构建,提高公众对企业的满意度,营造一种适合企业生存发展的良好环境。

于 2007 年创建的苏宁客服中心,一直以"至真至诚,阳光服务"为服务宗旨,以提升客户满意度为服务目标,提供 24 小时全天候电话、微信、微博等全渠道、不间断的客户服务。苏宁以消费者为中心,形成了完善的客户服务体系。2014 年 4 月 1 日,苏宁客服中心启动 4PS 标准认证,拟接轨国际标准。苏宁在战略上不仅讲"营销为纲",更突出"体验为王"。在服务体系方面,苏宁的工作更是以提升用户体验为前提。启动 4PS 国际标准管理体系认证是基于 4PS"以客户为中心"的运营管理工具,旨在全面提升客服中心运营管理水平与全方位服务能力。正是这样的周到服务得到了客户的认可,苏宁电器一步步建立了在消费者心目中的良好形象,也因此获得了企业的巨大成功。

二、CS 战略的发展历程

CS 是由美国的一位心理学家于 1986 年创造的,CS 战略兴起于 20 世纪 90 年代。世界上有许多企业已经实践过,并已取得了很好的成绩。作为一种新的企业经营管理方法,CS 战略跟其他经营管理方法一样,也是在特定的环境下产生和发展起来的。

1. 市场经济条件下,营销环境及竞争环境的变化是 CS 战略产生的外部动力

任何企业都不是在真空的状态下生存的,随着经济的发展,企业赖以生存的营销环境在不断地变化,市场竞争也越来越激烈。在不同的营销和竞争环境下,企业要采取不同的营销策略。市场经济初期,消费者要求商品"物美价廉",他们考虑的主要是产品的质量、功能及价格。这时,企业应以产品的高质量来带动和拓宽自身的市场,提高商品的竞争力,相应的战略思想是以生产导向和产品导向为主体。自 20 世纪 90 年代以来,越来越多的行业进入买方市场,市场上商品的数量越来越多,同质化程度也越来越高,消费者不再以产品的质量、价格、功能等作为评价商品的唯一尺度,他们更加重视品牌价值及厂家声誉。此时,企业应采取服务竞争和形象竞争的营销战略。在商品过剩、买方市场的情况下,顾客的满意则成为企业发展的基本动力。"顾客满意"给中国的企业管理带来的深刻的影响,成为目前企业经营和管理领域最热门的话题之一。

2. 激烈的市场竞争条件下,服务质量和服务方式的变化是 CS 营销战略产生的内部因素

消费者传统的选购商品的标准是实用性和耐久性。企业提供的产品只要质量能够满足消费者的要求就是合格的产品。随着竞争的加剧,企业提供的商品不仅质量要符合要求,而且要比竞争对手的产品更好,才能赢得消费者的青睐。

宝山钢铁股份有限公司(以下简称"宝钢")是名列世界前茅的现代化冶金企业,从建厂那天起就按照国际化标准生产,生产的产品也符合国际标准,但这个与国际接轨较早的现代化企业也曾撞过"南墙"。日本厂商要求不锈钢板上面涂漆,技术人员拿出国际技术标准,振振有词地讲:不锈钢不需要涂漆。日方只得另找能生产自己需要的产品的厂家。原来的老主顾小鸭洗衣机厂在这时也提出不再要宝钢的钢板。技术人员登门征求意见,问钢板哪儿不好?老师傅说:"我拿在手里抖一抖感觉不好。"技术人员拿技术标准对照全部合格,问还有什么意见?老师傅说:"我没意见,我承认你的钢板都好,但我不买行不行,你们符合国家标准,卖给国家好了。"意思是说,你们卖给我,就得符合我的标准。一句话点醒梦中人,以技术先进、产品质量高而自居的宝钢人进行了深刻的反思:与国际接轨首先应与国际优秀企业的先进的服务理念、服务战略接轨,搞好文化对接。在服务经济时代,在服务文化取胜的年代,使顾客满意是这个时代企业活动的基本准则,企业必须向服务型

企业转型。于是，他们在全员中导入了 CS 战略。通过观念的转变，宝钢以买方市场的思维创造了卖方市场（产品供不应求）的神话，使"飞走的小鸭又飞回来了"。

因此，企业在保证产品质量服务的同时，还应该放宽眼界，将注意力更多地集中到人的问题上，只有人才是企业赖以生存的基本条件，是企业的"衣食父母"。"顾客满意"质量观正是以人为出发点和中心的。企业的发展应不断地满足顾客的要求，从而实现顾客满意，提高顾客的生活质量。只有这样才能赢得更多的顾客，才能更好地培养和提高顾客的忠诚度。

三、CS 战略的内容

CS 战略是一种新型的企业营销管理战略，其内容囊括了现代营销要素的各个方面，并有所拓展，是现代营销理论的新的突破。CS 战略的内容主要包括以下几个方面。

1. *企业应从顾客的需求出发来研究和开发产品*

企业要尽量让顾客的不满意不要出现在产品上。企业在研发新产品时，事先要经过精心的市场调研，了解顾客的需求，这样才能做到在产品上创造顾客的满意。另外，通过调查发现顾客的潜在需要，企业可以通过产品去引发这些需要，使顾客感受到意想不到的满意。如宝马公司提出"顾客设计，宝马制造"，就是通过顾客的需要指导产品研发的很好例证。

2. *建立畅通的售前、售中、售后服务系统*

为顾客提供优质、快速、便捷的服务，建立畅通的售前、售中、售后服务系统，最大限度地使顾客感到安心和便利。如很多企业都有 800 免费电话。

3. *重视顾客的意见，让用户参与决策*

要把处理好顾客的意见视为对创造顾客满意度的推动。据美国斯隆管理学院调查，成功的技术革新和民用新产品中，有 60%～80%来自用户的建议。如全球商业零售巨头沃尔玛每周都进行顾客期望和反映的调查，管理人员根据电脑信息系统收集信息，通过直接调查收集到顾客期望，及时更新商品的组合，组织采购，改进商品陈列摆放、营造舒适的购物环境，使顾客在沃尔玛不但买到称心如意的商品，而且得到满意的、全方位的购物享受。

4. *重视对老顾客的持续服务*

企业要遵循 80∶20 原则，重视老顾客对企业发展的重大影响。要千方百计地留住老顾客，不仅要给老顾客以优惠，更多的还要给他们以关怀。最好的推销员是那些从产品和服务中获得满意的顾客。据美国房地产行业的调查，一个满意的顾客会引发 8 笔潜在的生意，其中至少有一笔会成交；一个不满意的顾客会影响 25 个人的购买欲。争取一位新顾客所花的成本是保住一位老顾客的 6 倍。

5. *建立以顾客为中心的企业组织结构*

企业对顾客的需求变化和意见反馈要及时地做出反应，而不能置之不理或袖手旁观。组织内部从上到下要保证沟通渠道的通畅与及时。

6. *对企业各级人员授予足够大的权利*

对企业各级人员授予足够大的权利，以便让接触各种顾客的执行人员能更好地、更及时地服务顾客。这是及时完成令顾客满意的服务的重要一环。如果服务工作的执行人员（从一线经理到售货员）没有充分的处理决定权，什么问题都要等待上司的指令，那是无法保证顾客满意的。虽然授权不同于分权，权责不能匹配，但通常受权人在执行过程中会增强责任意识。

四、CS 战略的缺陷

从 CS 战略的内容可以看出，在企业经营管理过程中，几乎所有的环节都是以顾客为中心，以顾客满意为工作目标的。CS 战略的成功实施为企业赢得的是顾客对企业、对产品品牌的忠诚度，顾客在 CS 企业产品价格高于其他企业产品价格的情况下，仍能保持对它的忠诚度，使企业获得了更高的利润；行业领导者通过 CS 战略的实施，甚至可以提高行业的进入门槛、改变行业内企业间的竞争方式。

当然，如同其他事物一样，CS 战略也存在着固有的缺陷，而且这种缺陷会给实施 CS 战略的企业带来不可避免的市场潜在风险。

1. CS 战略存在一定程度的内在矛盾

企业作为一个独立的经济实体，不可能没有自己的利益，也不可能不为实现自己的利益而努力，CS 战略要求企业把顾客满意作为战略目的，不免会引起怀疑——企业是真心的吗？企业在经营过程中如果出现局部失误，极可能引发企业的信用危机，从而导致企业的全面的社会形象危机。

2. CS 战略容易抹杀企业的自身个性

CS 战略容易抹杀企业的自身个性，产生企业的无差别化。CS 战略建立的前提之一是各企业之间在产品上几乎无差别，只提供给顾客舒适、便利、愉快等所谓心理的满足感和充实感。那么，企业会不会由此去处处逢迎、一味讨好顾客，使企业的个性丧失殆尽。当所有的企业都几乎是同一个面孔时，难免会产生乏味之感。

3. 容易将发展战略与销售战略混淆

CS 战略从根本上来说应该是企业的发展战略。企业要摆正与顾客的正确关系，将 CS 看成是企业的长期发展方针。然而有些企业却为了实现自身的短期利益，把 CS 战略视为销售战略。这些企业认为，只有顾客满意了，企业产品才能扩大销路，自己才能更多地获利，从而将顾客视为"摇钱树"，企业谋求与顾客建立互相利用的关系。这种做法对企业的发展是十分不利的。

4. CS 战略是以顾客需求没有被满足为假想前提的

现实中顾客在很多方面的需求完全是由企业所引发的，完全以顾客为中心使企业在产品开发设计方面容易陷入被动的局面。另外，对于顾客需求，各个企业是可以通过分析得出的，在市场中不具有保密性，所以不同的 CS 企业可能会同时出现满足同一需求的产品、服务，这不仅浪费了企业的资源，而且可能引发具有"报复"性的竞争。

认识到 CS 战略的缺陷（有的并非 CS 战略本身的缺陷，而是战略运用过程中容易出现的问题），并不影响我们对 CS 战略的优点及重要性的认识和运用 CS 战略的积极性。相反，企业应当想方设法更充分有效地利用其优点，并尽可能地抑制其负面影响，尝试将 CS 战略与 CI 战略的功能互补，寻求适应企业发展的成功战略。

五、实施 CS 战略的重要意义

企业的顾客分为外部顾客和内部顾客。外部顾客既包括企业产品销售和服务的对象，又包括企业经营过程中所有外界的合作伙伴。内部顾客即企业的员工。CS 战略在满足内外部顾客需求、促进企业发展壮大方面发挥着重要的作用。

（一）满足外部顾客需求对企业的促进作用

1. 有助于树立企业的名牌效应，使企业保持并发展庞大的消费群体

顾客是对企业的前途发展命运有直接联系的外部公众，顾客就是市场。顾客通过各种渠道获取企业的信息，会对企业的产品或服务产生一种抽象的心理预期。他们通过心目中的产品与企业实际的产品进行比较，从而决定是否购买。如果企业能从顾客的角度考虑，尽量降低顾客心理预期与现实之间的差距，使顾客的抽象预期心理得到满足，就会在顾客心目中树立起良好的企业形象或产品形象，这也是所有名牌树立的必经之路。同时，也能最大限度地留住顾客，并通过顾客的口碑传播形成庞大的销售群体，使企业的市场占有率得到提高。

2. 能够降低企业的经营成本，减少企业的浪费

实施 CS 战略的企业更容易提高顾客的忠诚度。忠诚度越高意味着重复购买的可能性越大。对于重复购买，销售人员只需要向顾客推荐应该买哪种产品、多少钱，而不需要费时费力地向顾客说明为什么要购买这种产品。这样就大大降低了企业的交易成本。同时，满意的顾客更乐于将自己的经验与感受推荐给他的亲朋好友，从而形成一种良好的口碑宣传。研究表明，这种口头宣传的广告比其他宣传方式都更为有效，并且几乎不需要任何成本，使得宣传费用大大降低。

另外，在企业实施 CS 战略，保证顾客满意度的过程中，企业会对顾客越来越了解，这有利于企业对顾客未来的需求和愿望做出准确的判断和预测，相应的就可以节省大量的市场调研的费用。新产品的研制和生产也会少走弯路，在很大程度上减少了企业浪费，降低了成本。

3. 能够让企业拥有更高的顾客回头率和价格优势，有利于企业的长期获利

满意的顾客比不满意的顾客有更高的品牌忠诚度，而且这种忠诚度能够长期保持。满意顾客的重复购买率远远高于不满意顾客的重复购买。满意顾客的重复购买不仅成本低，还能导致更多的收入，最终使企业获得更多的利润。同时，满意的顾客往往愿意为令自己满意的理由而额外付出（当然这种额外付出是有限度的），这一方面能够增加企业的利润，另一方面能够减少因价格波动和不可预知风险所带来的损失。

对于一家企业来说，客户无疑是最重要的企业发展因素之一。只有拥有良好的客户资源，企业才能在激烈的竞争中慢慢扩张壮大。无论在我国市场的哪一个领域，这一点都是非常重要的。而在快递这个行业中，对于客户的严格管理要求更显得尤为重要。随着电子商务的发展，快递行业发展也日益壮大，而消费者对于快递行业的需求量也是很可观的。除此之外，长期合作客户也是快递要把握的发展途径之一。在快递领域中，顺丰速运集团作为这个行业的领先者，对客户的档案管理更为严格。

据了解，顺丰速运集团在其发展的同时，对客户的档案管理相当严格。顺丰通过建立客户意见反馈统计分类表，对客户建议与投诉信息进行有效的分类管理。据悉，物流企业

80%的利润来自于20%的核心客户。针对20%的核心客户,建立针对性的管理办法,使其成为企业的忠实客户。而核心客户正是顺丰快速发展的关键。

(二)让内部顾客满意是树立企业名牌效应的决定因素

1. 满足内部顾客的需求,能够节省企业内部支出,保持稳定高效的员工队伍

员工对企业各方面满意度高,可以保持稳定而高效的员工队伍,减少企业培养新的替代雇员而增加的成本,减少生产力损失,保证实施企业"外部顾客满意"战略的连续性,避免企业为重新建立被打破或割裂的顾客关系而付出高昂的代价。

2. 能够保持员工的忠诚,增强企业的向心力

CS战略不能只停留在领导层面之上,而应使它转化为企业内部全体职工的行为。这种顾客概念在企业内部的延伸,激活了员工的主观能动性,使他们一切都为企业着想,对企业高度忠诚,形成企业独特的文化氛围,增强了企业的向心力和凝聚力,造就了企业无可衡量的无形资产,为企业进一步发展壮大奠定了精神的动力。

第二节 CS战略的实施

CS战略与CI战略的根本区别在于其出发点和战略重点的不同。CI战略是以"企业中心论"为出发点和战略重点。企业的一切活动均从企业的角度出发,考虑的是针对本企业现实情况,如何做才能让顾客识别并接受本企业的产品或服务。而CS战略则是以"顾客中心论"为出发点和战略重点。企业的一切活动均从顾客的角度出发,考虑的是针对顾客的不同需求,企业有针对性地采取行动,以期最大限度地满足顾客的需求。CI战略有些类似于过去的推销观念。企业通过对CI战略的实施,让顾客去识别企业、喜欢企业。而CS战略则更加接近于现代市场营销观念,它将"顾客就是上帝"的口号落实到了实处。通过对CS战略的实施,使企业的经营彻底走向顾客导向,它是构成企业竞争力的实质内容。

一、CS战略的构成

CS战略如同CI战略一样,也是一个系统工程。它由五大子系统构成。这五大子系统为:理念满意系统(Mind Satisfaction,MS)、行为满意系统(Behavior Satisfaction,BS)、视听满意系统(Visual Satisfaction,VS)、产品满意系统(Product Satisfaction,PS)和服务满意系统(Service Satisfaction,SS)。

(一)企业理念满意系统(MS)

企业在经营管理的过程中,一定要树立"顾客就是上帝,顾客在我心中"这样的理念,要教育员工"工资是谁给的,不是政府发的,也不是老板给的,而是用户给的。失去了用户,我们就没法发工资"。只有树立了顾客为企业的衣食父母的理念,才能使企业、使企业的员工产生全心全意为顾客提供满意产品和服务的动力,这也是企业发展的原动力。如海尔的"真诚到永远""用户永远是对的"等经营理念,中国联通的"通信,通心,联通公司永远为用

户着想,与用户心连心"的企业宗旨,美国 IBM 宣称的"IBM 就是服务",等等,这些都是从让顾客满意的角度去规范、约束和激励企业及企业员工全心全意为顾客服务的典范。

(二)企业行为满意系统(BS)

企业行为涵盖了企业所有的言行举动,如企业的规章制度、员工手册、员工的教育培训、对外的调研、宣传、公益活动、公共关系,等等。实施 CS 战略,就要求企业的一言一行、一举一动应该做到"言必信,行必果",一诺千金,不短斤少两,不以次充好,不隐瞒,不欺诈,这样才能让顾客对企业的所作所为感到满意。

江苏文峰大世界连锁发展有限公司是一家业绩卓著的大型商贸企业。该公司自 1996 年开业以来,始终不渝地坚持"服务顾客、立足社会"的宗旨,不断拓展和延伸"满意工程、连锁经营、科技兴店、进销分离、从严治店"的经营内涵,取得了令人瞩目的经济效益和社会效益。其实施的 CS 战略中的行为满意(BS)系统正是公司各个环节正常运转的有力保证。以下是某连锁百货公司的行为满意系统摘录。

某连锁百货公司行为满意系统(BS)

某连锁百货公司的行为满意机制系统,已形成了一套操作性较强、管理力度较大的激励机制、约束机制、发展机制、监督机制,从而保证百货公司各个工作系统的正常运行。

第一,激励机制。激励机制是为激发员工的工作积极性和创造性而采取的奖励分配措施,包括精神的激励和物质的激励两个方面。具体而言,该公司的激励机制主要有:争先创优重奖制、岗位技能星级制、爱岗敬业例会制等。

第二,约束机制。约束机制是紧紧围绕经营、管理、商品、服务所形成的具有强制约束力的规章制度。该连锁百货公司的约束机制主要有:部门经理的工作质量与消费者投诉、现场管理、销售业绩、顾客满意度等直接挂钩;二线人员的工作质量由一线人员考核;每月双例会制;无社会投诉满意制。

第三,监督机制。监督机制主要表现为社会对公司的监督,顾客对公司的监督,下级对上级的监督,员工对领导的监督,从而形成多层次的网络监督体系。如社会义务监督员制、总经理信箱反馈制、企业报"顾客来鸿"栏目,定期刊登顾客来信,内部双重审计制等。

第四,发展机制。发展机制是该连锁百货公司为实施顾客满意战略而建立的顾客满意管理保证体系。该连锁百货公司的发展机制主要有:实施 ISO9000 质量认证体系工程、实施顾客代理制工程、实施服务品牌工程、实施全员培训工程、实施职业道德建设工程、实施班子队伍建设工程、实施企业形象策划工程。

为统一全体员工的行为规范,营造一个真诚奉献、相互信任的工作氛围;勤奋工作、务实创新、求得企业价值最大化;团结协作、扩大交流、确保企业整体系统良性运行,建立了连锁百货公司的行为满意系统十大行为之纲。

行为满意系统十大行为之纲

一个观点:以顾客为中心。
二项原则:尊重顾客永远是对的;即使顾客错了,也要遵守第一条原则。
三大纪律:一切行动听指挥,步调一致才能得胜利;全体员工大团结,同心协力奋发干事业;公益私利要分明,无私奉献才是好人品。
四个一切:一切从顾客出发;一切为顾客着想;一切对顾客负责;一切让顾客满意。
五个系统:顾客信息调研系统、顾客信息传入系统、决策中枢系统、顾客信息效应系统、顾客信息反馈系统。

六"零"服务：让顾客购物承担"零风险"、为顾客服务力求"零遗憾"、开发商品尽力做到"零环节"、商品布置力求达到"零距离"、经营工作要做到"零起点"、企业管理要做到"零缺陷"。

七心承诺：商品质量让顾客放心；商品价格让顾客称心；提供售前、售中、售后服务有诚心；商场购物环境让顾客舒心；以文兴商的商业文化活动让顾客开心；尊老爱幼，开展公益活动献爱心；满意服务承诺让顾客安心。

八项注意：顾客需求要把握；伪劣商品绝不进；满意服务献真情；店貌店容要美观；反对暴利求畅销；安全第一很重要；文化娱乐求高雅；市场信息要抓好。

九大战略：中高档商品为经营重点，现代营销方式为经营手段，创建现代化大商场为目标的市场目标战略；以该连锁百货公司的名义在本部之外地区拓展百货连锁店的发展战略；实施品牌开发、"两总"经营的品牌发展战略；以人为本，重教育、强素质、选贤任能、优胜劣汰的用人战略；优化内外经营环境、密切工商关系、提供超值服务、维护企业信誉的形象战略；率先在全市推出对商品质量实行先行负责制的质量承诺战略；实施电话购物服务，扩大顾客代理制的范围，推出服务品牌的服务创新战略；顾客退换商品自由无障碍战略；实施重组商品经营结构的调整战略。

<h2 style="text-align:center">十大满意行为规范</h2>

第一，顾客满意服务行为规范。客来我迎，客走我送；客看我察，客问我答；客急我快，客慢我缓；客选我帮，客疑我释；客忧我分，客难我解；客躁我静，客争我让；客对我歉，客错我容；客讲我听，我随客便；客兴我荣，客乐我喜。

一个不卖：假冒伪劣商品不卖。

两个一致：商品价值与价格一致；商场利益与顾客利益保持一致。

三个主动：顾客近柜，招呼主动；顾客购货，展示主动；顾客质疑，介绍主动。

四个一样：顾客买与不买一个样；顾客熟与不熟一个样；顾客是成人是小孩一个样；顾客购买商品和退换商品一个样。

五个有声：顾客近柜有招呼声；顾客挑选商品有介绍声；顾客提出问题有解答声；向顾客收款找零有交代声；顾客离开有道别声。

六个不讲：低级庸俗的话不讲；生硬顶撞的话不讲；讽刺训斥的话不讲；有损顾客人格的话不讲；不负责任的话不讲；欺骗顾客的话不讲。

七个卫生：商品外环境卫生；商品内环境卫生；本柜台环境卫生；营业员个人卫生；商品卫生；度量衡器具卫生；其他必用设施卫生。

八个可退：有质量缺陷的商品可退；尺寸有误的商品可退；款式不满意的商品可退；颜色不称心的商品可退；价格比同行高差价可退；不符合卫生规定的商品可退；确系伪劣商品可罚可退；非国家指定、未使用过的商品，七天内不满意可退。

九个不准：不准坐着接待顾客；不准在柜台内聚聊、打闹嬉笑、说脏话；不准在柜台内看书刊、哼歌曲；不准带外人、小孩入柜；不准与亲友、熟人长谈；不准擅自离岗串柜；不准因结账、点货不理睬顾客；不准与顾客顶嘴争吵。

十个满意：接待满意；质量满意；价格满意；售后满意；订货满意；送货满意；店客满意；卫生满意；广告满意；商品满意。

第二，供应商满意的行为规范。（略）

第三，营业员一日工作行为规范。（略）

第四，总服务台礼仪服务规范。（略）

第五，电话购物满意服务规范。（略）

第六，管理人员一日工作行为规范。（略）

第七，顾客服务代理人服务行为规范。（略）

第八，服务品牌服务行为规范。（略）

第九，用人机制行为规范。（略）

第十，领导干部行为规范。

行为模式满意是该百货公司行为满意系统的重要组成部分，主要包括刷卡考勤模式、晨会模式、广播操制度、会员制模式、接听电话模式、上门服务模式等。

该百货公司的主要日期行为模式有：每月1日为出样日，每月3日为办公例会日，每月5日为安全日，每月9日为质量日，每月16日为卫生日，每月21日为价格日，每月25日为盘点日，每月26日为纪律日，每季度举行员工星级考核评定，每半年举行供应商座谈会，每半年举行消费者座谈会，每半年举行消费者回访活动，每半年举行内部员工座谈会，每半年举行内部员工大会。

让顾客满意是该百货公司全体员工一切行为规范的起点和终点，是开展各项工作的宗旨和目标。公司员工的一切行为都要以顾客满意为准绳，努力为顾客提供全过程、全方位、全员的服务，最终达到让顾客满意。

（三）企业视听满意系统（VS）

关于企业的视听系统，在前面章节中已有详细介绍，主要从企业标志、标准字、标准色到象征图形、广播稿、广告宣传用语、企业歌曲等方面入手，为企业量身定做一套视听识别体系，让顾客在激烈的市场竞争中更容易接受本企业的产品或服务。对于企业视听识别体系的构建，一定要考虑到顾客的心理需求，要按照顾客满意的理念进行设计，这样才能给人一种赏心悦目的感觉，顾客才能更乐于接受。

（四）企业产品满意系统（PS）

产品是企业与顾客联系的纽带。产品质量的高低直接影响顾客对企业的态度。在企业的营销要素组合中，产品是放在第一位的。所以，企业的产品能否让顾客满意是企业实施CS战略顺利与否的关键。构建产品满意系统，就要让顾客对产品从功能、设计、包装、价格等各方面都感到满意。以生产康师傅闻名的台湾顶新集团，起初只是台湾一家不甚起眼的小食品厂，一开始做的是蛋卷。产品上市以来，销量一直不大，因为蛋卷的价位高、市场容量不大。后来经过详细的市场调查，决定进军方便面市场，因为现代人生活节奏加快，对方便面食品需求量加大，并且当时方便面市场上仍有较大空档。就佐料而言，其他方便面只有汤料包没有酱料包或肉料包，经过精心研究和设计，顶新推出"康师傅"方便面来满足消费者的需求，便一举成功。

（五）企业服务满意系统（SS）

服务被经济学家认为是第二次竞争。一批产品到用户手中，传统的中国企业会把它当作生产经营的终点，而具有服务意识的企业会把它看成开展新的生产经营和开拓新市场的起点。这一观念的差异导致一些企业能创造顾客，而另外一些企业既能创造顾客又能留住顾客。所以，这就要求我们一切为顾客服务，将核心服务、追加服务、超值服务、售前服务、售后服务相结合，为顾客提供多方位、全过程的优质服务，使他们不仅得到物质满意，更能得到精神享受，同时还能使企业获得社会满意。

万科物业是在万科房地产开发业务中应运而生的，伴随着万科集团的成长。万科集团一开始就将物业管理作为房地产开发的一项售后服务保障措施,多来年万科物业秉承"全心全意全为您"的服务宗旨,坚持"服务至诚、精益求精、管理规范、进取创新"的质量方针,始终以客户需求为导向,致力于为客户提供全面优质物业服务的同时,不断创新物业服务模式。这样的物业服务模式也成为万科地产的一大特色,逐渐建立了万科地产的品牌形象,渐渐树立起了品牌的高品质服务的良好口碑,使万科地产在市场中得到好评。

二、实施 CS 战略,要培养"一切为了顾客"的理念

1. 顾客至上

企业要把顾客放在经营管理体系中的第一位,站在顾客的立场上研究、开发产品,预先把顾客的"不满意"从设计、制造和供应过程中去除,使消费者在心理上对企业产生认同感和归属感,进而产生顾客满意的群体网络效应。

2. 顾客永远是对的

这是 CS 营销战略的重要表现。其中包括三层意思:第一,顾客是商品的购买者,不是麻烦制造者;第二,顾客最了解自己的需求、爱好,这恰恰是企业需要收集的信息;第三,由于顾客有"天然一致性",同一个顾客争吵就是同所有顾客争吵。

3. 一切为了顾客

"一切为了顾客"要求一切从顾客的角度考虑,想顾客之所想,急顾客之所急,顾客的需要就是企业的需要。因此,企业首先要知道顾客需要的是什么,根据顾客需要,重视顾客意见,让用户参与决策,不断完善产品服务体系,最大限度地使顾客满意。

例如,沃尔玛发展的始终,一直贯穿着"商品零售成功的秘诀是满足顾客的要求",即顾客至上原则。顾客至上原则包括:一方面有足够多的品种,一流的商品质量,低廉的价格;另一方面是必须有完善的服务,方便的购物时间,免费停车场以及舒适的购物环境。在所有沃尔玛店内都悬挂着这样的一条标语:(1)顾客永远是对的;(2)顾客如果有错误,请参看第一条。沃尔玛不仅为顾客提供质优价廉的商品,同时还提供细致盛情的服务。如果顾客是在下雨天来店购物,店员会打着雨伞将他们接进店内和送上车。有一次,一位顾客到沃尔玛寻找一种特殊的油漆,而店内正好缺货,于是店员便亲自带这位顾客到对面的油漆店购买。沃尔玛经常对员工说:"让我们以友善、热情对待顾客,就像在家中招待客人一样,让他们感觉我们无时无刻不在关心他们的需要。"

由于顾客服务是一种无形的软性工作,因人而异,服务的提供者总会出于心情、身体状况等原因影响服务时的质量,也会由于每个服务人员的个人素质、经验、训练程度的差异造成服务水平差异。为了消除服务水平差异,沃尔玛建立了规范化的服务标准。这些服务标准十分具体简洁,绝不含糊。例如,美国沃尔玛商场的员工被要求宣誓:"我保证:对三公尺以内顾客微笑,并且直视其眸,表达欢迎之意。"在员工培训时,公司甚至要求员工微笑的标准是上下露出一排八颗牙齿,沃尔玛这样告诫第一天进店的员工:"顾客来到商店,是他们给我们付工资。这样无论如何,我们都要好好对待顾客,永远要尽力帮助顾客,永远要走到顾客的身边,问他们是否需要帮助。"

正是这种时刻把顾客需要放在第一位,善待顾客的优良服务品质,以及在价格上

为顾客创造价值的经营战略。使沃尔玛赢得了顾客的信任，从而带来了巨大回报。"顾客永远是对的"这句话一直流传至今，并一直在为沃尔玛的发展发挥着不可估量的作用。

自 1991 年，美国营销学会召开第一次 CS 会议以来，CS 战略已在世界各国逐步流行开来。5 年后，中国企业也开始把目光转向 CS 这张经营战略新王牌。在实施 CS 战略的企业中，有很多企业凭借这一新兴的经营管理模式取得了令人瞩目的成就，其中，戴尔公司就是最为典型的 CS 战略的受益者之一。戴尔是从产品、服务、生产和组织结构四个方面着手实施 CS 战略的，这与 CS 战略的构成要素基本吻合。其中，生产和组织结构满意可以归入企业的行为满意子系统。此外，戴尔公司所倡导的"顾客至上，让顾客满意"的核心理念实际上是其实施的产品满意、服务满意、生产满意和组织结构满意的核心。没有这一核心理念的支撑和引导，后面的一切就成了无源之水、无本之木。所以，实施 CS 战略的基本途径就是：企业的一切行为都应围绕理念、行为、视听、产品和服务这 5 个方面进行，目的就是让顾客感到满意。企业只要围绕这 5 个"满意"开展工作，企业的兴旺便指日可待了。

【思考与训练】

1．如何理解 CS 战略的含义？
2．企业实施 CS 战略有何重要意义？
3．CS 战略自身存在哪些缺陷？了解这些缺陷有何现实意义？
4．举例说明如何实施 CS 战略。

第八章 企业宣传的目的和要求

> **提示**
>
> 本章指明了企业宣传的地位、作用和要求。企业宣传的核心在于内聚人心，外树形象；主要任务是为企业健康持续发展提供思想保障和社会舆论环境保障；宣传必须遵循其内在规律，观念要与时俱进。

第一节 企业宣传的目的和作用

一、宣传的概念

要明确企业宣传的目的和作用，首先要了解宣传的概念。

宣传是一定社会组织运用各种思维方式，传播事实和观点，用以引导、控制人们思想倾向的过程。宣传的目的在于改变人的意识和态度。宣传是一个古老的概念，在中国古代文献中，其含义是指将封建统治阶级的政令、军令传达给臣僚，以控制各级官吏，巩固政权。如"日宣三德"（《尚书·皋陶谟》），"或王命急宣，有时朝发白帝，暮到江陵"（《水经注·江水》），"先主亦以为奇，数令漾宣传军事，指授诸将"（《三国志·蜀志·彭漾传》）等，都是古时表达宣传行为的最早用语。以上所出现的"宣传"一词，主要指上情下达、宣告传播的意思。在国外，宣传一词的出现时间晚于中国一千多年。1622年罗马教皇格雷戈里十五世，在罗马办了天主教"信仰宣传圣教会"的组织，并借用古老的词汇"propaganda"（繁殖、扩散之意）表达宣传的概念。1627年教皇乌尔班八世又在罗马设立了第二个宗教宣传机构，并招收学生，训练宗教报纸的编辑技巧，"宣传"这个词从此就和报纸紧密联系起来。

鸦片战争爆发后，随着资本主义军事、经济侵入中国，西方的思想文化随之进入中国。大批西方传教士对中国开展了广泛的以说服、劝导为特点的传教活动。这就是近代有组织的职业宣传活动的开始。在现代社会，随着宣传活动的日益发展，人们对宣传规律的研究提上了日程，对宣传所下的定义也多起来，但又各说不一。美国学者希伯特给宣传下的定义是："宣传是关于事实的观点和意见的通讯。它不是为了读者，而是为了通讯者的利益，去达到他的某种目的"。美国政治学者、宣传研究奠基人之一拉斯韦尔在其成名作《世界大战中的宣传技巧》（1927年）一书中对宣传下的定义是："它仅指以有含义的符号，或者稍具体一点而不那么准确地说，就是以描述、谣言、报道、图片和其他种种社会传播形式来控制意见。"七年后他将宣传定义修正为："宣传，从最广泛的含义来说，就是以操纵表述来影响人们行动的技巧。"拉斯韦尔认为，广告和公告都属于宣传范围。

宣传本身是一种社会精神生产过程。宣传总是离不开宣布、传播、阐释一定的思想、观点、主张、理论等。宣传本身并不是目的，其目的是使人们的思想统一、行动一致、紧密团结，以保证某种观点能被更多的人接受。把宣传看成目的，为宣传而宣传，就会成为盲目的活动。说服教育、灌输诱导是马克思主义宣传的显著特点，它要求宣传者宣传的内容是真理和令人信服的事实，宣传者与宣传对象处于平等的地位，而不是以教育者自居，居高临下，强制命令。毛泽东说："我们一定不能要命令主义，我们要的是努力宣传，说服群众。"宣传的力量在于讲真理、讲真话，是一种以理服人的过程。宣传是双向性的交流和影响。宣传者首先要接受群众对他的检验，根据一定的主张和群众的需要、思想状况、社会生活实际来确定宣传目标、内容和方法。宣传者又要不断地和群众交流思想，了解他们的反映和新的要求。这种双向性的交流和影响是宣传的重要特性，又是宣传取得良好效果的关键。

宣传的主要规律有"三个统一"：宣传目标与人民群众的根本利益相统一，宣传内容与人民群众的认识方向相统一，宣传方式与人民群众接受能力相统一。

二、企业宣传的根本目的

企业宣传是社会整体宣传的重要部分。企业宣传在企业的各项工作中具有特殊地位，其作用不可替代。无论是在企业的初创期、发展期、成熟期，还是衰退期、困难期，企业宣传都是攻坚克难的法宝。

企业宣传的根本目的在于统一全体员工的认识与意志，为企业的健康发展提供思想保障和社会舆论环境保障，宣传本身并不是目的，其根本目的是统一员工的思想认识，排除干扰，把心凝聚到一起，将精力集中到企业发展上来，保证企业大目标的实现。

三、企业宣传的具体作用

（一）营造有利于企业发展的舆论氛围

一个企业健康发展的决定因素很多，但企业处在不同的舆论氛围下，其结果会大不一样。巨人公司的潮起潮落就说明了这个问题。

巨人集团创始人史玉柱，1989年，凭着他东挪西借的4 000元和耗费9个月心血研制的M-6401桌面排版印刷系统软件，在《计算机世界》登了一则"M-6401：历史性突破"广告。13天后，他的银行账号收到三笔总共15 820元的汇款。两个月后，他赚进了10万元，4个月后，他成了一个年轻的百万富翁。这是史玉柱第一次尝到宣传帮他发财的甜头。

1990年1月，史玉柱把自己关在深圳大学两间学生公寓里，他在计算机前待了整整150个日日夜夜，拿出了M-6402文字处理软件系列产品。从深圳来到珠海，创办了巨人新技术公司，宣布巨人要成为中国的IBM，东方的巨人。

1991年巨人公司诞生不久，就加大宣传攻势，邀请来了全国200多位经销商齐聚珠海，编织起当时中国电脑行业最大的连锁销售网络。第二年，巨人的汉卡销量一跃而居全国同类产品之首，公司纯获利1 000多万元。

巨人公司在良好的舆论氛围中仅用一年多时间就发展成了一家资本金超过1亿元的高科技集团公司。史玉柱又连续开发出中文手写电脑、中文笔记本电脑、巨人传真卡、巨人中文电子收款机、巨人财务软件、巨人防病毒卡等产品。从1992年开始，巨人已赫然成为中国电脑行业的领头军。

媒体的聚光灯紧跟着史玉柱，史玉柱成为中国新一轮改革开放的典范人物和商界最有前途的知识分子代表。他被评为"中国十大改革风云人物""广东省十大优秀科技企业家"，获得珠海市第三届科技进步特殊贡献奖。1992年，一家知名媒体对北京、上海、广州等十大城市的万名青年进行了一次问卷调查，其中一个问题是"写出你最崇拜的青年人物"。结果，第一名为比尔·盖茨，第二名为史玉柱。

有利于巨人发展的舆论氛围浓烈得前所未有，史玉柱的事业也达到了巅峰。但就在这一切都显得那么的顺风顺水时，巨人建造的70层巨人大厦，却埋下了导致巨人突然窒息的导火索。

1993年，中国电脑市场风云突变。巨人决定跳出电脑产业，走产业多元化的扩张之路。史玉柱把新产业的目标确定在保健品和药品产业上，宣布将斥资5亿元，在一年内推出上百个新产品。巨人声势浩大地发起了"三大战役"，史玉柱亲自挂帅，成立"三大战役"总指挥部，30多家独立分公司改变为军、师，各级总经理都改为"方面军司令员"，或"军长"、"师长"。

1995年5月18日，史玉柱下达"总攻令"，在全国上百家主要报纸上，巨人集团整版广告赫然登台。巨人以集束弹的方式，一次性推出电脑、保健品、药品三大系列的30多个新品，其中主打的保健品一下就推出12个品种，营造了中国企业史上广告密集最高的一次产品推广活动。一时间，暴风雨般的广告、新闻疯狂地倾泻而下。集团的《巨人报》为了配合战役，印制了大量宣传单，其最高单期印数竟超过100万份。

强大的宣传攻势，一开始确实创造了奇迹："总攻令"发动的15天内，全国各地的订货量就突破了15亿元。一向在企业报道上十分谨慎的《人民日报》，也在半个月里对巨人集团进行了四次报道。

可是很快，巨人集团花巨资营造的舆论氛围的风向开始了转变，渐渐烧向了自身。"逆火"的源头正是企业自身的不实宣传。当时一篇被巨人广为散发的保健品宣传文案《鲨鱼不患癌》，署名是美国加利福尼亚大学袁彬博士，而实际上是出自一个对保健品一无所知的外语系学生之手。其他的保健品文案，甚至病例等，也大多由名牌高校新闻或中文系的学生杜撰而成。更让人惊讶的是，巨人的保健品研究部经理竟是由一位广告公司经理兼任的。史玉柱想要"请人民作证"保健品战役的中坚力量其实不是科研人员，而是一些靠想象力和文字功底吃饭的书生。

不利于企业发展的舆论越来越浓烈，那些本来就对巨人缺少忠诚意识的雇佣军们开始嗅出了危机的气息，几万、几十万、上百万的资产在阳光照不到的地方流失了。各地销售商欠巨人3亿元左右的钱也无法收回来。巨人集团可能支撑不下去的可怕消息一传十、十传百，像台风一样刮到珠海市每一个角落。那些用辛辛苦苦赚来血汗钱买了巨人大厦楼花的债主再也耐不住了，一拨一拨的人拥进了巨人集团。

1997年1月12日，数十位债权人和一群闻讯赶来的媒体记者来到巨人集团总部，由于缺乏危机处理能力，巨人集团仅仅委派了律师与债权人和记者周旋，巨人与媒体关系迅速恶化。于是，种种原本在地下流传的江湖流言，迅速在媒体上被一一放大曝光。

"巨人集团的资产已被法院查封，总裁史玉柱称已没有资产可被查封了"；

"巨人集团总部员工已三个月未发工资，员工到有关部门静坐并申请游行"；

"巨人集团一位副总裁及7位分公司经理携巨款潜逃"；

"那份圈进1.2亿元楼花广告了保险公司100%担保承诺,也被披露是一个骗局"……

舆论的天平彻底倾斜,耸人听闻的新闻真假参半,泥石俱下。巨人在公众和媒体心目中的形象轰然倒塌。

巨人企业从创业、兴盛到垮台,足以说明宣传的重大作用,正确的舆论宣传,有利于营造企业的发展氛围,直接为企业迅速发展增添动力;而错误的宣传,不但毒化了企业发展氛围,更可能把企业送上了绝路。

(二)振奋有利于企业发展的员工精神

员工是企业的财富,员工精神是企业生产经营活动所必须具备的基本要素。而企业员工精神不是自发产生的,必须用先进的思想去培育,用宣传工作去激励。

员工是企业的全体人员,包括企业的管理、技术干部和工人。员工精神是指在企业全体成员中起主导作用的思维方式、价值观念、精神风貌和行为风格。它集中体现在员工对国家、对企业的责任感、主人翁精神、创新意识和民主参与观念、职业观念等几个方面。

员工精神与企业精神的关系是:员工精神是企业精神的一个重要方面,它受企业精神支配、制约和影响;而企业精神的培育和倡导,是与企业员工的精神风貌紧密联系在一起的。企业的生存和发展离不开积极向上的员工精神。

员工精神应包括如下三个方面内容。

(1)员工正确的价值观念和思维方式。即把爱国与爱企业、爱本职工作统一致起来,切实树立"企业兴我荣,企业衰我耻"的价值观,把自己的聪明才智奉献到企业中。

(2)员工的团队精神和参与意识。作为一个企业,无论是创业期、发展期、成熟期,都离不开员工的同心协力和主动参与,特别是团队的凝心聚力。"人心齐,泰山移",只要所有员工都有团队意识,企业不愁办不好事。

(3)员工的敬业精神和职业道德。员工将企业的事业视作自己的生命,恪守职业道德,为消费者和社会利益尽心尽力,用自己所有的智慧、勇气、不懈的精神和全部生命来打造和发展企业。由此表现出来的品格就是员工的敬业精神和职业道德。

从以上三个方面看,企业员工精神的要求比较高,不是员工一进入企业就自然形成的,必须通过企业的宣传、教育、引导、鼓动、激励才能培育而成。研究世界500强企业的发展史,几乎找不到一家企业是漠视企业员工精神建设、不重视宣传工作的,更不用说花重金强化宣传工作、打造企业形象,以此让员工有自豪感、归属感,树立崇高的员工精神。日本的企业所以能在世界市场上具有较强的竞争力,一个重要经验就是强化宣传工作,树立以"和"为核心的员工精神,在企业中形成一种链条式互动循环关系,进而提高生产效率,加强企业内部的凝聚力和团结合作精神。

(三)总结有利于企业发展的成功经验

企业的宣传过程,同时也是总结、积累经验的过程,企业不重视宣传,对于发展过程中的成功与教训,也许会"失忆"。

世界最著名的美国通用电气公司,是一个拥有27万员工、年营业收入近千亿美元的超级跨国公司。他们十分重视企业的宣传,并且在宣传中不断总结经验,继而又将个别的经验推广到全公司中,成为共同的财富。在20世纪80年代后期,公司下属的飞机发动机厂率先实行了"零管理层"变革。所谓"零管理层",就是在这家8 000多个员工的发动机厂里，没有任何中间管理层，生产经营过程中所必需的管理职能都由员工轮流担任，全厂只有厂长和职工两个层次。这一管理变革取得了很好的效果。公司对这一管理创新进行跟踪式宣传和总结，使"零管理层"经验不断完善。后来公司把这一变革经验推广到其他企业，成为一种新兴的扁平式的组织结构模式。

我国著名企业海尔集团是一个重视企业宣传和经验总结的典型。他们在营销过程中，不断宣传海尔的内部市场化经验，让消费者了解海尔的质量保证体系。这个市场化的经验就是：下一道工序是上一道工序的顾客。如果上一道工序不能按时、保质、保量提供部件，下一道工序可以对其索赔，从而促使每一道工序上的人都尽心尽力去做，这就从过程上保证了产品的质量、数量和交货期，保证了对顾客承诺的兑现。在这一成功经验基础上，通过宣传总结，海尔又提出：每一个员工都是一个SBV（战略事业单元）。即从系统思考的角度向员工宣传贯彻一种新思想、新观念——没有哪个岗位对企业不重要。

（四）消除不利于企业发展的负面影响

企业要发展，必须要有一个良好的外部、内部环境，以清醒的头脑预防和消除不利于企业发展的负面影响。

一个企业在发展过程中不可能一帆风顺,总会遇到各种困难甚至危机的威胁,根据2004年清华大学公共管理学院危机管理课题组和中国惠普有限公司共同合作完成的"企业危机管理现状"调查的结果，被访者认为：45.2%的企业处于一般危机状态，40.4%的企业处于中度危机状态，14.4%的企业处于高度危机状态。这份调查显示，中国半数以上企业处于中度以上的危机之中。如此触目惊心的数字，足以说明消除不利于企业发展的负面影响是多么的紧迫和重要！

企业的宣传工作可有效地预防和消除不利于企业发展的负面影响。企业之所以出现危机或负面影响，往往存在两种情况：一是在内部运行机制上遇到了困难；二是外部的不理解，甚至是以讹传讹的误会，或竞争对手设置的障碍。对于这两种情况的出现，无论是哪一种，企业宣传在这里都显得十分重要。如果是内部出了问题，可通过宣传稳定人心，上下同心协力克服困难；如果是外部出了问题，可通过舆论的力量，说明事实真相，表明企业的负责任的态度，取得谅解，争取信任。

第二节 企业宣传的内容构成

一、事实是企业宣传内容的支柱

事实是一切宣传的基本要素，失去了事实，企业宣传也就失去了存在的前提，不以企业事实为依托的宣传，就变成了非企业的宣传。

如何围绕企业事实进行宣传？一般从以下三个方面去把握。

（1）选取企业新近发生的对社会、对民生有较大影响或直接、间接关系的事实进行宣传。这种宣传的社会关注度比较高，特别是对一些上市的企业而言，每发生一件较重要的事实，都可能引起股市的波动。

（2）以诚实的态度进行事实宣传。这是企业立足社会之本。虚假的宣传将失去社会的信任。2000年2月，美国出版了一本题为《百万富翁的智慧》一书，对美国1300位百万富翁进行调查，在谈到为什么能成功时，受调查者竟没有一位归结为"才华"，而最普遍的一个回答是：成功的秘诀在于诚实、有自我约束力、善于与人相处、勤奋和有贤内助。

诚实在这里被摆在了第一位。企业的宣传当然要以诚信取人，唯有诚信，企业才有立足之本。

（3）运用事实进行宣传，要根据不同的内容，内外有所区别和侧重。这是企业宣传的功能和特性决定的。企业在对内部职工进行宣传时，所选取的事实材料可能是基层某一个班组，也可能是上层某一个管理科室，比较具体、琐碎，但这又是必须选用的事实材料。对外部事实进行宣传时，必须有所选择，选取具有新闻和信息含义的事实材料，否则就变成了车间的黑板报、厂区的广播，从而影响企业的传播形象。

二、理念是企业宣传内容的灵魂

企业不但是社会经济细胞，还是推动社会进步的创新源点之一。因此，企业的宣传只有事实传播还不够，必须在事实基础上概括出具有进步意义的核心理念，理念是企业宣传内容的灵魂。核心理念的提出，标志着一个企业的成熟。成熟的企业总是在一种理念的指导下，不断进行跨越式发展。从下面几个世界级优秀公司的核心理念，我们似乎可看到他们的灵魂。

美国运通公司——
英雄式的顾客服务/世界性的服务可靠性/鼓励个人的首创精神。

波音公司——
领导航空工业/永为先驱/应付重大挑战与风险/产品安全与品质/正直与合乎伦理的业务/吃饭、呼吸、睡觉，念念不忘航空事业。

福特汽车——
人员是我们力量源泉/产品是我们努力的终端成果/利润是必要的手段与衡量我们成就的指标/以诚实及正直为基础。

IBM——
给予员工充分的考虑/花很多时间使顾客满意/坚持到底把事情做好，所作所为追求完善。

迪斯尼公司——
不容有犬儒主义式的嘲笑态度/狂热地注意一贯性与细节/以创造力、梦想与想象力不断追求进步/狂热地控制与保存迪斯尼的"魔力"形象/带给千万人快乐，并且歌颂、培育、传播"健全的美国价值观"。

这些公司把自己的理念贯穿于企业宣传的一切内容中，让企业的理念漂洋过海向世界各地传播。

企业在提炼理念过程中，同时也完成了从实践到认识，再从认识到实践的飞跃。

理念是企业宣传的总纲，即使一个时期后可能会有所变化，但这只是与时俱进的深化；企业宣传内容尽管不同，但向前挺进的主调还是同样高亢。像"海尔真诚到永远"这句承诺，就是海尔的灵魂，它渗透到企业的一切宣传内容中去，不断亲近社会，亲近消费者，使企业的整个宣传形成了共同声音。

观念、观点，经常需要新内容去灌溉，没有新内容去"营养"，时间久了，再美的花也会枯萎。企业在发展过程中，新鲜的东西几乎天天有，关键是宣传工作者要做"浇花""培土"的有心人。

三、情感是企业宣传内容的润滑剂

企业宣传的主要对象是企业员工、消费者（包括潜在消费者）、社会相关人士。直面人的宣传，必须有正确的诉求方式方法，实践说明，情感诉求是企业宣传的润滑剂。

企业宣传在情感诉求方面一般从三个方面入手：一是从贴近百姓生活入手，把企业融入"七情六欲"中；二是从解决民生难题入手，把企业融入社会责任中；三是从推进地方经济发展入手，把企业融入推动经济繁荣角色中。

这"三个入手"和"三个融入"，在情感诉求上都跳出了企业只讲生产、只讲营销业绩的旧窠，把发展经济和提高企业员工福祉及当地百姓生活质量挂起钩来，使企业宣传内容变得有血有肉。

我们以长春第一汽车集团的宣传为例，可看到情感诉求的艺术与力量。

2007年7月11日，长春一汽集团将解放J6新产品推向市场时，在《中国交通报》上发表了一篇文章——《"挣钱机器"大旗高高飘扬》。

解放人曾经说过一句非常感人的话，"我们能为用户做些什么？直至满意；我们还能为用户做些什么？直至感动"。这是他们对"用户第一"核心理念的精确表示，而"解放卡车，挣钱机器"是他们对客户的庄严承诺。"用户第一"一定要体现在用户挣钱上，否则那只是一句虚假的口号，而解放J6正是要把"致富买解放，挣钱靠解放，开拓未来用解放"的解放文化传承下去。为了给用户提供一辆可靠、安全的"挣钱机器"，解放J6历漠河高寒、海南高热和青藏高原等恶劣条件，80余辆试验车、380万公里的苛刻考验，保证到客户手中的每一辆解放J6都是精品；为了体现省钱就是赚钱的运营哲学，解放J6用自主研发的三大总成，首创"体系节油"概念，采用低风阻系数的驾驶室、节油的发动机、节油的变速器、节油的后桥、杜绝漏油漏气以减少功率消耗等综合措施，完美地实现了"体系节油才是真正节油"的新理念。

一汽解放公司总经理许宪平对解放J6这个"新挣钱机器"做了这样的定位：解放J6将在中国开创全新的赢利模式，通过高效的运输方式、高可靠保障的高出勤率，全面提升运输效益，降低物流成本，彻底改变国内运输市场普遍依靠超载获利的单一赢利现状，引领中国物流市场向着和谐、有序、高效、共赢的国际化竞争方向发展。

不久前，国务院发布了《关于印发节能减排综合性工作方案的通知》，明确了我国节能减排10项重点工作。交通运输是国家能源消耗大户，每年公路运输能耗在我国石油消费中占较大比重。所以，对于解放J6这个堪称节能减排楷模的"挣钱机器"，不仅仅为客户省钱和挣钱，更关系我们建设资源节约型、环境友好型社会的大局，这也是社会关注解放J6最重要的原因。半个世纪以来，解放卡车已累计销售超过500万辆，我们相信对于解放品牌乃至中国的民族汽车工业而言，解放J6是一座崭新的里程碑。

上述的诉求使读者对一汽、对解放J6产生了亲近感觉，对企业的"用户第一"理念、"富民""强国"责任感，以及对"节能环保"的楷模贡献，都产生了深深的敬意。

第三节　企业宣传的具体要求

宣传工作在统一人的思想、把握形势、聚集力量、催人奋进、克服困难等方面显现了它的突出功能。但怎么把握宣传工作的内在规律呢？值得我们深思和研究。

一、宣传目标与企业员工的根本利益相统一

宣传目标即宣传要达到的基本效果。从目标方面来说，又可分为总目标、子目标、阶段性目标等。在实施过程中，最难的是如何把宣传目标和受众的根本利益统一起来，一般从以下三个方面入手。

1. 统一认识，让企业的大目标得以家喻户晓

企业根据自己的发展规划，一年或一个时期，都有一个基本要实现的目标。这个目标既是整体利益的体现，又包括企业每个员工的具体利益。在宣传工作中就要采用多种宣传方式，让企业的大目标得以家喻户晓，人人皆知。员工对目标了解透彻了，才可能从心底里产生认同感，接受企业的各种宣传。例如，宣传企业的改制，这是涉及每个员工的根本利益的大事，如果员工对企业改制的目标不明确，肯定是难以让他们接受并严格执行的。

2. 分析形势，让员工认清责任

人对事物的认识是渐进的，这个渐进的过程也就是对事物本质及其运动的把握过程。因此，我们要把宣传目标与员工的根本利益统一起来，必须适时地向员工说明形势，客观地进行分析。让员工把自己放到大势中去，确定自己的角色，明确自己的责任。

3. 着眼发展，让员工拓宽视野

一个目标的实现，需要大量人力、财力的投入，短期内不可能得到丰厚的"分红"。而宣传工作就要利用各种舆论工具，把未来的发展前景充分地展示给员工，使员工对未来充满信心。员工的视野拓宽了，即使眼前个人利益可能受到损失，也会全力支持企业目标的实现。

二、宣传内容与宣传对象的认识方向相统一

宣传的功能之一是把人们的不同认识统一到同一个方向上。要实现这个目标，宣传的内容一定要有针对性，要有的放矢。这就要求在宣传内容的准备方面下足工夫。

（一）内容实在，不说大话、空话

一家企业实行改制，对员工的工龄实行买断。动员时，公司经理撇开职工关心今后的生活不谈，一个劲地说这是"改革需要""是企业长远发展需要""是我们职工大局意识的表现"……两个小时的"报告"让职工越听越糊涂，越听越生气，一个个都起身走了。"报告"还未结束，会场只剩下空空的椅子。

对于这次宣传的失败，企业认真总结教训，重新进行动员工作。内容紧贴职工关心的问题，着重讲清生活、养老、看病"三个有保障"。职工听得很入耳，"顶牛"的现象减少了很多。

（二）内容精准，坚持以理服人

在宣传工作中，我们常遇到这样的现象：专挑少数人愿意听的"好话"，乱"许愿"，乱"保证"。当时是赢得了一些掌声，但掌声过后就是骂声了，因为他的"许愿"和"保证"没有一个得以兑现，都是忽悠人的好话。搞宣传工作的人对此要警惕，避免出现这种情况，而是要努力做到宣传内容精准、不讲过头话、不忽悠受众。说道理时既不以势压人，同时又坚守原则的底线，不发错误的信号，不误导受众走向错误的边缘，实事求是，以理服人，以理教育人。

（三）内容生动，确保好记好懂

某企业在年终分配时，会议主持人给大家讲了这么一个故事：一户人家养了一只母鸡，这只鸡一天下一个蛋。对于这户人家来说，有三种消费方案可选择：一是坚持一天吃一个鸡蛋；二是把鸡杀了吃掉；三是坚持一段时期少吃鸡蛋，省出10个孵成小鸡。如果成活8只，有4只母鸡、4只公鸡，过上一段日子，一天可吃4个鸡蛋，遇上特殊日子，还可以杀公鸡来改善一下生活……

这个故事说明什么？会议主持人要大家展开讨论。经过讨论，道理出来了：第一个方案不注意积累，虽然保持收支平衡，但生活质量不会有大提高；第二种方案是只重视消费，不顾积累的政策，采用这种方案只能死路一条；唯有第三种方案的积累，坚持走可持续发展的道路，通过消费结构的调整，达到一定程度量的积累，生活质量才会有大的改善和提高。

这样，原本大家对年终的分配颇有异议，经这么做工作，不但认识统一了，还让员工的观念上升到了一个新层次。

三、宣传方式与宣传对象的接受能力相统一

宣传对象的年龄、文化层次、收入水平、工作性质等不一样，接受能力也就有差别，所以，宣传方式不能一刀切，必须与宣传对象的接受能力相统一。

（一）方式多样，因人而异

如今网络化已渗透到人的一切生活领域，譬如机关工作人员，上班后第一件事是打开电脑，看看有什么事是当天必办、急办的。对于这部分群体，无疑网络是最好的宣传方式。但对于没有这方面条件和习惯的受众来说，可能接受不了这种宣传方式。有喜欢读报的，有喜欢听广播的。读报的群体中又有喜欢党报、都市报、休闲类的；听广播的群体又有喜欢财经类、综合类、文艺类的，等等。搞宣传工作的人，在传播方式上如何组合，必须因人、因内容而定。

（二）持续不断，讲究效果

为了实现某一个宣传效果，许多单位在宣传方式上采用"狂轰滥炸"的方式持续不断地宣传，但其结果往往适得其反。例如，某一个企业在进行"劳动纪律整顿月"活动中，从上班到下班，从大会到小会，连说句话都涉及劳动纪律，结果搞得人人神经紧张，时间

久了,"抗药"性发作了,纪律不仅未整顿好,比过去更加懈怠。在这一宣传活动中如果加进去一些文艺宣传或游戏活动等轻松的方式,人们的神经"过劳"现象也许可避免。

(三)幽默风趣,注意分寸

每个人都有自己的尊严,都有自己的隐私,在宣传方式上,要充分考虑这些。曾有这样一个教训,某单位在表彰先进时,"光荣榜"上秀出了先进人物的大照片,宣传人为了幽默风趣,加进了一些诨名、背景等资料。对一位女先进工作者的说明是这样写的:"姑娘今年32,鲜花尚未有人采,不是因为人不俏,而是只爱工作不爱情"。对一位工人的说明这样写:"昔日偷窃浪子,今日工作狂人,别了昨日噩梦,创造今日新生"。以这样的方式展示先进人物,不仅当事人不舒服,意见很大,群众看了也纷纷提出批评:这哪里是表扬人,简直是损人。所以,我们在宣传表扬时,要特别注意用语的分寸,以取得较好的效果。

(四)宣传主观愿望要和客观事实相统一

1. 宣传要符合法律要求、政策导向

近年来,随着我国经济社会发展方式的转变、科学技术的不断进步和环境保护力度的不断加强,节能减排、低碳生活、绿色出行日益成为国家政策的倡导方向和人们优先选择的生活方式。有研究表示,汽车尾气排放是雾霾的主要原因之一,如何有效减少汽车污染,降低雾霾发生率成为全社会共同关心的话题。

在这种政策背景下,比亚迪汽车成功抓住了社会发展对于绿色出行的紧迫需求,研究了一系列能有效减少汽车污染的新技术和新工艺,并据此进行企业宣传。2013年9月10日,以"科技·驭变非凡"为主题的比亚迪世界级技术解析会在深圳举行,比亚迪当家人王传福在现场亲自阐释了两大"驭变战略",以创新科技推动汽车的节能减排。

2. 切入点要具体,给人看得见、摸得着

企业的宣传切忌大而空,越具体越具有传播效应。一般受众对一个企业的印象,往往都是从一件具体的事实开始关注。我们所处的信息时代,各种信息很丰富,如果没有具体的内容,人们不会注意它,点击它。

这里的"具体"不是材料的堆砌、浮夸,而是要将受众最关心的、最具有信息价值的事实裁剪出来。有的企业花钱在媒体上做"软性"的广告宣传,动辄几千字,夸张的词语往往让人吃惊,例如某家房地产企业,为了招徕受众眼球,在宣传中将一个普通的住宅小区,包装成"名门":"从古代帝王的皇家园林到达官贵族的私家园林,园林文化始终为上流社会所追捧。皇家有的,贵族有的,现在全部卖给你!"如此宣传,让到现场的消费者观看后,只能是一个个摇头,大呼"莫上当"。这种"雾里看花"式的宣传,主观愿望违背了客观事实。

3. 因时、因地出发,把握时代脉搏

企业要生存发展,就不能脱离当时当地的客观环境背景,宣传同样要与时代合拍,围绕当时当地的中心工作展开宣传。

例如,海尔最出风头的产品是"无尾厨电"。所谓"无尾",就是电器后面没有拖来拖去的电源线。2012年10月,海尔把"无尾"的电饭煲、搅拌机摆在首都机场T3航站楼C27登机口连展数月,着实吸引了众多南来北往的消费者的眼球。人们看到,这些厨房小电器无须插电，只要摆在桌面上的目标工作区域就可以工作，而只要移出这个区域，它们就能自动断电。其方便、智能、安全让围观者大呼"神奇"，一位观众还在现场写下了"特色是魅力的最佳境界，创新是企业不断的动力！"能够实现"颠覆性创新"，得益于转型。海尔集团董事局主席张瑞敏有一个观点："没有成功的企业，只有时代的企业。"海尔在发展中，就一直在努力踏准时代的节拍。

与时俱进，是企业正确传播的"风向标"，无论是宣传先进人物，还是传递商品信息，都必须紧扣时代脉搏。例如你是一个生产机床的企业，还按照过去落后的工艺宣传你的产品，显然与现在数字化时代脱节，不要说产品没市场，连企业的管理水平、领导层的观念，人们都要打上一个问号。

【思考与训练】

1. 你对宣传如何理解？
2. 企业宣传的根本目的是什么？
3. 企业宣传的具体作用有哪些？
4. 调查一个企业的宣传工作开展状况，从中分析其成功与不足。

第九章　企业的新闻传播

> **▶ 提示**
>
> 新闻传播对于塑造和宣传企业品牌、企业形象有着极为重要的作用。企业的产品要销售，企业的知名度要提升，企业的好人好事要宣扬，企业的难题和危机要化解……企业的新闻发布、传播能力的建设、企业的报刊、网站、官方微博、微信等新闻传播手段，都有利于加强与社会上的媒体和公众的联系、沟通，有利于塑造和宣传企业形象，有利于推进企业文化的建设和发展。

第一节　企业的新闻发布

企业的新闻发布对促进企业的现代开放式经营有着极为重要的意义。无论是涉及公众利益的重大事件，还是经营活动中的战略措施，或是新产品的推出、新项目的签约，企业的新闻发布会都是一种常见的，甚至是必不可少的手段。企业对外发布新闻，能吸引有关媒体的关注，从而更好地与公众沟通，使公众产生信任感，让公众更好地了解企业、关爱企业。企业对外发布新闻，还有利于堵塞以讹传讹的"小道消息"，为企业营造开放透明的社会环境。

企业的新闻发布，是企业就重大事项向社会公布消息、发表意见并接受记者提问的信息发布活动。企业的新闻发布有新闻发布会、记者招待会、记者酒会、记者茶话会等。以新闻发言人公布事件和意见为主的，称新闻发布会。应记者要求而召开，以记者提问、新闻发言人回答为主的，称为记者招待会。酒会和茶话会等一般是用来加强与媒体的联谊，增强与记者的感情而举行的。这里着重讲新闻发布会。

企业的新闻发布会是企业与新闻机构进行双向沟通，以更好地传播企业重要新闻的正规形式。

一、确定新闻发布会的主题

在召开之前，应对所发布的消息的重要性是否具有广泛传播的新闻价值等进行充分的研究和分析。在确定有必要召开后，要先确定会议主题，即明确会议的中心任务。要明确准备发布什么新闻，解释什么事件，或者是解答什么问题等。明确的主题要从新闻媒介和记者的角度考虑是否有新闻价值，是否能在外界产生较大的影响。

（一）从企业最想传递的信息中确定主题

企业召开新闻发布会是为了传达对企业有利的信息，或澄清对企业不利的信息，不是为了发布而发布。在确定主题时必须考虑是否能明确表达企业需要传递的信息。主题词最好是开门见山，直接说明同生产和经营有关的问题，让人们同企业的特点和形象联系起来，有助于扩大企业的影响。

（二）从媒介最感兴趣的报道中确定主题

企业的目的是发布和市场有关的信息，而媒体的兴趣却是获取有报道价值的新闻。一定要让媒介对企业的新闻发布会感兴趣，乐于参加，乐于报道。在确定新闻发布会主题时，要以吸引媒介的报道欲望为出发点，把扩大企业影响和吸引媒介报道结合起来。

（三）从公众最爱关注的事理中确立主题

企业发布的新闻要能吸引社会公众的关注，并使其与企业形成互动式交流。这除了利用语言文字外，还可以充分利用其他各种手段表现发布会主题。比如在举行发布会的同时，组织名人见面会、产品展销会、有奖竞猜等各种公众喜闻乐见的活动，让企业希望传递的信息广泛传播，取得良好的宣传效果。

企业在确定新闻发布会主题时要综合考虑上述三个方面的因素。双轮集团举办的"和谐高炉家酒上市"新闻发布会的主题就是这样确立的。根据"和谐家"这一主题，他们聘请了睿智、儒雅的影帝陈道明作为形象代言人。陈道明给大众的感觉是恪守中国传统、爱护家人、坦荡待人，请他代言最能体现新闻发布的主题。在热播他主演的《卧薪尝胆》时，陈道明在新闻发布会上亮相，吸引了众多媒体的记者，引发了很多大家关注的话题，一个星期内各个媒体就发有几十篇报道。双轮集团又精心设计了一套分别把"陈道明"这三个字嵌入广告标题词的广告：传承多年是"陈"，纯粱酿造是"道"，坦荡见底是"明"。

二、抓住新闻发布会的契机

企业召开新闻发布会特别要抓住下列几个契机。

1. 在开业时

在开业时，企业要抓住这一契机大力宣传，让公众尽早知道。要宣传开业的作用，宣传筹建的经历，宣传当地的重视，宣传公众的期盼，宣传各方的支持，努力在短时期内提高知名度。

2. 在企业有重要消息时

企业有重要消息发布是召开新闻发布会的很好契机。新闻发布会的召开，本身就表示企业对这一新闻的重视，能吸引众多媒体关注并着力报道。如某银行储户突破50万大关，某企业产品首次进入非洲市场，某跨国集团总裁前来签约等，都可以召开新闻发布会。

3. 在企业有重大活动时

企业的人事变动、资本运营、投资融资、引进设备、技术改造、兼并垄断等，只要能引起社会的关注，均属重大活动。抓住这些契机召开新闻发布会，及时向媒体通报，有助于媒体和社会公众对企业保持持续的关注，提升企业的知名度。

4. 在企业出现危机时

市场竞争十分激烈，市场环境非常复杂，一些看似不经意的事情，稍不注意就可能引发危机。企业的危机有时还来自企业自身的伤亡、失火、罢工等突发事件。企业在发生危机时，应及时召开新闻发布会，澄清真相，并采取紧急措施，这样往往可以化险为夷、转危为安。

三、搞好新闻发布会的准备

（一）准备充分的材料

会前应有专人全面收集资料，负责所需要的各种资料，包括口头的讲演稿、书面的文字资料、散发给记者的新闻统发稿、答记者问的备忘录，以及图表、照片、实物模型、CD等。如果要将企业的新产品介绍给公众，除了口头说明外，还应有产品说明材料及产品样品。也可制备简要介绍新产品研制过程的图片，必要时可做新产品使用技巧的示范。这样可增加记者的感性认识，以便撰写较具体、生动、准确的新闻稿。在以上材料中，答记者问的备忘录尤为重要，发言人对所发布的信息要尽量做到心中有数，胸有成竹，有问必答，从而避免答非所问、张口结舌的尴尬场面。

（二）选择召开的适宜时间

新闻发布会所邀请的记者一般任职于不同的新闻媒体，工作较繁忙，所以时间的安排要从记者的角度来考虑，选一个大家都方便的日期，不能只考虑主持单位本身。若事先用函或电话征求新闻单位或记者本人的意见，则会更好。选择的时间不可以和重大的活动或盛大的庆典相冲突，否则会出现只有少数记者或没有记者参加的场面。

（三）新闻发布会会场的选择

所选择的会场位置应交通方便，环境安静舒适，尽量避开卫生条件差和噪声干扰大的地点，以尽可能与会议的内容、规格、气氛协调一致。地点可选择在企业的内部，也可在企业外部；若在内部举行，会后可安排参观，使记者加深对企业的了解。若有重要人物参会而又有时间限制，则考虑在机场、宾馆、贵宾室中举行。对于选择的地点一般不要改动，若必须改动则要及时通知参会者。

（四）发送请柬

一般要提前一周左右发送请柬邀请与会者，请柬尽量发送给记者本人，以使他们有充分的准备。请柬的设计要精美、别致，同时写清楚宗旨、大致的程序安排、发言人的姓名和职务、开会的时间和地点、主办单位、联系人、联系电话，等等。若被邀请者为重要的新闻媒介代表，会前最好用电话与其联系一下，探询是否能到会等，请柬最好由专人发送，以免邮寄延误时间，同时也显示对被邀请者的尊重。

（五）搞好会场会务

妥善安排宾客的座位排列次序。对嘉宾和主要人物的座位安排要分清主次，又要对不同媒介的大小新闻单位一视同仁，在座位席卡上写明与会贵宾的姓名。

企业的每一名员工都应佩带写有姓名的胸卡，对与会的记者和嘉宾也应发送写有单位和姓名的标记。不管所邀请的记者是否到会，都应安排席卡座位。

要设置专人接待记者，设签名册让记者签到，同时向记者散发新闻材料。

准备好必要的视听器材。事前应准备好扩音、录音、录像设备，以及电话、电传、电源等其他设备，并以图表、文字标示这些设备的地点及使用方式，为不同新闻机构的记者提供方便。会前对设备要统一检查一遍，以防会议过程中临时发生事故。

安排主持人、发言人和工作人员。主持人可以是企业的领导者，也可以是有关部门的负责人；发布新闻的人应由单位正职担任，因为正职不仅有权威性，而且对单位的发展、方向、生产、经营等有较全面的了解。若是公布新产品、新技术，则分管技术的负责人和技术人员也应出席。各工作人员要分工明确、各司其职，要礼貌待客、热情大方，维持会场的正常秩序，力求有条不紊。在会议进行过程中，不得随意走动，以免分散记者的注意力。必要时可安排本单位的摄影、录音、录像、记录等人员，以便宣传和留念。

（六）做好经费预算

召开新闻发布会需要一定的费用，会前应做好财务预算。费用主要有招待会所需新闻材料的印刷、场地的租用、纪念品、会场的布置、茶点、摄影器材、交通费、邮寄等所需的款项。

安徽白马服装城为宣传开业举行的新闻发布会，早在开业的半年前就开始了紧张的筹备工作。由于结合举行安徽省首届品牌服装博览会，新闻发布会的档次和规格得到了提升。不仅吸引了众多媒体的记者，还邀请来了不少政界的领导人和业界、商界的专家、名流。新闻发布会的主旨定为："以中国的视野，打造安徽最大的品牌服装市场；用专业的眼光，开创安徽服装市场的新纪元。"主旨博大高远，18篇不同的新闻稿相应而生，通过媒体广泛传播，全面提高了白马品牌的认知度、美誉度。广告语定为："服装万千，白马领先""盛装舞步，金牌白马，时尚潮流，美丽安徽""万商云集，骏业宏开""辐射全省，品牌服装批发城，超大规模营业区域，上千个品牌供您选择""开启安徽服装批发市场新纪元"。通过报纸、广播、电视、户外和多种媒体，吸引众人的眼球，扬白马之美名。还有丰富多彩的公关活动、文体活动、销售活动和助学、助残、敬老等公益活动，塑造着企业形象，迅速积累白马的人气。所有这一切，使这次新闻发布会产生了极大的效应，不仅推动了白马的发展，而且推动了安徽服装业的发展。

四、搞好现场的组织安排

新闻发布会的现场要有人统一组织安排，工作人员要分工明确，各司其职。会议议程的安排要紧凑、详细，要按时举行，时间不宜提前或拖延，会议由何人主持、会上有何人发言、何人接待及由谁带领参观等，都要有条有理、有秩序地进行。发布会进行的时间不宜太长，避免出现冷场或混乱，该结束时当机立断；若需延长时间，也应征求一下记者的意见，时间一般控制在两小时以内。会中要留给与会记者发问的时间和机会，并要为记者直接采访组织领导人和知名人士提供方便。

会议主持人应注意气氛，维持会场秩序，言谈要庄重、幽默、典雅，头脑机敏，口齿清楚，尊重别人的发言和提问，发言时要把握主题，不要离题太远，对不宜向外界透露的信息，要巧妙地回避。

会场内可适当准备茶水和饮料，会后可举行宴请或鸡尾酒会、茶话会，使记者有机会单独采访主办单位的有关人员，以进一步增强宣传效果。会议结束时，将印有主办单位的纪念品赠送给各位与会者，这种纪念品不要求贵重，只要是具有特殊意义的小礼物即可。

会议结束后，要及时地登记参会记者所发的稿件、图片，然后进行归类、分析，以评估传播效果，并注意检查是否有由于自身的失误而造成会议内容的疏漏，以及报道的失误，以便及时采取补救措施；同时，可对照签到簿检查发稿率，了解一下是否每位到会记者都发了稿，以供日后选择邀请对象时参考。对于已发新闻稿中属上乘之作的作者，应保持联系和谢意；对未发稿的记者，要做具体分析，应顾及各家新闻单位的近期报道要求，也要考虑记者的具体困难，对发稿率低的记者要重新衡量其传播能力。

企业新闻发布会的组织安排是一项非常繁杂细琐的工作，要下很大功夫做好。德国奔驰新车新闻发布会在这方面做得非常好，值得我们学习。有一次，其新车的新闻发布会有50多个国家和地区的1200多名记者参加，为记者每天支出的住宿费就达180万元人民币。为会议准备的材料有企业的历史沿革、经营情况、首脑简况以及公司总部大楼艺术特色介绍等。关于新车的资料，有详尽的文字和数据，有可供挑选的两三百幅照片，有专门拍摄的专题影片，有介绍情况的DVD光盘等。现场的组织安排非常严密。第一天上午在公司总部报到，下午1：30首次举行30分钟会议，介绍日程安排和新车的大致情况，中间穿插两段短片，给人以形象具体的感觉。下午2：00所有记者2—3人一组，分别驾驶近百辆不同型号、性能、装饰的新车，从斯图加特市出发沿着乡间公路，向160多公里外的乌尔姆市进发，让记者亲自尝试这种新车的创新性、安全性和舒适性等。晚上18：00左右，各个记者驾车到乌尔姆市，先参观新车展览，然后参加由奔驰公司首脑主持的新闻发布会。第二天早晨8：00，记者再驾车从另一条以高速公路为主的道路返回，中午到斯图加特机场解散回国。新闻发布会各个环节安排得环环相扣、纹丝不乱，得到与会记者的普遍赞扬。

第二节　企业新闻传播能力的建设

企业的新闻传播是企业新闻发布的一个重要部分。它不是通过召开新闻发布会的形式，也不是请新闻媒体派记者来采写稿件，而是根据企业的实际情况发现新闻、筹划新闻，采写好稿件请媒体播发。企业一般都有专人负责，有的企业还设立有关部门、机构专门负责这方面的工作。

企业中负责新闻报道的人员，对于新闻媒体而言不是专职记者，却负有采写新闻报道的任务，被称为通讯员。在我国，通讯员是受新闻单位的委托，以采写报道和反映情况为主要职责的非职业的新闻传播人员，是新闻传播的重要使者。从这个含义来说，企业的对外报道不仅是发几篇稿件的事。对外报道是企业文化建设的重要环节，尤其在人人是自媒体的今天，企业更要发动广大员工发现新闻、筹划新闻、采写新闻，齐心协力来塑造、宣传企业形象。

一、组建通讯员队伍

企业除了向新闻媒体推荐重点通讯员外，还可以自行组建通讯员队伍。企业自己选定通讯员，条件比新闻媒体宽泛，也不必经新闻单位审定。在企业员工中，凡是热爱新闻传播，有一定的文字表达能力，愿意并且能够经常向新闻单位提供稿件者都能够当通讯员。企业内部的通讯员，不仅可以对外发稿，还可以对企业的报刊、广播、电视和网站投稿。他们在第一线生产、工作，是企业的活跃分子，是广大员工的代言人。他们不仅能发现新闻，而且能"制造"新闻，新闻不仅在他们的身旁，而且在他们的手上。

江汉石油集团把通讯员队伍的建设当作企业文化来抓，组建了一支专职新闻干事为骨干、广大业余通讯员为主体的多类型、网络化的通讯报道队伍。在这支队伍中，不仅有政工型，还有行政型、生产型、科技型、业务型等多种类型的通讯员。所建立起来的灵敏的新闻信息网络，使通讯员的触角伸向企业的方方面面，深入到五大信息系统。通讯员人数多，写稿多，作用大。有一个下属公司有职工2000多人，为各个新闻媒体写稿而被认定的通讯员就有105人。

长江航运公司通讯员姚志结，多年来一直坚持给新闻单位写稿。他充分发挥自身的优势，结合自己的专业特点，经常采写一些报社记者不易发现的新闻，有的稿子还被《人民日报》刊用。有一段时间，好多新闻媒体竞相讴歌秦淮河的治理成就，他却从自己的职业考虑，敏锐地感到秦淮河的污染问题不可忽视，某些地段垃圾成堆，污水横流，臭气冲天，令人痛心。于是他写了一篇题为《一面治理，一面污染，秦淮河在鸣咽》的稿件，《中国河运报》《长江旅游报》头版刊用，《中国市容报》《中国交通报》也先后登载，后来被评为江苏交通好新闻二等奖。他先后采写发表了数百篇新闻稿，为宣传航运公司的业绩作贡献，多次受到公司的表彰。

二、提高新闻发现力

企业对外报道的首要问题是发现新闻。身在企业如入芝兰之室，久而不闻其香，会对一些很好的新闻素材熟视无睹。其原因是缺乏新闻的发现力，有的发现不准，有的发现滞后，有的懒得发现。作为企业的一员，应该努力培养自己的新闻发现力，为企业积极采写新闻报道。负责新闻报道的通讯员更应该预防"发现不准""发现滞后""懒于发现"这三种"常见病"，努力提高识别新闻的本领，特别要在下列四个方面下功夫，采写又多又好的新闻报道。

（一）捕捉新闻线索

通讯员发现新闻是从获得新闻线索开始的，写新闻首先要有新闻线索。新闻线索是已经发生或将要发生的新闻事实的简要信息，或者叫信号。新闻线索不等同于新闻事实，它简略，没有细节，没有过程，没有头尾，顶多只是一个片断，是有待我们去访问和证实的东西，它也许被证实，也许被否定。而得到证实的新闻线索，经过努力就能采写成很好的新闻。因此，是否善于捕捉有价值的新闻线索，是检验一个通讯员采写能力的重要标准。

（二）增强新闻敏感

获得新闻线索的关键在于新闻敏感。新闻敏感是通讯员必备的基本素质，它要求对有价值的新闻具有敏锐的认识能力和准确迅速的反应能力。现实生活中常见到这样的现象：对同样的新闻事件，有的通讯员淡然视之，只做一般报道，甚至视而不见；而另一些通讯员却能从中预感到能够影响人们生活的事件即将发生，因而做成全面、深入的报道，揭示事物发生发展的客观规律。可见，新闻敏感强弱直接关系到一个通讯员业务水平的高低。

通讯员的新闻敏感首先取决于他对周围的事物是否关心，有没有热情和责任心。倘若对一切都冷若冰霜，毫不关注，还有什么新闻敏感可言呢？只有充满热情、关心企业发展的通讯员，才能有真正的新闻敏感。

（三）衡量新闻价值

新闻敏感还有它内在的因素和衡量标准，那就是新闻价值。新闻价值是通讯员对新闻事件的判断标准，是某种事实得以实现传播从而产生效果的各种因素的总和。衡量新闻价值的标准是：注重新鲜性，讲究重要性，考虑接近性，注重趣味性。这项标准是一个不可分割的综合体，要很好地把握。没有新闻价值观念，不会把握衡量新闻价值的标尺，也就无所谓新闻的敏感，很难发现新闻素材。

上海海洋渔业公司为了让上海市民节日里能吃到更多的鲜鱼，决定组织全公司两千多渔工在春节期间到两千里外的海上捕鱼。该公司的通讯员感到，这是广大市民都想知道的事，当即向《新民晚报》汇报，得到认可后即到现场采访，还通过无线报话机同在海上指挥生产的全国模范通话，了解生产现场的景象，收集到很多事后采访很难获得的材料。这条新闻刊登在年初四一版头条，题目为《两千渔工海上过春节，两百万斤鲜鱼送给市民作年礼》，很受读者欢迎，对宣传企业形象起了很好的作用。

（四）选择新闻角度

新闻角度是通讯员的视线与客观事物间构成的位置，是发现新闻的突破口，是报道事物的某个侧面。新闻角度的选择是否得当，对一篇稿件的新闻价值会起到举足轻重的作用。一篇具有新闻价值的稿件可能因为没有选择好角度而流于一般化；一篇题材一般而难以采用的稿子，可能由于找到一个角度而获得成功；一篇有意义的新闻可能由于角度选得好而锦上添花。

选择新闻角度实际上是在以新闻价值为标准来衡量身边的得失。陕西省冷冻场两位通讯员为了宣传本厂的成就，写了几次稿件都没有被刊用。后来改变角度，着眼于国外市场，写了《俄罗斯人吃上了中国的猪肉》，被《陕西日报》刊用，对宣传本场冻猪肉的质量起了很好的作用，受到了领导表扬。

三、增强新闻策划力

企业的对外报道还需要有很强的新闻策划能力。新闻策划是指在企业现有事实的基础上，有计划地推动和挖掘新闻，策划出具有新闻价值的报道。常用的新闻策划方法如下。

1. 依据企业的重大事件进行策划

企业的下列重大事件都可进行新闻策划，如企业重大的节庆活动；企业证券市场的上市；企业的新产品、新项目、新市场、新业务、新技术等方面的成就和发展；企业的产值、销售额、利税、创汇等方面的重要突破；企业重要的组织和人事变动，企业成员获得特殊的社会荣誉；企业新的远景规划和对社会环境、职工福利作出的重大改善；企业为社会公众举办的各种文化性、体育性、公益性、慈善性的活动或社会赞助等；重要的价格变动及其对公众带来的影响；配合企业危机公关所开展的各项宣传活动等。

2. 依据传统的节日活动进行策划

传统的节日、纪念日很多，不仅有国内的，还有国外传进来的。同时，新的节日不断出现，诸如父亲节、××艺术节、××纪念日、防治糖尿病日等。这些节日、纪念日虽然年年都有，但每年都有新闻报道的重点，企业可根据需要进行策划。

3. 依据国家的重大事情进行策划

国家的重大事情必然反映到社会的方方面面，其中有些与企业有直接关系，如申奥、环保、市政建设等，都是很好的新闻策划点。

蒙牛集团在依据重大事件进行新闻策划方面有着很丰富的经验。2000年蒙牛创建时，年销售量只能排到11位，没过几年就在全国名列前茅了。看看下列新闻，就可知晓他们策划的功力了。这些新闻按时间排列，主要内容有：为民族工业争气，向伊利学习，蒙牛力创内蒙古乳业第二品牌；蒙牛发出"建设我们共同的品牌——中国乳都·呼和浩特"的倡议；为抗"非典"向卫生部捐款100万，蒙牛成为全国首家捐款抗非典单位；蒙牛向全国125万教师每人送一箱牛奶；蒙牛响应温总理号召，开展"每天一斤奶，强壮中国人"活动，免费给500所农村贫困学校提供上亿斤鲜奶；蒙牛"特仑苏"摘下全球乳业"奥斯卡"，民族乳业凭借自主创新首次赢得世界乳业最高大奖；蒙牛力压世界乳业巨头，占据香港地区常温奶市场半壁江山，市场占有率超过50%，蝉联香港地区"最受消费者欢迎10大品牌"，并开始进军美国、加拿大等乳业强国的本土市场。这些新闻连同与其相关的各种报道策划与传播，对于蒙牛的建设与发展功不可没，起着很大的作用。

4. 依据吸引人的公众活动进行策划

社会公众活动、公益捐助、体育赛事、文艺联欢、书画展览等，凡能吸引很多人参加，又能与企业找到很好关联点的，都可以策划成新闻。

5. 依据有关名人效应进行策划

凡是与企业有较紧密关联的名人活动，都有很高的新闻价值，名人效应越大，可策划的新闻越多。

6. 依据浓厚的人际情感进行策划

随着生活节奏和工作节奏的加快，人们对于感情的要求更加强烈，希望得到更多的亲情、爱情和友情，这就使得一些具有人情味的事情被新闻媒体报道。企业能敏感地捕捉新闻线索，策划出具有浓厚人情味的事件，这样的事件很容易被公众和新闻界所关注。如昆明某企业无偿为一截肢的舞蹈演员安装义肢和负担巨额医疗费用，因具有很浓的人情味而被新闻媒体广为传颂。

可以运用以上六个新闻策划方法进行单项策划，也可以依据各项内容进行综合策划。合肥荣事达电气公司独家赞助相声界空前的盛会——中国相声节，就是进行综合策划的范例。当时，荣事达全自动洗衣机经过市场检验为"上佳"，又逢新的年度订货即将开始，急需扩大知名度，首届相声节的举办缺乏资金，加之全国相声界名人都想来合肥聚会、演出。这样，一个大型活动策划成功，吸引了上百名记者，播发了近千篇新闻稿，一时间，全国近500家大型商业单位，以及日本、加拿大、中国香港等地的1200多名嘉宾云集合肥，交易会交易频繁，空前活跃。荣事达的所有计划合同全部预订一空，成交额突破24亿，比上一年翻一番，大大提高了荣事达的社会知名度和美誉度。

四、掌握新闻的写法

有了好的新闻素材，还必须运用好的新闻写法。根据新闻传播规律，新闻具有与其他文体所不同的特有的写法。对于企业工作人员来说，要把握好新闻的写法，特别要注意公文与新闻的区分。机关公文不是新闻，工作汇报不是新闻，情况调查不是新闻。新闻写作与公文写作相比，其不同的特性列表如表9-1。

表9-1 新闻写作与公文写作对比

特性	新闻写作	公文写作
时间	讲究时效性	重视阶段性
对象	面向大众	针对机关
内容	善取角度	喜大求全
结构	以"倒"为主	以顺为本
手法	追求创新	注重程式

从上述5个方面的不同可以看出，公文注重展开面，顺着叙；新闻强调突出"点"，"倒"着写。

所谓突出"点"，就是突出新闻价值点，就是在一篇新闻稿中突出新闻价值含量，其中有的新闻价值含量高，有的新闻价值含量低，一篇新闻含有若干个单元信息，其中新闻价值含量最高的信息我们称为主信息，也就是我们要设法突出的"点"。要突出"点"，首先要善于识别，善于以新闻价值为标准来衡量掌握的新闻素材，找出最有价值的新闻点。

要以新闻价值为标准来衡量已掌握的新闻素材，找出最有价值的新闻点，犹如用"新闻眼镜"来看周围的事物。常用的"新闻眼镜"有广角镜、显微镜、聚焦镜、侧光镜、背光镜、逆光镜、望远镜等。

1. 广角镜

把看似不具有新闻性的事实放到新闻广角中透视，看出其内含的新闻价值要素。

2. 显微镜

把客观事实中微量的新闻要素充分显露出来，使其成为新闻价值含量很高的新闻。湖北省利川市人民银行 2005 年被评为省先进单位，写了好多稿子都没被报社刊用。后来他们用"显微镜"的方法选新闻价值点，集中到扶贫，具体为帮助贫困户脱贫，写了《找准扶贫工作的着眼点——利川实施以工代赈工程使 42 万人脱贫》。稿子寄给《金融时报》，很快就在显要位置刊登，成了他们第一篇在国家级报纸刊登的稿件。

3. 聚焦镜

把新闻素材中所含的多个单元信息聚焦在新闻价值含量高的某一单元信息之中，以充分凸显这一新闻的主信息。1996 年，四川长虹电子集团公司以率先降价的大动作，震动了全国工商界，也震动了全国消费者。在长虹彩电降价的消息发布后，新华社记者又深入采访，运用聚焦的手法选择新闻点，播发了一组 8 篇供全国晚报刊登的稿件，将长虹公司创市场的新闻挖得比较充分：《"长虹"1.69 秒生产一台彩电》《"长虹"立志打赢家门口的竞争》《"长虹"大屏幕彩电市场份额一年上升 6 个百分点》《"长虹"总比市场早走一步》《"长虹"怀抱里的"小巨人"企业》《"长虹"没有"窝里斗"》《"长虹"当家人的决策思考》……这些清新可读的短消息，可以说基本上点出了长虹公司的新闻所在。然而，怎样才能将长虹爆出的新闻，写出具有一定深度的重点稿子来呢？他们对长虹新闻产生的时代背景和外部环境进行分析，与当时全国经济工作中的最大主题——"两个根本性转变"结合起来。在此基础上，写了《长虹公司主动出击拓展市场初战告捷我国彩电产业格局开始发生重大变化》，配发了评论《中国需要一批具有国际竞争力的大企业》。这组稿件播发后在社会上引起很大反响，稿件中提炼出的"长虹开始具备与国外名牌彩电抗衡的实力"这一信息，被媒体评为 1996 年国内十大经济事件。显而易见，一个企业的降价行为不大可能成为"年度十大经济事件"，而经过深度挖掘，把它对整个经济全局产生的影响提炼出来，才将一个一般性事件做成了"大事件"，把一个企业的新闻写成全国性的新闻。

4. 侧光镜

把新闻价值含量最高的某一侧面展示出来，深入细致地察看，写出有分量的报道。

5. 背光镜

这种写法是透过事实本体，着力察看其背景，把背景材料作为主体写成背景性新闻。

6. 逆光镜

这种写法是以逆向思维来察看客观事物，看出其隐含在事物反面的新闻价值，写出有分量的报道。

7. 望远镜

这种写法是越过某一事物的现实时空往远看，看到新闻价值含量很高的结果或缘由，着力进行报道。

用上述这 7 副新闻"眼镜"来观察，能识别最佳的新闻点，识别有新闻价值的单元信息,但要在新闻稿件中凸显出来,还必须善于提炼。所谓提炼,就是通过对新闻事实的归纳、分析、概括,使感性上升为理性,表象上升为本质,零散上升为系统,个别上升为普遍,从而使报道具有强烈的新闻性。

提炼的技法,常见的有以下几种。

(1)从一个单元信息进行提炼。一篇新闻由若干个单元信息组成,可选择新闻价值最高的单元信息进行提炼。例如华泰集团在对外报道他们的产品多功能越野车特拉卡时,有很多单元信息可选择,他们把新闻由头放到了非洲西部的利比里亚,提炼出了这一单元信息作为主信息:"我国驻利比里亚维和部队将一面'慷慨助维和,无私做奉献'的荣誉锦旗赠送给华泰汽车。"接着讲述这里天气恶劣,路况复杂,战乱频繁。我国政府在给派去的维和部队配置越野车时选中了华泰的特拉卡,此车在执行任务时异常出色,以至"在世界的其他地方,如安哥拉、苏丹、刚果、海地、老挝等地方的维和部队中,我们都能看到华泰特拉卡的身影。"这样写,新闻价值大大超过了对一个具体产品的宣传,故被好多报纸转载。

(2)从一种精神上进行提炼。精神的提炼是一种高层次的提炼,所提炼出的精神能起到激励人心的作用。

(3)从一种方法进行提炼。在报道经验时,不要空洞抽象,不要面面俱到,要把最主要的经验高度概括,提炼出一种可操作的工作方法,以增强新闻的指导性、服务性和可读性。

(4)从一种新概念进行提炼。这种方法是对大量司空见惯的现象,经过高度概括、抽象,提炼出一种新概念、新提法,使受众易于接受、使用。

(5)从一种新形象进行提炼。在报道中如能提炼出一种新形象,可以大大增强新闻的吸引力和传播效果。如荷叶功能生态漆、农夫山泉等,都是因提炼出一种新形象而给读者留下深刻印象。

(6)从一种生动的语言进行提炼。一篇好的新闻报道,在语言的运用上应是新鲜、生动的。提炼出生动感人的语言,是增强新闻可读性的重要因素。

综上所述,要写好新闻,最重要的是要突出最有价值的新闻点。

突出了新闻价值点,在具体写作时还要以"倒"为主。这里的倒不是倒叙,也不是把最后的结果倒到最前面,而是不断地将新闻价值高的单元信息"倒"到前面去。新闻写作的这种技法,我们称为以"倒"为主的"四字技法",这四字就是:倒、排、跳、变。

倒着写,将重要的和吸引人的材料"倒"到前面,头重脚轻地安排材料。

排着写,以新闻价值为准绳,先后有序地安排材料。

跳着写,舍弃一般的过程和叙述,龙腾虎跃地安排材料。

变着写,尽量变化创新,不拘一格地安排材料。

新闻写作的这一技法,如图9-1所示。

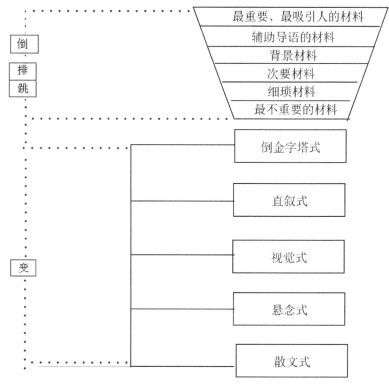

图 9-1 新闻写作技法

新闻的这一写作技法，体现在消息写作上可分为导语、背景、展开部分和结尾四个部分。

（一）导语

导语是引导读者阅读新闻的开头语，是新闻特有的一个概念和组成部分，是概括新闻内容、揭示新闻主题、提炼新闻精华的头一段话或头一句话。它用极简明、生动的语言写出新闻中最主要的事实，或鲜明地揭示全篇的主题思想。

由于导语在新闻中的地位和内容的重要，新闻工作者都很重视它。"立片言以居要，乃一篇之警策。"导语言简意赅，能起到吸引读者的作用，对一条新闻的优劣成败有极大关系。因此，有经验的记者无不在导语上绞尽脑汁。有的记者甚至认为，写好了导语，新闻就成功了一半。英国新闻学者赫伯特·里德在强调导语的重要性时说："新闻导语，是新闻的生命。"

常见的导语有概述式、疑问式、见闻式、对比式、评论式、解释式、假设式、谈心式等多种类型。

写作导语要符合以下 4 个要求。

（1）要突出最主要的、最新鲜的事实。
（2）要有实质性的内容。
（3）要简单明了。
（4）要力求生动有趣。

（二）背景

新闻的背景是指新闻事实发生的历史条件、现实环境及其与周围事物的联系。常见的新闻背景材料有人物背景、事物背景、历史背景、地理背景、知识背景等。

新闻中交代背景要符合以下 4 个要求。

（1）背景是新闻的从属部分，不要把背景材料当作新闻主体来写。
（2）不要将背景材料写得烦琐杂乱。
（3）不要将背景材料格式化。
（4）不要牵强附会、硬贴标签，要实事求是。

（三）展开部分

展开部分又称新闻主体，是新闻的躯干。它要承接导语，用足够的、典型的、有说服力的材料，阐述导语所揭示内容。

展开部分的写作要符合以下 4 个要求。

（1）承应导语，说清事由。
（2）紧扣主题，阐明事理。
（3）条理清晰，段落短小。
（4）内容充实，手法多样。

（四）结尾

结尾在新闻中有着重要的作用。新闻结尾的写法很多：或总结全文，揭示主旨；或展示未来，鼓舞斗志或抒发情怀，增强感染；或词语含蓄，使读者遐思不已。总之，应能深化主题，简短有力。

写新闻结尾提倡用以下两种手法。

（1）没有结尾的结尾。
（2）是新闻开篇的结尾。

除了写好上述四个部分外，还要善于运用不同的结构方式，常用结构有倒金字塔式、直叙式、视觉式、悬念式、散文式等。

企业的新闻报道人员和广大通讯员，还要学习掌握通讯、调查、评论等多种新闻文体，以更好地为新闻宣传和企业文化积极贡献力量。

第三节　企业的媒体建设

企业要进行宣传建设，离不开媒体，除了与外界的媒体保持良好的沟通和联系，企业自身的媒体建设显得极为重要。目前，企业常用的媒体是企业报纸和官方网站，以及兴起的新媒体微博、微信等。

一、企业报的编辑

（一）版面常识

企业报的编辑要懂得下列与版面相关的专业知识。

1. 开张

开张指编辑整张印刷纸的面积。现代报纸的开张大，主要有两种：一种是对开，即整张印刷纸的 1/2；一种是四开，即整张印刷纸的 1/4。

2. 版心

版心指版面除四周留有的空白外，所容纳的部分。它为各类稿件在版面上的编排锁定了范围，形成整体，平时所说的版面实际上就是版心。

3. 版容

版容指版心的容量，可以折算为具体字数（含图片、空白）等，以便编辑掌握发稿量。对开版容为 8（栏）×13（每栏 13 个字）×126（行）=13 104（字）；四开版容为 6（栏）×13（每栏 13 个字）×84（行）=6 552（字）。

4. 版次

版次指版面排列的次序。版次是由纸张折叠方式决定的，又称自然版序。有两种排列方法：一种是每张纸，报纸单独折叠，独立版列版次；一种是各张报纸重合折叠，像书本排页次一样。

5. 报头

报头指**刊登**报名的地方，一般在一版顶端偏左或居中。也有用竖放报头，放在一版顶端居左，或居右。报头除放报名外还刊登附加项目，如出版单位、出版日期、本期版数、刊号、邮发代号等，有的还刊登报纸的性质和隶属、报纸的网址、天气预报等。

6. 报眼

报眼又称报耳，指横排报纸报头右边的部分。报眼所占版面较小但地位最显著，一般有三个用途：一是登比较重要而短小的新闻；二是登重要导读；三是登广告。

7. 报线

报线指版心的边线，多数报纸只有上端的边线，称天线，又叫眉线，又有地线（下端的边线），地线之下刊登报社的地址、邮编、电话、定价、广告许可证号、开印时间，印完时间等。

8. 报眉

报眉指报纸除一版以外的其他系列版的顶端部分。报眉一般用一条线与版心正文隔开。线上方或紧贴下方标注，有报名、版名、版次、日期、责任编辑、美术编辑、校检人员姓名等。报眉上标注有各个版面的名称，如重要新闻、社会新闻、话题新闻等。

9. 报栏

报栏指报纸行文在版面上的显性划分。横排报纸的栏是自上而下垂直划分的，每一栏的宽度相等。一张报纸的各个版按几栏划分是统一的、固定的。这种统一的、固定的、宽度相等的栏，称为基本栏。对开报纸一般采用八栏制，四开报纸一般采用六栏制、七栏制。基本栏排列的次序为栏序。中文横排报纸的自然栏序是自左至右、自上而下、竖排报纸则是自右至左、自上而下。版面的基本栏一般是不变的，有时可根据需要变栏，即破栏或并栏。

10. 中缝

中缝指报纸同一面上两个相对的版的中间部分。中缝可以保持空白，也可以登读者爱看的信息、资料等。

11. 头条、倒头条、双头条

头条是指刊登在报纸的最上方或左上方的重要新闻，并有统摄全版的含义。两条标题左右并列的新闻是双头条。倒头条是指放在版面右下角位置，版容大又较重要的稿件，它能使版面丰富匀称又增加版面色彩。

12. 通版

通版又称联版，指把报纸同一页面上两个相对的版打通而形式的版。通版一般用于报道重大事件，其优势在于可以将要刊登的材料放在更大的版面空间进行安排，比一般版面更有气势。

13. 跨版

跨版又称假通版，在各张报纸重合折叠，版次像书本排页一样排列时，把原本不在一张印刷纸的两个版面拉通来安排。

14. 通栏

将版面左右贯通，或者用线隔开，或者将隔开的部分加框围住，称其为通栏。

（二）版面设计的准备工作

1. 通读全部稿件

版面是一个整体，在设计版面之前，对全版要用的全部稿件要进行通读，以便进行通盘的考虑。有时不能等全部稿件齐后再动手设计版面，也要力争对将要发来的稿件的大致情况有所了解。如果是文稿，要了解基本内容、字数，如果是图片，则要了解基本内容、图幅形状等，以便做到对全局心中有数，并给未收到的稿件留出合适的位置。

2. 调整标题大小，题文关系

每篇稿件在发稿时，对标题大小、题文关系都已经作了规定。但由于发稿时主要是立足于单稿的考虑，还不能正式划定在版面上的确切位置。因此，在设计版面之前，要结合整个版面的设想，还可对它们做某些必要的调整。

3. 考虑是否临时需要其他稿件的配合

一般来说，各种配合的稿件，在组版之前已经确定，但编辑在设计版面的时候，还可根据版面全局的情况和临时发生的新的情况做一些调整，如配合发表其他稿件和图片、资料等。此外，根据版面的内容，对版面是否需要进行美术处理也要一并考虑。这些工作都需要请别的有关部门来完成，因此都要及时提出，免得因时间急迫而无法完成或影响出报时间。

4. 考虑版面的大致轮廓

编辑通读版面全部稿件的过程，实际上也是版面的构思过程。在阅读全部稿件之后，编辑再经过一番通盘的考虑，就要对版面的轮廓做出一个大体的安排。包括：版面的头条是什么，二条、三条是什么；根据版面内容适宜采用哪一种版面类型；版面有哪些内容是紧密相关的，需要集中编排；版面中有没有稿件需要转版（如有，需要通知其他版），等等。

5. 计算篇幅

必须准确计算每篇稿件的篇幅。没有这种准确的计算，版样就不可能准确，就会给拼版造成各种困难。稿件篇幅一般以行数为计算单位，而不以字数为计算单位。因为稿件一般在组版前打成小样，因此以行数为单位计算比较方便。为了便于计算小样的行数，可以制作一种计算尺，上刻以字行为单位的标志，用这样的尺量小样，即可知文稿所占的行数。

二、企业官方网站的建设

随着企业信息化基础环境的不断完善，企业大量的生产、管理信息源源不断地沿着计算机网络提供的通信信道传播。建设网站，让企业的信息迅速扩散到企业内外的各个方面，让网站成为企业展示形象的平台，已成为现代企业必须完成的任务。

企业网站是企业的门户，是企业文化的重要载体。企业的网站建设有着极为重要的作用，它能及时迅速地传播新闻，系统形象地宣传企业形象，详尽地介绍企业的产品、销售和服务，广泛地、方便地接收用户的反馈信息。这4个作用集中到一起，就能吸引众多的来访者，就能明确在短期和中长期的规划中达到怎样的功能。这样才能在企业的网站建设中找到突破口，才能据此确定网页的内容，以实现网站的功能。

（一）企业网站的总体规划

企业网站总体规划所涉及的内容，包括网站规划中每一步骤所涉及的目标、内容、人员安排以及最后生成的文档。具体的操作流程包括：总体策划（内容、功能、表现形式）、实际开发（制作网页、实现功能、完成形式）、测试（网页链接、功能的实现）与发布、安全管理与维护。

在进行规划时，要认真领会企业领导的意图，要与业务人员进行充分的沟通，实行信息的双向交流。忽略与有关方面的调查、沟通，一旦与企业的实际需要脱节，就会凭空臆测，导致规划出来的网站与企业的实际情况相去甚远，无法进行正确的定位。无论将来的网站采用何种形式，网页有什么样的外观，设置什么栏目，传播什么信息，都要以建设网站的最终目的为出发点来考虑，做出正确的规划。如果企业已经有了精心建立起来的良好形象，企业领导又想延续这样的形象，在规划网站时就要着力于展示企业现有形象的优点。如果企业领导希望通过创建网站改变以往的企业形象，这就要深入进行调查研究。特别要研究竞争对手的网站，了解他们的形象特色、宣传方法、网页设计、文字内容等，据此提出规划意向，在征得领导同意后，再进行具体规划。在具体进行规划时，需要着力回答以下几个问题。

（1）企业任务或目标是什么？这是规划网站建设首先要考虑的问题。要认真进行调查研究，仔细阅读企业领导对任务和目标的表述，仔细分析尽可能多的客户的反馈意见。在此基础上，用简练、形象、生动的文字进行表述。

（2）网站的近期目标和远期目标是什么？网站的目标必须服从于企业的目标，不能有任何的背离。短期目标要具体、清晰、可操作，长期目标要有较长远的设想，力图使网站将来的运作更顺利一些。

（3）谁是网站的访问者？很多企业网站没有想过他们的访问者会是什么样的群体，这是他们规划网站时的重大错误。网站要持续地发布各种信息,不认真研究受众的基本情况和需求兴趣,是很难吸引受众来访问网站的。

(4)为什么人们登录你的网站?企业网站在传播什么信息?有什么样独特的服务?有什么吸引力?人们登录网站是为了什么?他们还会经常来吗?

回答好上述4个问题,就能为企业网站确立主题,制定目标,拥有属于自己的真正的网站,且具有能够与其他网站相区别的特色。

(二)企业网站的具体设计

企业网站的具体设计,是指直接展现给访问者的总体形象、文字内容、图片制作、三维立体设计、静态及动态设计等。

1. 企业网站的CIS形象

CIS是通过视觉来统一企业网站的形象。优秀的现代企业都拥有全球统一的标志、色彩和产品包装,给人们留下了极为深刻的印象,如麦当劳的像"M",耐克的像"√"等。这些优秀企业的网站都以此为标识来设计自己的CIS形象,起到事半功倍的作用。

对企业网站进行整体的形象包装和设计工作时,一个有创意的CIS设计会对网站的表述、宣传和推广产生极为重要的作用。如果用户的脑海中能够准确地浮现出我们设计的标志,那么企业网站CIS标志所要达到的目标也就实现了。

2. 企业网站的内容结构

网站的内容结构包括内容、栏目和版块,网站的目标结构和导航策略,网站的整体风格和创意设计等。网站内容是对网站结构的具体描述,是网站设计规划的具体体现,访问者在浏览网页时,主要考虑的是如何获得对自己有用的信息,企业网站的设计应包含下列几个方面内容。

(1)企业基本情况介绍。企业的基本情况包括历史和现状,企业所处的行业,企业的目标和经营的范围,以及企业向访问者的问候等。如果企业有分支机构或者全国性的营销商网络,也可同时列出这些机构的地点和功能以及联系方式。

(2)列出企业产品和服务。列出的产品与服务是越多越好,尽量让访问者方便快捷地了解他们所感兴趣的内容和条款。

(3)提供翔实的技术资料。这是企业产品营销的一个有机的组成部分。通过这种方式发放技术资料,不仅可以节省成本,还可以减少技术人员的工作量,更加有效地向顾客传达企业的技术力量,这样就可以增加客户对企业的信任度。

(4)企业财务报表的公布。股份制企业尤其是上市企业应当把重要的财务情况发送到网上,以便让股民及时了解到有关经营状况的信息。

(5)访问者(客户)反馈信息的收集。重视访问者(客户)对本网站、本企业的看法和意见是非常重要的,可设计留言本、"网上调查表"等认真收集反馈意见。网站管理员要经常存储并检查访问者反馈回来的信息,并及时转交给企业决策部门。

3. 网站栏目设置

企业网站根据所要表现的内容,花费一定人力和物力去收集并组织许多相关的资料。考虑到用户上网主要是迅速查询到自己需要的信息,一定要将最好的、最吸引人的内容放在突出的位置,让最有价值的信息在版面分布上占绝对优势。

栏目的设置实际上是一个网站的大纲索引，而索引的作用就是应该将网站的主体明确显示出来。在设置安排栏目的时候，一定要仔细考虑，精雕细琢，合理安排。在进行栏目安排时一般要注意以下几个方面。

（1）紧扣网站主题。首先将主题按一定方法进行分类，然后将它们作为网站的主栏目。通常在首页上标明的是最近更新的内容。主题栏目个数在总栏目安排中最好要占绝对的优势，这样的网站才显得具备专业水准，才能更好地吸引回头客。

（2）设置网站指南。如果网站首页没有安排版面来放置最近更新内容的信息，就有必要设立一个"最近更新"的栏目。这样做是为了方便客户，拉近网站与他们的距离，从而使得网站更具有人性化。在另外一种情况下，那就是当主页内容非常庞大（超过15MB），而且层次也比较多，同时又没有在本网站内设置搜索引擎，那么此时"本站指南"栏目的设置则显得尤为重要了。通过"本站指南"可以帮助初访者快速找到他们想搜索的内容。

（3）动态交互栏目。如今网站一个重要的特色就是交互性了，让用户积极参与是相当重要的。在网站上设立一些栏目，比如论坛、留言本、邮件列表等，可以让浏览者留下他们的信息，企业也可以达到广泛收集信息的目的，提供双向交流的站点确实比其他站点更具有亲和力。

（4）设置下载FAQ栏目。网站建设的目的之一是向访问者提供丰富的信息资料，所以设置一些下载栏目是很有必要的。这样可以避免访问者一页一页地浏览。如果存盘麻烦，直接的后果就是他们不再登录这个网站了。

另外，FAQ（常见问题回答）栏目也是相当必要的。如果网站能够经常收到访问者关于某方面的问题来信的话，就可以集中起来回答一些典型的问题，从而避免逐个解答问题的麻烦和尴尬。

4. 网站表现方式

（1）网站的鲜明特色。优秀的网站一定要很好地体现企业的经营特点，以及企业自身的风格特点。在网页中恰当地加入图片、动画等，能使网页显得生动、活跃，这样访问者才能对企业的网站留下深刻的印象，回访率也就会大幅提高。要设计一些巧妙的创意，增加企业站点的吸引力，吸引更多的人来访问。比如说加上网络社区、信息共享、产品事业培训以及友情链接等，尽量让来访者参与进来，经常关注。

（2）网站的标准色彩。经常上网的网友们知道，网站给人的第一印象来自视觉冲击，所以说确定网站的标准色彩是相当重要。不同的色彩搭配可以产生不同的效果，并可能影响访问者的情绪。"标准色彩"是指能体现网站形象和网站延伸内涵的色彩。比如一提到蓝色巨人IBM，天蓝色就浮现出来了，这种颜色能够使来访者觉得很贴切、很和谐。如果IBM改用绿色或金黄色，那又将是一种什么样的感觉？

一般来说，一个网站的标准色彩不超过3种，太多的话会让人感到眼花缭乱。标准色彩要用于网站的标志、标题、主菜单和主色块，给人以整体统一的效果。其他色彩也可以使用，因为好花还得绿叶扶，其他颜色只是用来作为点缀和衬托用的，绝不能喧宾夺主。

（3）网站标准字体。与标准色彩一样，标准字体是指标志、标题、主菜单的特有字体。一般网页的默认字体是宋体。为了体现站点的特有风格，可以根据实际需要来选择一些别的样式的字体。例如，为了体现专业可以使用粗仿宋体，体现设计精美可以使用广告体，体现亲切随意可以用手写体，体现古色古香可以用篆体，等等。

（三）企业网站的建设技巧

1. 锁定目标观众

企业网站要根据本身的软硬件的条件来设置范围，锁定目标观众，吸引目标受众。网站发布的信息要及时、新鲜、丰富、引人，在形式上要新颖时尚、多种多样。如果本身条件很好，可以努力使自己企业的网站成为一个全方位的信息提供者；如果自身条件不足，尽力使自己企业的网站成为某些方面的信息提供者。要精心设计一些特殊的议题，以鲜明的主题来锁定目标受众。

2. 精心设置首页，注意图形技巧

网站的首页非常重要，是展示企业形象和实力的门面。最好在第一页就对本企业网站的性质与所提供的内容做个扼要说明与导引，有很清楚的类别选项，而且尽量符合人性化的特征，让来访者可以很快找到需要的主题。在设计上，最好坚持干净而简洁的原则。第一，若无需要，尽量不要放置大型图形文件或加上不当的程序，因为它会增加下载时间，导致观赏者失去耐心；第二，画面不要散置得太过杂乱无序，因为观赏者会找不到东西。第一印象是很重要的，所以一定要尽量做好网站首页。

图形是网站的特色之一，它带有醒目、吸引人以及传达信息的功能，好的图形可以让企业网站增色，不当的图形则会带来负面的影响。

在实际操作中，如果允许的话，应尽量缩小或省略图形。目前，很多企业的网络传输资源极为有限，因此使用图形时一定要考虑传输时间的问题。根据经验与统计，使用者可以忍受的最长等待时间大约是 90 秒钟。如果网站无法在这段时间内传输并显示完毕，那么使用者就会掉头离去，因此必须依据 HTML 文件、图形文件的大小，考虑传输速度、延迟时间、网络交通状况，以及服务端与使用者的软硬件，估算传输与显示时间。在图形使用上，尽量采用一般浏览器均可以支持的压缩图形格式，以节省传输时间。如果这个图形具有可链接的选项功能时，千万记得一定要加上说明文字，并给予同样的可链接功能。

动态图像对人的视觉有很强烈的刺激感，而过多的动态图像反而会引起相反的效果。企业网站需要提供一个安静的氛围，这样客户才可以仔细阅读页面内容而不至于被分散注意力。

3. 掌握互动原则

好的企业网站必须与使用者有良好的互动性，包括整个设计呈现、界面引导等都应该掌握互动的原则。

三、企业官方微博的建设

（一）微博

微博（Weibo）是微型博客（MicroBlog）的简称，是一种通过关注机制分享简短实时信息的广播式的社交网络平台，是一个基于用户关系实现信息分享、传播以及获取的平台。2009 年 8 月，中国门户网站新浪推出"新浪微博"内测版，成为门户网站中第一家提

供微博服务的网站,微博正式进入中文上网主流人群的视野。随着微博在网民中的日益火热,在微博中诞生的各种网络热词也迅速走红网络,微博效应正在逐渐形成。2013 年上半年,新浪微博注册用户达到 5.36 亿,2012 年第三季度腾讯微博注册用户达到 5.07 亿,微博成为中国网民上网的主要活动之一。

博客偏重于梳理自己在一段时间内的所见、所闻、所感;而微博作为一种分享和交流平台,其更注重时效性和随意性,能表达出每时每刻的思想和最新动态。

微博具有以下几个特点。

1. 便捷性

微博网站的即时通信功能非常强大,通过 QQ 和 MSN 直接书写,在有网络的地方,用手机就可以即时更新自己的内容,哪怕你就在事发现场。

如果遇到一些大的突发事件或引起全球关注的大事,在场的微博用户就可以利用各种手段在微博上发表出来,其实时性、现场感以及快捷性甚至超过所有媒体。

2. 背对脸

与博客上面对面的表演不同,微博上是背对脸的交流,就好比你在电脑前打游戏,路过的人从你背后看着你怎么玩,而你并不需要主动和背后的人交流。微博可以一点对多点,也可以点对点。移动终端提供的便利性和多媒体化,使得微博用户体验的黏性越来越强。

3. 时效性

微博与传统的交流平台不同,它受到的时间、空间限制很小,只要一台电脑甚至一部手机就能实现信息的实时互动和分享,第一时间分享信息。通过分享,信息很快便能被获取并完成交流,这是传统交流平台达不到的。

4. 原创性

在微博上,140 字的限制将平民和莎士比亚拉到了同一水平线上,这一点导致大量原创内容爆发性地被生产出来。有人认为,微博的出现具有划时代的意义,真正标志着个人互联网时代的到来。博客的出现,已经将互联网上的社会化媒体推进了一大步,公众人物纷纷开始建立自己的网上形象。然而,博客上的形象仍然是化妆后的表演,博文的创作需要考虑完整的逻辑,这样大的工作量对于博客作者成为很重的负担。而微博的出现让"沉默的大多数人"找到了展示自己的舞台。

(二)企业微博

企业微博是个新的概念,是基于微博出现的又一个商业化的网络工具,它是一个基于客户关系的信息分享、传播以及获取平台,企业可以通过 Web、WAP 以及各种客户端组建个人社区,以 140 字左右的文字更新企业信息并实现即时商业分享。

近年来,随着互联网用户爆炸式增长,企业越来越注重网络营销。尤其在国际金融危机的影响下,大多数企业在降低广告预算的同时,调高了互联网营销的投入比例。早几年前博客当道的时候,很多企业就纷纷在网上开通官方博客,将这一平台作为企业宣传和品牌推广的窗口。如今,微博以更加独特的传播优势,成为极具潜力的网络营销工具。如果说博客营销刷新了网络营销的传播方式,那微博的崛起则是对网络营销的又一次突破和挑战。

以新浪微博为例：2009年10月，欧莱雅开通新浪官方微博，并首次将一年一度的"欧莱雅媒体风尚大奖赛"在该微博中进行全程直播。此次活动不仅吸引了大批手机、网络用户的参与，也吸引了众多媒体的关注。为配合品牌推广，欧莱雅围绕历年的风尚大奖开设了"媒体大奖""粉丝互动""明星大奖"等环节，吸引用户参加有奖互动。

2010年3月，戴尔官方微博"@戴尔中国"在新浪正式启动。戴尔在平台中提供产品信息、企业新闻、促销活动和电脑知识等信息，并开设有奖问答及"戴尔中小企业网络营销圆桌论坛"等活动，与广大网友积极互动。戴尔大中华区消费者事业部直销业务总经理陈建豪在其微博中写道，"中国将是戴尔继美国以后，通过社会性媒体和用户进行沟通的另一个前沿阵地。"

（三）企业微博的作用

（1）传播企业品牌和及时发布产品最新信息。
（2）能够与消费者进行更多的直接沟通的机会。
（3）更贴近消费者的生活方式，让信息传播更到位。
（4）开发新客户，同时增强旧客户的忠诚度，促进销售。
（5）让信息传播更自由，把握信息的主动性和时效性。

（四）企业微博的操作技巧

（1）保证日常的微博对话，并形成制度化、正常化；微博语言要拟人化，具有情感。
（2）信息一定要透明、真实，包括优惠信息或危机信息。
（3）尊重每一个用户，切勿引发争辩；遇到客户发表负面消息时，不可贸然发表回复或者声明，应该先检索相关留言，了解情况后再联系相关客户。
（4）不要仅仅使用微博来推广产品信息，确保你的信息有分享价值，有娱乐性。
（5）使用微博检索工具，对与品牌、产品相关的话题进行监控。
（6）善于从你的粉丝处获得建议并及时反馈；引导粉丝参与到企业的活动甚至新产品的开发中去。

（五）企业微博的营销方法

1. 选择微博平台

应该选择一个有影响力、集中了目标用户群体的微博平台，在此平台上开设企业微博账号，获得发布信息的基本资格（一般情况下，不建议企业自行开独立微博）。

2. 勾画企业形象

通过微博的"个人设置"，让别人可以通过微博首页了解企业的基本信息并产生信任感，如品牌名称、核心产品、独特优势等，此后应发布若干有关企业介绍的微博，再开始寻求别人的关注。

3. 微博信息发布

这是一项持久的、连续的工作，微博应保持不断地更新，同时注意，微博内容的写作和选择至关重要，企业微博虽然是个人操作，但在表现方式上应以企业为主体，在尽可能避免个人情绪化的表达方式。

4. 营造微博环境

尽可能参与微博平台的互动活动。因为微博是 SNS 的一种形式，独自发布信息而没有别人关注是没有意义的，参与互动的方式包括：关注业内重要机构以及重要个人，关注与企业相关的行业动态，关注那些关注自己的人，通过转发、评论他人微博等方式获得他人关注，获得尽可能多的被关注，这些是微博营销的基础。

5. 企业微博推广

与企业网站推广类似，可以通过电子邮件、QQ、名片、印刷品、产品外包装等方式，把企业微博账号告诉更多的用户，同时也可以邀请更多用户加入微博阵营，让大家通过微博实现更好的沟通。

6. 放大传播效应

微博最大的特点之一是可以通过 SNS 好友圈子快速实现信息在更大范围的传播，当拥有一定量的好友资源之后，通过信息的有效设计（如一定的激励手段），实现在好友之间以及好友的好友之间信息传播的全方位放大传播。

著名的火锅店"海底捞"利用"人类无法阻止海底捞"的段子，将"海底捞"的服务推向了史无前例的高度。实际上，"海底捞"微博做得并不太好，但是一个企业的微博做得好不好，与它的微博营销做得好不好是两码事，而"海底捞"就是这种反差的典型。有人在"海底捞"吃过之后说，"海底捞"味道一般般，但是服务确实很好。而这就是"海底捞"本次营销的主题，因为在这次事件营销中，所有的亮点都在于体现"海底捞"的服务，而没有强调"海底捞"的味道有多么好，很多人去"海底捞"就是为了体验其服务，从头到尾，营销的重心相当明确。

"海底捞"最大的成功还不在于事件营销一炮走红，而在于其后来的化险为夷的公关手法。大家都知道微博是一把双刃剑，在"海底捞"被爆出骨头汤勾兑事件后，无疑与"人类无法阻止海底捞"形成强烈的反差，一场危机一触即发，但"海底捞"却成功将其化解，"勾兑门"事件后，"海底捞"没有做任何狡辩推诿，反而第一时间在微博上发表声明并配合媒体及有关部门调查，同时老板张勇也在个人微博上坦诚相待，表示愿意接受公众的检查监督。

"海底捞"官方的坦诚、公开、透明、敢于负责任的态度，从一开始就争取了消费者、媒体的宽容谅解，对于一个知错能改、态度诚恳的企业，公众也会给予最大的包容，很快这个事件就慢慢平息了。

在微博上，坏事往往比好事传得更快。危机来临时，消费者是魔鬼还是上帝，取决于企业的态度。品牌塑造、话题营销、事件营销、危机公关、客户管理等，微博可以做的事情太多了，微博营销也越来越重要了。微博营销的成功没有统一的标准，"凡客体"走红是成功，"快书包"获得用户口碑是成功，甚至像不知名的小卖家年销售百万也是成功。只要能利用微博做出有益于社会和企业发展的事情，就是微博营销的成功。我们不能迷恋他人成功的光环，而是要分析并学习他们背后的成功经验，但切不可只学其形，而要学其神。

四、企业微信平台的建设

（一）微信

微信（WeChat）是腾讯公司于2011年年初推出的一款快速发送文字和照片、支持多人语音对讲的手机聊天软件。用户可以通过手机或平板电脑快速发送语音、视频、图片和文字。微信提供公众平台、朋友圈、消息推送等功能，用户可以通过"摇一摇""搜索""附近的人"及扫二维码方式添加好友和关注公众平台，同时可以通过微信将内容分享给好友以及将用户看到的精彩内容分享到微信朋友圈。

（二）企业公众平台

微信公众平台是腾讯公司在微信基础平台上新增的功能模块，通过这一平台，每一个人都可以打造一个自己的微信公众号，并在微信平台上实现和特定群体的文字、图片、语音的全方位沟通、互动。通过此平台，可以将微信内容分享给好友，也可以把看到的精彩内容分享到微信朋友圈。

（三）微信公众平台营销

微信公共平台是微信官方借助广大媒体与公众作为支点去普及他们的微信产品。当所有的媒体、团体、单位等都开通了微信公众平台，试想一下，这该是怎样的一种对微信自身的病毒式营销。一传十，十传百。一个人本来不用微信，但当他看到他所关注的公众媒体都开通微信的时候，肯定会好奇地去看看微信是什么，而最终变成了微信的用户。

例如在各行各业的销售采购工作中，之前大部分企业采取的是线下活动，而现在，各行各业利用微信公众平台实现销售采购的互动，在各大网站论坛发布二维码，并且通过图解二维码及手机客户图解二维码方式推广，实现各行各业销售采购的网络化、多元化。

（四）微信公众平台营销技巧

1. 建立微信品牌官方公众账号，任何人都可以申请

申请微信公众号之后可以了解推送和沟通的效果。每一个人都可以用一个QQ号码打造自己的一个微信的公众号，并在微信平台上实现和特定群体的文字、图片、语音的全方位沟通、互动。

2. 扩大宣传微信二维码，申请官方认证

官方认证的申请条件是订阅用户达到1000位，才能申请认证。可以通过微博、网站等途径推广二维码，获取更多订阅用户，扩大影响力。

3. 微信营销，每个人都可以做到

微信营销公众平台分为实时消息、用户管理、群发消息、素材管理、设置五个板块。

功能操作比较简单，内容运营要符合所申请认证平台的需求，例如求医网，咨询比较多的是健康问答方面的内容，有的涉及隐私，所以特别的问题都是一对一的回复，可以结合微博私信回复。而微信客服要符合：声线条件好；有医学专业知识。两个条件都很重要。

4. 结合微信开放平台，将营销进行到底

现在，企业可以选择成为微信开放平台开发者，让拥有亿级用户的微信平台成为企业的免费推广平台，让用户帮企业进行口碑营销。下载数、活跃数、评价数、网站流量，一切都来得那么自然。

新兴的小米手机便是将新媒体推广进行了充分运用，"9∶100万"的粉丝管理方式，据了解，小米手机的微信账号后台客服人员有9名，这9名客服的工作就是每天回复100万粉丝的留言。每天早上，当9名小米微信运营客服人员在电脑上翻开小米手机的微信账号后台，看到用户的留言，他们一天的工作也就开始了。其实小米自己开发的微信后台可以主动抓取关键字回复，但小米微信的客服人员仍是进行一对一的回复，小米也是通过这样的办法大大地提升了用户的品牌忠诚度。

当然，除了提升用户的忠诚度，微信做客服也给小米带来了真实的好处。北京小米科技有限责任公司副总裁黎万强表明，微信使得小米的推广、CRM（客户关系管理）的成本开始下降，以往小米做活动一般会群发短信，100万条短信发出去，便是4万块钱的成本。微信做客服的效果可见一斑。微信开放公众平台更像是腾讯在奋力一跃前的深蹲，它为所有的社交主体提供了一个平台级的交流工具，而且开放了后台，让这些主体能够依托这个平台形成更直接的交流社区。在移动互联网领域，相比微信此前功能级的完善，企业更喜欢这种平台级的开放和创新。

从门户到博客，再到微博，互联网的发展轨迹以话语自主权的变更为主导，随着移动终端的日益更新，从中心到个人的进展愈发迅速。我们的生活将因移动互联网怎么改变？从微博的名人效应为标志的信息中心化到微信的以兴趣为主导、着眼长尾的信息去中心化，着眼于点对点的精确定位，或许才是移动互联网所带给我们的根本变化。

【思考与训练】

飞利浦空气净化器属于飞利浦家居产品系列，飞利浦空气净化器的主题是"持久保护，长久健康"，高效过滤空气中污染物，犹如一个"清洗风车"，将空气过滤干净，让您和家人健康享受安心生活。飞利浦空气净化器下属四个系列，分别为健康新居系列空气净化器、起居系列空气净化器、带加湿功能空气净化器以及卧室系列空气净化器。假设飞利浦空气净化器起居系列要推出一款新产品飞利浦AC2014，请完成以下任务：

1. 为飞利浦AC2014新产品上市写一篇新闻发布会策划书。
2. 为飞利浦AC2014新产品采写一个版的新闻稿。
3. 为飞利浦AC2014新产品撰写一篇微博稿。
4. 为飞利浦AC2014新产品举办一次微信营销活动，并撰写活动执行方案（参考万科森林公园微信"你点赞，我植树"的活动）。

第十章　企业的广告运作

> **提示**
>
> 企业的广告宣传与运作，是现代企业宣传工作的一个重要组成部分。本章重点阐述了广告的本质是传达信息，以及这种信息的传递模式、形态、方法、技巧等。

第一节　广告宣传的作用

广告是一门特殊的行业，正如美国历史学家大卫·波特所说："现在广告社会影响力可以与具有悠久传统的教学及学校相匹敌。广告主宰着宣传工具，它在公众标准形成中起着巨大作用。"广告宣传的作用有目共睹，而广告的运作，又决定着广告的成败。企业的宣传部门，无论是承担着广告的策划或是广告运作与监督的任务，都必须懂得广告运作的基本思路和手法。

一、商业广告与新闻宣传的区别

广告宣传是企业宣传的重要组成部分，但商业广告宣传与新闻宣传有着原则的区别。从商业广告来说，它有以下几个鲜明特征。

（一）商业广告有明确的功利性

广告是一种自我性宣传活动，商业广告的广告主，通过广告展现自己的企业风采，介绍商品或劳务的优点与特色，推广社会组织所倡导的科学观念，以提高自己的知名度、美誉度和认知度，促进企业产品的销售或其他既定目标的实现，指导思想就是"跑赢市场"。功利性渗透在商业广告的一切元素中。

（二）商业广告宣传的主体对象以消费者为中心

现代市场要求企业必须根据消费者需求组织生产和流通，把消费者需求转化为企业盈利。因此，广告主总是围绕消费者的行为、心理、需求、动机等开展有的放矢地诉求，从而赢得消费者的共鸣。

（三）商业广告都是有偿的

广告是有偿的和有责任的信息传播活动，任何一则商业广告的发布，都要按照发布媒体规定的价格付费。

新闻宣传与商业广告形成了鲜明对照。

1. 新闻宣传有明确的导向性

新闻宣传必须坚持马克思主义新闻观，服务社会，服务大众，关注民生，通过新闻报道让大众了解企业的社会责任感，了解企业文化建设特色，开展创造性工作，坚定贯彻党和政府的各项中心任务，以提高企业的文明度，促进企业和谐发展，实现社会和企业双赢的目标。

2. 新闻宣传的主体对象以人为中心

企业的新闻报道与宣传，必须坚持以人为中心，围绕"人"这个中心，开展一系列有声有色的宣传。因为人是创造财富的原动力，满足人的生活需求也是社会发展的根本目的。相信人、尊重人、关心人、理解人，不仅是和谐社会建设的需要，更是企业凝聚人心、同心协力谋发展的需要。

3. 新闻宣传是无偿的

有偿新闻扭曲了新闻的真实性、公正性、可信性，对新闻宣传造成了极大的危害。反对有偿新闻是必须坚持的新闻纪律，一切新闻工作者都必须自觉抵制有偿新闻，以崇高的职业操守进行自律。例如，新闻管理部门规定，新闻记者不准拉广告，不准发有偿的"软新闻"、广告性宣传文章，不准文章作者冠上"本报记者"等，这些规定都是为了杜绝有偿新闻在媒体上出现。

二、广告宣传对企业的作用

广告的功能是什么？简单的回答就是传达信息。也就是说，广告主针对目标公众传达具有个性化的信息，以期达到预期的目的。就商业广告而言，即针对目标消费者诉求而传达的产品信息或企业信息，以期达到促进产品销售的目的。换句话说，商业广告是一种商业行为，它的功能就是传达商品、劳务信息或企业信息，目的就是促进销售。至于它使用的手段和所反映的现象，给企业、社会和消费者带来了诸多良好的效应，那是广告传播功能实现后延伸出来的"副产品"，不能本末倒置。

既然广告的功能是传达信息，那么广告所传达的信息就应当是真实的、有效的和健康的信息，偏离了这个原则要求，必然导致广告功能的无法实现。企业在广告活动中所传达的信息是多方面的，实现广告目标的主要信息有以下几个方面。

（1）传达产品功能、品质、优点的信息，帮助企业参与市场竞争，占领市场。

（2）传达企业形象信息，使企业产品和企业被公众认知，帮助企业提高社会知名度。

（3）传达品牌个性、形象的信息，帮助企业树立品牌形象，巩固市场、拓展市场，增强企业长远发展的后劲。

（4）传达企业服务宗旨和社会保障等方面的信息，沟通消费者，帮助企业提高社会美誉度、信任度。

（5）传达企业产品所代表的发展方向、时尚、潮流等前瞻性信息，帮助企业牢牢占领市场竞争的有利地位，迅速将产品做强、做大。

企业传达了上述5个方面的信息，客观上也帮助与推动了社会精神文明的建设，对于推动社会进步、提高大众生活质量和文化水准、强化社会环境保护意识等也作出了相应的贡献。

当然，我们在认识广告主体功能方面还不能忽略广告的负功能。所谓广告负功能，就是广告负面效应。产生广告负面效应的主要原因在于对广告功能异化或广告功能扩大化，其主要表现在以下几个方面。

（1）把广告当成万能招牌。一些企业由于对广告概念认识含混，认为只要肯花钱，多做广告，"没有轰炸不开的市场"，盲目投入大量广告费用，抢占全国性大媒体；有的企业不考虑媒体策略，一味追求轰动效应，结果导致价格不合理上涨，加大了消费者负担；有的企业在急功近利思想驱使下，为做成市场"老大"，不惜血本当"标王"，严重背离了投入与产出的合理比值，导致企业不堪重负，甚至破产，如秦池酒、爱多 VCD 等。

（2）利用广告功能作用，发布虚假广告、欺骗性广告、不真实和不公平广告。例如，有的广告利用家长对儿童成长怀有急切期盼心理，在广告中做出根本不可能实现的承诺，像"电子增高器""记忆力增强器"等广告，就属于这类欺骗性广告；有的广告利用消费者缺乏对某类商品的知识，乱标"高科技"术语，愚弄消费者上当受骗，有的广告隐瞒商品缺陷，特别是隐瞒可能会给消费者带来危害的缺陷，不但欺骗了消费者，也损害了广告行业和传播媒介的信誉。

（3）发布广告不严肃，毒化社会风气。有的广告创意者忽略了社会功能，为艺术而艺术，以纯艺术代替广告艺术，不惜牺牲企业利益，一味追求个人的艺术风格，使广告主题模糊，信息个性不鲜明；有的偏离商品或服务宣传主体，不顾商品是否属实，生搬硬套外来形式，让少男靓女打情骂俏，或用荒诞怪异的形象表演，甚至设有色情淫秽情节，大搞噱头，严重毒化了社会风气，损害了青少年身心健康。这些由对广告功能异化带来的不良倾向，既损害了企业健康发展，也有损于消费者个人利益和社会整体利益。

广告的负功能较之广告的主体功能，它具有较强的抗衡性和取代能力，为保证功能的正确实现，广告信息传递应坚持思想性原则、科学性原则、艺术性原则、创意性原则；广告所传达的信息和表达信息的方式，必须健康、有益，既符合广告主的利益要求，又不致伤害消费者的利益和社会整体利益。

三、广告的种类

广告的种类很多，我们可以根据广告的不同属性进行分类。

（一）根据传播媒介分类

1. 印刷类广告

印刷类广告主要包括印刷品广告和印刷绘制广告。印刷品广告有报纸广告、杂志广告、图书广告、招贴广告、传单广告、产品目录、组织介绍等。印刷绘制广告有墙壁广告、路牌广告、工具广告、包装广告、挂历广告等。

2. 电子类广告

电子类广告主要有广播广告、电视广告、电影广告、网络广告、电子显示屏幕广告、霓虹灯广告等。

3. 实体广告

实体广告主要包括实物广告、橱窗广告、赠品广告等。

（二）根据广告进行的地点分类

1. 销售现场广告

销售现场广告指设置在销售场所内外的广告，主要包括橱窗广告、货架陈列广告、室内外彩旗广告、卡通式广告、巨型商品广告。

2. 非销售现场广告

非销售现场广告指存在于销售现场之外的一切广告形式。

（三）根据广告的内容分类

1. 商业广告

商业广告是广告中最常见的形式，是广告学理论研究的重点对象。商业广告以推销商品为目的，是向消费者提供商品信息为主的广告。

2. 文化广告

文化广告指以传播科学、文化、教育、体育、新闻出版等为内容的广告。

3. 社会广告

社会广告指提供社会服务的广告。例如，社会福利、医疗保健、社会保险以及征婚、寻人、挂失、招聘工作、住房调换等。

4. 政府公告

政府公告指政府部门发布的公告，也具有广告的作用。例如，公安、交通、法院、财政、税务、工商、卫生等部门发布的公告性信息。

（四）根据广告目的分类

1. 产品广告

产品广告指向消费者介绍产品的特性、直接推销产品的广告，其目的是打开销路、提高市场占有率。

2. 公共关系广告

公共关系广告指以树立组织良好社会形象为目的，使社会公众对组织增加信心，以树立组织卓著的声誉的广告。

（五）根据广告的表现形式分类

1. 图片广告

图片广告主要包括摄影广告和信息广告。表现为写实和创作形式。

2. 文字广告

文字广告指以文字创意来表现广告诉求内容的广告。文字广告能够给人以形象和联想的余地。

3. 表演广告

表演广告指利用各种表演艺术形式，通过表演人的艺术化渲染来达到广告目的的广告形式。

4. 说词广告

说词广告指利用语言艺术和技巧来影响社会公众的广告形式。大多数广告形式都采用游说性的语言，重点宣传企业或产品中某一个方面，在特定范围内利用夸张手法进行广告渲染。

5. 综合性广告

综合性广告是把几种广告表现形式结合在一起，以弥补单一艺术形式不足的广告。

除上述分类之外，广告还有许多其他分类方法。如按广告诉求的方法，可将广告分为理性诉求广告和感性诉求广告；按广告产生效果的快慢，可将广告分为时效性广告和迟效性广告；按广告对公众的影响，可将广告分为印象型广告、说明型广告和情感诉说型广告；按广告的目标对象，可将广告可分为儿童、青年、妇女、高收入阶层、工薪阶层的广告；按广告在传播时间上的要求，可将广告可分为时机性广告、长期性广告和短期性广告，等等。

第二节 企业的广告运作

企业的广告运作是一件考验企业市场能力的工作。两个企业花同样的钱，由于运作的手段不一样，所起的效果会大不一样。

一、广告调查在广告运作中的作用

（一）广告调查的作用

（1）广告调查能为广告决策提供充分有力的信息，使广告策划人员占有大量的资料，从而对广告活动所处的竞争环境有全面而又深入的了解，做到知己知彼、耳聪目明，对如何确定广告目标、制定广告战略、进行广告定位、明确广告传播对象、确定广告的诉求重点等能够胸中有数。

（2）广告调查能为广告的创作设计提供依据。广告创作具有非独立性的特点，既要艺术性地表现广告内容，又不能脱离广告目标的要求，不能游离于产品和消费者之外。只有在对产品、消费者和市场状况充分了解的基础上构思、设计广告作品，才可能有新颖独特的创意，才能与目标消费进行有效的沟通。这些信息资料不可以凭空想象，需要通过调查来获取。

（3）广告调查也为企业经营管理发挥参谋作用。在市场经济条件下，广告是企业经营的有机组成部分，进行广告调查，实际上也是为企业生产决策和经营决策提供信息。比如进行消费者调查和产品调查，就能为企业捕捉到变动着的消费观念和消费行为，了解到产品开发和竞争的有关信息。这样，使企业掌握市场动态并根据市场变化及时调整或转换产品的品种、产量,从而改进经营管理,增强经济效益。

（4）一般来说,广告调查的主要内容分为信息研究、媒介研究和效果测定三类。广告调查包括广告的前期市场调查、媒介调查和广告实施后的广告效果调查。广告调查是广告公司、工商企业或媒介单位等从事广告活动的机构,为了了解市场信息、编制广告方案、提供广告设计资料和检查广告效果而进行的广告调查。在广告活动中,广告调查的全过程,是通过收集产品从生产到消费全过程的有关资料并加以分析研究,确定广告对象、广告诉求重点、广告表现手法和广告活动的策略等。

（二）广告市场调查

广告市场调查是广告调查的内容之一,指对和广告活动密切相关的市场营销组合因素的调查和企业微观环境的调查。一般来说,市场调查的内容极为复杂,范围极为宽广,从不同的角度出发,就会对市场调查的内容和范围有不同的理解。但是,如果我们只从广告运作的规律考虑的话,市场调查的内容和范围还是基本确定的,主要有：市场环境调查、广告主企业经营情况调查、广告产品情况调查、市场竞争性调查、消费者调查等几项内容。

社会环境构成的因素很多,在广告调查中,具体应该着重于政治和法律环境及经济环境的调查。

1. 文化环境的调查

调查文化环境主要是为了了解广告产品所处环境的文化特征、文化禁忌等,使广告及广告产品能够与社会文化相融合,而不致于发生严重的冲突；或者能够使广告及广告产品在扩展其市场空间时,避免与新开拓的活动环境的文化规则相冲突。

2. 消费者调查

所谓消费者调查,是对与广告产品有关的各种消费者购买行为的调查,具体包括对生理因素、心理因素和个性因素的调查。

3. 产品调查

产品调查是指对预定的广告产品的调查,以了解其是否适销、是否符合市场的要求和消费者的习惯。产品调查具体包括产品本身及产品附属性的调查和产品竞争结构的调查。

4. 市场竞争调查

市场经济的原则之一便是公平竞争,现代商品的市场竞争愈演愈烈。市场竞争调查的重点是查明市场竞争的结构和变化趋势、主要竞争对手的情况以及企业产品的竞争力。在广告创业的竞争性调查中还要了解广告市场竞争的状况,各种广告手段与效果分析以及提出新广告策划的可能思路,通过这种调查性分析寻找到最有希望的产品销售突破口,寻找到最佳的广告创意。

（三）广告媒体调查分析

不同的媒体具有不同的价值,因此,广告媒体调查就是要根据使用主体的需要,对不同的媒介载体进行科学、合理的评估,分析其使用价值和经济价值,作为下一步科学的媒介规划的依据。

（四）广告效果调查

广告效果调查分事前调查和事后调查。

事前调查又称广告试查，是指广告在实施前对广告的目标对象进行小范围的抽样调查，了解消费者对该广告的反应，以此为依据改进广告策划及广告表现，从而提高随后的广告效果。这种调查是广告发布前所开展的工作。

事后调查是指在广告发布之后的一段时间里，对于广告的目标对象所进行的较大规模和较广泛范围的调查，通过对广大消费者对该广告的反应，从而测定广告效果。其目的在于测定广告预期目标与广告实际效果的态势，反馈广告活动的受众信息，为修正广告策略和随后进一步开展广告工作奠定量化基础，以便广告主或广告公司的广告活动更具有针对性，从而更好地促进企业目标的实现。

广告效果调查必须以严格的定量化指标为结果和表现形式，所有的定性的内容都必须基于严格的量化参数。这就要求在广告效果的调查活动中，采用科学化的手段与方法，去进行各个调查环节的工作，以达到广告效果测定结果的可信性与有效性。

二、消费者研究在广告运作中的作用

消费者研究(Consumer Research)也称消费市场研究，是指在对市场环境（政治、法律、社会、文化、技术）、人口特征、生活方式、经济水平等基本特征进行研究的基础上，运用各种市场调研技术和方法，对消费群体通过认知、态度、动机、选择、决策、购买、使用等阶段实现自身愿望和需要的研究。

市场营销的实质是提供满足消费者需求的产品或服务，而在市场竞争环境下，可供消费者选择的产品或服务是多种多样的，这就需要经营者在进行市场营销的过程中能够尽可能地了解和满足消费者的购物心理，让产品或服务销售得更顺利——这也正是消费者研究存在的意义。

消费者研究首先是研究消费者购买行为（包括产品信息的了解途径、主要的获取方法、关键性的影响因素、习惯的使用方式等），其次是研究消费者的消费态度，即消费者对某一产品/服务所持有的一种比较稳定的赞同或不赞同的内在心理状态等。

消费者研究适用于激烈竞争的服务性行业，如银行业、证券业、保险业、速递业、商贸业、航空服务业、旅游服务业、电信业、IT等行业的企业都能从消费者研究中受益。企业常常会委托第三方市场调研公司去完成如开元研究、零点研究等。

（一）消费者研究的作用

（1）发现消费的现实需要和潜在需要，进而提供消费者需要的产品。
（2）按照消费者的消费习惯设计产品的规格、包装。
（3）按照消费者的购买时间确定产品价格和进行促销。
（4）按照消费者的购买地点方面的习惯去制定渠道策略。
（5）按照消费者的消费习惯去进行促销。

综上所述，消费者研究是从消费者需求的角度出发的，对企业的长远发展及经济利益起着举足轻重的作用。

(二)消费者行为研究的意义

随着市场竞争环境的变化和需求问题的日益突出,社会各界尤其是企业界对消费者问题日益关注,消费者行为研究也备受重视。现代营销观念的核心是以比竞争者更加优质的产品和服务来满足消费者的需要。因此,了解和把握消费者行为及其变化规律,成为企业营销决策和制定营销策略的基础。

狭义的消费者是指购买、使用各种消费品或服务的个人或住户;广义的消费者是指购买、使用各种产品与服务的个人或组织。消费者行为是指消费者为获取、使用、处置消费物品所采取的各种活动,包括先于且决定这些行动的决策过程。研究和了解消费者行为是市场营销成功的基础,营销人员通过了解消费者如何引起需求、寻找信息、评价行为、决定购买和买后行为的全过程,获取有利于满足消费者需要的有用线索;通过了解购买过程的各种参与者及其对购买行为的影响,就可以为其目标市场设计有效的市场营销计划。企业要在市场上立足,就需要有企业属于自己的企业文化,能够理解和满足消费者需求。在这方面,金六福就做到了满足消费者的心理需求。

近几年,中国每年约有1000万对新人步入婚姻殿堂,近十年,金六福见证了1000万对新人的幸福……诞生于1998年的金六福,在无历史、无文化、无生产优势的贫瘠基础上,却凭着独特的情境营销模式走出了一条品牌之路。1998年,金六福初创之时经反复研究对比发现,在中国当时的白酒行业里,几乎所有的品牌为自己的定位方式全部都是口感忠诚。而在当时,口感有一定特色,就会产生固定的消费人群。而金六福根据消费者的喜好和心理,定位清晰,一开始不是做产品,而是做品牌。1999年,湖南新华联集团在生产上与中国规模最大的、销售额最高的、品牌最稳定的生产厂家五粮液集团合作,生产交给五粮液之后,金六福开始专心塑造和建立销售渠道,创造了一个新的白酒的定位方式。经过对消费者最根本需求的深层洞察,发现中国人在喝酒的那一刹那最希望得到的是高兴,于是金六福的定位就确定为送喜庆给别人——中国人的福酒。

在每年的节庆市场上,都有许多白酒大打"送礼牌"和"促销牌",这在短期内起到一定刺激销售的作用,但金六福却一直没有这样做——金六福认为这种营销方式还只是停留在产品诉求的层面,并没有考虑到节庆文化与自身品牌文化的内在联系。而金六福超越产品层面,将节庆营销提升到了文化层面,通过春节、中秋回家等营销方式,拨动了消费者心中的情感之弦,使得消费者与金六福之间迅速沟通。

"金六福"三字的完美结合可谓是至善至美,迎合了中国人盼福和喜好吉利的传统习俗和心理需求。"金"代表富贵和地位,"六"为六六大顺,"福"为福气多多。金六福酒质的香、醇、浓、甜、净与人们心中向往的六福——寿、富、康、德、孝有机地融合在一起。金六福的"福文化"满足了消费者对文化层面的需求。这是其他产品所不具备的。

通过对金六福案例的了解,我们能从中了解到金六福企业成功的原因。著名品牌专家曾朝晖认为,"金六福围绕一个'福'字,根据消费者的需求,把握不同的时机,不断变换角度、手法和载体,诠释福文化,使品牌形象得到提升。"它将消费者的喜好作为企业定位的关键,从消费者的角度出发,用实际行动诠释了消费者行为研究的意义及其所带来的益处。那么,消费者行为研究的意义是什么呢?通过学习我们知道,消费者行为研究是营销决策和制定营销策略的基础;为消费者权益保护和有关消费政策的制定提供依据;有助于消费者自身作出更明智的购买决策;提供关于消费者行为的知识和信息。

由此可知，消费者行为的研究意义对企业、消费者都有着重要的影响。

三、广告策划在广告运作中的作用

企业的广告策划水平代表一个企业发展战略思路水平的高低，作为企业的宣传工作者，当然要参与这一项十分重要的工作。

（一）广告策划的作用

广告策划在企业广告运作中的作用主要体现在以下方面。

（1）战略指导：在企业广告运用及营销组合中提供宏观的战略导向。

（2）实施落实：为企业广告运作提供操作实施的广告计划。

（3）规范监控：在企业广告运作实施中，制定规范科学的运作程序，对运作过程实施制约监控，确保策略方向的正确。

（4）效果评估：在企业广告运作中和结束后，以广告策划的设定目标为标准，对广告运作的效果进行评估。没有策划的广告不是好广告，策划是现代"广告的灵魂"。

（二）广告策划的内涵

广告活动中的策划，是指使广告达到最终目的的创造性立意。究其实质，是根据产品情况、市场情况、竞争对手等情况制定的广告策略，寻找一个"说服"目标消费者的"理由"，并根据这一"理由"，通过视听或文字来影响目标消费者的情感归属行为，使之认识该产品给他带来的利益，以促成行动。

从广告内容看，可分为广义与狭义两种策划。狭义上讲，策划可具体指某一次广告宣传或指某一则广告作品的创意性思维，即针对已确立的广告目标，使用创造性思维方法、创作技巧，使品牌形象迅速进入受众内心深处。广义上讲，策划是企业为了实现其经营目标而开展的全部广告活动的战略与策略上的创造性思考。它倾向于长远的、整体系统的形象，侧重于品牌定位。可见，策划总是和创造力联系在一起的。

（三）广告策划的首创性原则

在广告里，与众不同就是新颖的开端，随声附和就是失败的起源。首创性是广告策划最鲜明的特征，是广告获得成功的要素之一。因为与众不同的新奇感觉总是能引起广泛的注意，卓尔不群的魅力总是触发人们极大的兴趣，并能给受众留下长久的、深刻的印象。

提倡首创要注意两点：一是要围绕广告目标来进行；二是能够与受众的文化、心理相适应。

（四）企业广告策划的流程

广告策划处于广告工作程序的核心环节，在广告活动的众多环节中起着"承上启下"的重要作用。广告策划之前的市场调查主要是为广告策划服务，并对之后的广告表现提供具体的操作标准框架。后续的这些环节也必须依据广告策划的定位来展示并指导广告运作。可以说广告策划贯穿了广告运作的全过程，是广告运作中的制约性、前提性的核心环节。

1. 企业的广告策划基本可分为以下阶段

（1）分析调研阶段：对市场的营销环境、消费形态、产品或服务、广告策略、运作状况等，从企业自身和竞争对手两方面进行比较分析，做到知己知彼。

（2）战略规划阶段：对广告目标、目标市场、产品定位、广告诉求、广告表现、媒介发布、促销组合等进行分析研究，确定其各自的运作策略。

（3）制订实施计划：确定广告策划运作的时间、地点、范围、效率、媒体组合等内容，制订广告实施计划、费用预算、效果评估、监测方案等。撰写广告策划计划书并形成文本。

（4）执行实施阶段：根据既定的广告策略和计划方案，展开广告创意设计制作和媒介发布等活动的运作实施。

（5）监控调整阶段：对实施中的广告运作情况进行监控，评估其效果，修正偏离目标的内容，补充、调整新内容。

2. 企业进行广告策划的基本程序步骤和内容

（1）前期准备

企业与广告公司洽谈，全面介绍企业情况和要求。经双方探讨确定广告策划的合作内容，签署合作协议。广告公司进行工作组织准备，成立工作组，初步分析掌握企业和市场基本情况。

（2）调研分析

广告公司研究拟定市场调查的内容、目标、方法等，并报企业广告经理审核通过后以问卷、访谈等方式展开市场调查。企业广告部对调研过程进行监控，参加客户座谈会等重要的调研活动。广告公司对调查内容进行归纳整理并分析，对企业和营销环境以及经济、产业政策、政治、法律、文化等方面进行定性、定量分析，找出对企业营销的影响因素和企业亟待解决的问题点，提出解决方案思路和结论性意见，书写调研报告。

（3）产品分析

广告公司对产品的了解毕竟不如企业，企业广告部要向广告公司提供广告产品的特点、市场表现、同类产品的状况等详细的资讯。与广告公司一起研究，找出该产品在市场上存在的问题与机会点、消费者购买的理由及其利益点、与竞争产品比较的优缺点等。

（4）广告受众分析

根据前期的市场和产品分析，寻找出现在的和潜在的目标消费者，进行有针对性的广告宣传活动。受众分析的具体内容包括消费群体的行为特征、态度等。可用直观形象的语言来"写真"描述，如抽什么烟、喝什么酒、业余生活的安排、购物习惯等。

（5）竞争分析

对现有的和潜在的竞争对手，从企业发展、产品特征和营销广告策略等方面进行研究和分析，找出企业自身的优势与差距点。

（6）广告目标确定

在以上研究分析的前提下，确定具体的广告目标。如提高知名度、抑制对手、品牌价值宣传、劝服消费者、改变消费者观念、短期的销量提升等。由于企业的不同产品在不同时期的需求不同，具体的广告目标也不尽相同。广告目标的正确确定非常重要，应由企业广告部门牵头，会同营销部门和广告合作公司一起来研究确定，必要时应报企业最高决策层复审确定。广告目标是一个前提性的问题，必须有清晰而量化的描述。

（7）确立目标市场和产品定位

对市场进行细分，再对细分后的市场进行评估和选择，包括描述各细分市场消费群体的特征，找出各细分市场的问题与机会，之后确定产品的目标市场。根据确定的目标市场以及对竞争对手的分析，决定本产品的市场定位。

（8）广告诉求与创意策略

提炼确定广告所传递的中心思想，针对诉求的对象、内容、要点和方法，提出创意的概念和具体操作要求。其中诉求点是企业产品广告的"卖点"，卖点要能给消费者带来实际利益。如100HZ彩电的卖点是与传统彩电相比较扫描速度提高一倍，从而使"画面不闪烁"；而带给消费者的"利益点"则应是"消除眼睛疲劳，保护视力"。卖点和利益点非常重要，否则无法打动消费者。广告信息表述中，诉求卖点较易表达，而更重要的利益点往往被忽略，必须打准，区分清楚。随后的工作是根据确定的诉求点展开广告创意，广告创意的角度及手法很多，一般情况下，广告公司都会主动地提供多套的创意比较方案供企业选择。

（9）广告表现执行策略确定

基于以上分析，需要将广告诉求和创意策略付诸实施。即确定广告的创意方案、媒体的发布策略、促销组合策略等，最后以最具冲击力的表现形式，在适当的时机以整体的媒体组合运作传播给目标受众。

（10）制订实施广告计划

将已确定的各广告策略具体化，制订出实施的方法步骤等计划方案，内容包括简要的背景介绍，市场、产品分析说明，广告运作的目标、内容、时间、媒介计划、创意表现方案、与公关等手段的配合方法等。企业广告部在广告计划的制订中担负着重要的职责，负责审核评估工作及根据企业实际情况提出调整修正意见。

（11）确定广告预算分配

广告预算是在企业广告目标确定之后需要广告经理考虑的重要内容。广告预算分配方案一般由广告合作公司制订提出。广告经理要及时把企业的广告资金状况与广告公司沟通，使广告公司能切实地按资金现况制订符合实际的广告预算方案。没有足够的资金保障，广告目标很难实现。许多企业广告预算没做好，在操作中才发现资金缺口大，广告运作不得不中途终止，已投入的费用因广告达不到应有的频率也无传播效果可言，造成极大浪费。所以，企业在制订广告方案时要根据费用情况量力而行。广告预算首先应由广告公司提报，企业广告部进行审核后再与企业的营销部门、财务部门一起确定总预算投资。广告部最后进行具体的落实执行。

（12）广告计划实施的效果评估

为确保广告计划的有效实施，企业广告部应在事前的广告策略定位、事中的广告创意表现策略以及事后的广告实际目标达成上，对广告效果进行评估监控，及时反馈信息，修正调整不合理的内容。需要注意的是，广告效果具有先导性、连续性，如果前期的广告目标错了，后面的系列工作都是无效的。所以要先讲策略方向的"对错"，再讲广告创意表现形式的"好坏"。由于广告效果具有延时性、干扰性、相关性特点，很难在短时期内对广告效果做出非常精确的评估，往往把调研的理性数据和感性的经验结合起来对广告活动效果做出综合评价。

（13）广告工作总结

在广告计划实施结束后，对整个广告的运作做出总结评价。尤其对工作存在的问题做出客观的分析总结，提出可操作的改进方案。对其中成功的案例可在企业内外进行宣传，形成二次传播，扩大影响力。

在实际工作中，企业对许多广告策划程序内容已有明确的思路且已验证正确，故在操作中应加以取舍，灵活运作，以便突出重点地进行广告策划运作。

第三节　企业广告的创意思维

一、企业广告的创意思维

创意是围绕策划目标搜集有关资料，通过新的组合产生新的意念，以提出新颖、可行、有效的最佳方案。企业广告运作尤其讲究创意，没有好的创意，也就创作不出好的广告。由此可见，创意是企业广告运作的灵魂，是经验的升华、知识的凝结，是紧扣企业脉搏而形成的，它不仅仅是一时的灵感激发。

（一）创意是一种思维活动

思维是人对客观世界的理性认识，是人脑对客观事物的能动反映，是在表象、概念基础上进行分析、综合、判断、推理的认识过程。

创意思维是开拓人的认识领域的思维活动，是从一般思维中提取和升华出来的具有开创性的有价值的思维。它是思维科学的一个重要方面，能在一般思维的逻辑过程中起统领和支配作用，是高层次的思维活动。创意思维主要是通过对直觉、灵魂、推理、实践的升华而形成的，有其自身的特征和规律，因而是可以被人们所认识、掌握和运用的。

（二）创意思维的特性

与一般思维相比，创意思维有以下特性。

1. 思维的求新性

企业广告运作的基本要素是求新，不落俗套。创意思维一定要有强烈的求新性，善于发现新事物，探索新问题，寻求新组合，追究新答案。求新不是重复，必须与他人、与前人有所不同，而且有远见卓识，有独特的观点、独创的见解。

新与旧是相对应的，求新的特性总是先表现在对现有事物的质疑上。质疑是一种理性思维活动，它从人们习以为常的事理中找出疑点，从多方面进行思考、探索。它在认识过程中，对常见的现象和权威的定论保持怀疑和否定的态度，善于发现客观事物间的差异性和已有知识的局限性。它既是求新性的起点，又是求新性继续发展的环节和工具，起着活跃思路、推进创意思维的重要作用。明代学者陈献章说："学贵有疑，小疑则小进，大疑则大进。疑者，觉悟之机也。一番觉悟，一番长进，更无别法。"我们在创意时要体现求新的特性，就要发扬这种"疑则有进"的精神。

质疑有助于我们找出此事与彼事的差别，找出现象与本质的差异，找出已知与未知的差距。探求差异和循规蹈矩是两种不同的思维方式。前者重变化、发展，重选择、组合，利于求新；后者重经验、知识，重守常、规范，不利于求新。前者好想象猜测，好标新立异；后者好就事论事，好因循守旧，有碍于求新。

与现有的和过去的事物不相同的事物,未必就是新事物,求新还要符合"新"的标准。要立意新、角度新、方法新、成果新,要善于发现新事物、探索新问题、展示新形象、获取新效益。

2. 思维的敏捷性

企业广告的创作讲究时效,要敏捷、快速。时间对创意成果的确认往往具有确定性的作用,现代社会节奏快、变化多,要求企业形象宣传传播的速度与时代同步。这就要求创意具有既敏又捷的适应性、果断性和变易性。同样的一个创意,谁在时间上抢在前面,谁就赢得胜利。

广告的创意,要有很强的灵感。创意中的灵感是思维活动的飞跃,它能使长期思考的问题突然获得解决,也能在情况出现变化时萌发一种新的意念。创意是一种思维活跃的过程,必须有灵感的火花照亮全程,必须靠灵感的闪电摄取能量。

灵感往往在变动和机遇中产生,企业的广告宣传要善于根据环境变化的要求而随机应变。市场的多样性、复杂性和多变性,决定了广告的创意必须机动灵活。要善于根据市场的变化,迅速捕捉有效信息,灵活地进行思维,不断修正、完善自己的创意,不能拘泥于过时或不妥的创意。思维跃动,易于在"机遇"中产生灵感和顿悟,产生好的创意。

3. 思维的多向性

人的思维不是单向的,而是多元的,能够变换不同角度,往不同方向思考。思维的多向性在企业形象塑造的创意中,特别体现在下列几种方式上。

(1)换位式思维。设计若干个等效目标,试图与原有目标换位,以产生新的思路。设计若干种等效方法,试图与原有方法换位,以产生新的创意。运用换位思维,常常能产生更新、更好、更省的方案。

(2)创优式思维。不能满足现有创意,尽力做多种多样的考虑,通过反复比较,优选出最佳创意。

(3)发散式思维。由一点出发,向前后、左右、正反等各个方向发散,在自由联想和多种比较中寻找灵感,提出更多、更新的思路。

(4)转向式思维。不墨守成规、因循守旧,在思考受阻时马上转向,越受阻越灵活,越困难越前进,在困境中逼出奇招妙策。

4. 思维的跨越性

在正常情况下思维有一定的逻辑程序,必须逐一遵循。在创意时思维往往会显示跨越性,跨过某些程序,直跃创意的终极目标。

(1)跨越眼前事物。人的思维易于从眼前事物出发,由此及彼、由近向远地谋划。创意思维有其跨越性,能跃过眼前事物,从远处甚至难以直观的事物出发,通过联想和演绎、推理来进行创意。

(2)跨越显性信息。信息有显性和隐性之分,有些信息没有具象特征,难以触摸,只是一种理念、意向或感觉,我们称之为隐性信息。创意思维不仅能依托于显性信息,还能跨越显性信息,依托于隐性信息进行思维。"月晕而风,础润而雨",越过眼前的具象,从某一个闪念出发,常常能获得很好的创意。

(3)跨越相关程序。事物的发展往往要经过若干个程序。其中有些程序是有直接关系的,有些虽然相关,但没有直接、必然的关系。故跨越过一些可以省略的相关程序,能较快地涌现出好创意。

（4）跨越次要矛盾。在创意时始终着眼于终极目标，尽量省略某些步骤和不重要的东西，找出最紧迫和最重要的东西。跨越次要矛盾，主要矛盾自然突显出来，好的创意也就应运而生。

5. 思维的综合性

创意思维具有对多种思维进行综合运用的能力。综合不是简单的相加，而是一种新的创造。创意思维的综合性主要体现在下列几种思维能力上。

（1）智慧杂交能力。将多种智慧进行综合，将多种智慧的长处汇聚在一起，使创意闪射出更多的智慧光芒。这种能力特别体现在将多个人的知识和智慧进行综合，巧妙地结合成新的创意。

（2）辩证分析能力。辩证分析强调全面地、联系地、发展地看待与分析问题，这是人类思维发展的成果，是对几千年来人类思维方式的科学总结与概括，是最富有创造力的思维方式。运用这种思维方式，不论是在什么领域的创意，都会有很好的效果。

（3）思维统摄能力。思维的综合，不是多种思维的对等结合，而是系统内的不同层次的、有主有次的有机结合。面对幻变的、不同层次的、有主有次的有机结合，面对变幻莫测的社会发展和信息爆炸引起的各种变化，能不畏浮云遮望眼，高瞻远瞩，提纲挈领，善于化繁为简，抓住事物的要害并提出解决问题的办法。

（三）思维的选择性

广告创作的资源多种多样，创意并不是把所有资源汇聚到一起，而是对这些资源做精心的选择。选择的前提是比较，要通过纵向比较、横向比较、同类比较、异类比较，选择最有价值的资源进行创意。在一次企业形象塑造中，往往出现的不是一个创意，而是若干个创意。此时不仅需要比较，还要善于调整、组合，产生新的创意。然后再进行比较，选择出最佳的创意思路。

广告宣传的领域极为广阔，创意时要善于从不同领域、不同角度、不同方位思考问题。对于初步确定的创意，还可以变换多种角度和方位思考，从中产生若干个新的创意。此时再选优择善，确定最佳的创意。

（四）思维的连续性

企业广告宣传持续不断地适应市场的变化进程，这决定了企业广告活动的创意不能停顿，具有连续性和系统性。广告宣传活动的创意思维是永无休止的，它要伴随市场的发展、变动、转换，不断地思索，不断地产生新的创意。一个创意实现了，又要根据新的情况产生新的创意，进行新的形象塑造。就是在同一创意之中，思维的连续性还会体现出阶段性，即通过连续性的思维过程，把过去、现在和未来有机地联系起来。

企业广告宣传的内容很广泛，有很多事都是相互联系并可以连续进行的。因此，创意思维不能随意地连续发展，而要遵循思维的系统性，在一定的系统中连续地进行创意。马克思主义哲学告诉我们：宇宙间的事物总是互相联系、互相制约的。任何事物都是多因果的、复杂的动态系统。我们面对的是整个社会，而整个社会就是这种不断发展变化着的极为复杂的超级系统。市场是这个大系统中的一个子系统，企业形象塑造中的某一个创意只不过是子系统中的一个环节而已。因而不能孤立地、片面地、静止地进行创意，而要从所处的各种因素中确定取舍,从时间、地点、条件等因素中选择角度,从事物发展过程中去衡量创意的地位、分量和作用。

(五) 企业广告创意的方法和技巧

好的创意不是天上掉下来的,也不是凭运气产生的。好的创意要靠平时的知识积累,靠良好的思维方法。

1. 构筑知识体系

知识是创意的基石,知识的广博与深厚,往往与创意的成果成正比。创意是一种运用知识进行思维的活动,构筑知识体系就成了搞好创意的基础。要努力开发自己的智力,优化知识结构,加大知识的广度和深度,提高知识积累的效率。

知识体系是运用个人的智力对所吸收的各种知识进行加工处理,以使其成系统,并加速其内化。无系统的、杂乱无章的知识组合,不能形成知识体系,更无法内化为知识结构。知识结构是求知者对知识有选择地输入、储存、加工,在头脑中形成的由智力联系起来的多元素、多系列、多层次的动态综合体。

企业广告创意对创意人有很高的要求,不仅要有本专业的知识,还要有其他各方面的知识。美国学者杰克·海敦说:"应该像哲学家培根一样,把一切知识都当作自己的领域"。要搞好企业广告的创意,需要构建"T"型的知识体系。在"T"字中,横线代表知识面,竖线代表专业知识,即知识面要广博,专业知识要精深。

要搞好企业广告的创意,还需要构架"E"型知识结构。在"E"字中,竖线表示思维中兼容并包的知识内涵,三条横线代表有序性、有机性、有效性。

有序性是在广泛吸收各方面的知识时,要使处于混沌状态的知识组合成有序的、科学的知识体系,以综合运用原有的和新增的知识去探索未知的世界。

有机性是在不同知识中求同一,通过有机组合构建知识系统。一是使专才与通才、纵向与横向知识有机结合;二是使吸收进来的各个领域的知识互相渗透、互相交错成有机的整体。

有效性是自觉地、有目的地、有选择地吸收和运用各种知识,使所掌握的知识产生很好的社会效益和经济效益。

2. 多用水平思考法

按思维的方向分,创意有垂直思考法和水平思考法两种。垂直思考法是一种纵向的思维,一般表现为角度单一地思考问题。运用这种方法,偏重于凭借旧知识、旧经验来产生创意。而产生出来的创意往往脱离不开旧的框框,给人以似曾相识的感觉,缺乏新意。

水平思考法即为全方位多角度地观察、思考问题。采用这种思维方法,在思考问题时能摆脱旧知识、旧经验的约束,打破常规,创造出全新的概念。

在创意时要多用水平思考法。创意的水平思考,不同于线形规划的水平思考。它是跳动的、伸屈的、变化的虚线,而不是稳定的、刻板的、不变的实线。它的策划任务和资源条件都可以修改,常常是从资源想到任务,再回头重新解释资源,再向前改写任务,在这种来回反复的过程中进行创意。企业形象的塑造者是对资源与任务辩证思考的行动组织者,要从"资源处境"找到完成任务的最佳途径。

水平思考法的基本方法是:

（1）摆脱旧知识、旧经验的约束；
（2）从多方面观察思考，尽力革新；
（3）抓住瞬间的灵感或偶然的构思；
（4）深入挖掘新的观念；
（5）集思广益，充分吸取各方面的意见。

我们强调多用水平思考法，并不排斥垂直思考法，有时还要重视垂直思考法。有些经验已为实践所证实，我们在为新实践进行创意时，可以借鉴已有的经验。

3. 活跃联想思维

联想是由此事物想到彼事物的思维过程，是由当前感知到的事物想起有关的事物。联想是创意时必须具有的能力，联想力越强，思维越活跃，灵感越丰富。没有联想就没有灵感，也就不可能有好的创意。依据所反映的事物间的关系，联想可分为接近联想、相似联想、对比联想、关系联想等。接近联想是对在空间上或时间上接近的事物，由一个事物联系到另一个事物的联想，如提到寒风、雪花就使人想到冬天。相似联想是指对一个事物的感知引起对与它在性质上接近或相似的事物的联想，如由玫瑰联想到爱情。对比联想是指由对某一事物的感知引起对与它相异的事物的联想，如由重点高中入学率高想到非重点高中入学率低。关系联想是指由于事物间存在某种联想而产生的联想，如由天气闷热联想到使用电风扇。不论是哪一种联想，在企业形象塑造中都能起到重要的作用，可以让我们在种种联想中选择最好的形象化构思，形成最好的创意。

4. 善于触类旁通

触类旁通是运用类比的方法进行创意。类比是把不同的两类或几类对象进行比较，根据已知的相似性来推论其他属性的相似，使人们触类旁通。从已知事物的特征看到未知事物的特征，把未知变为已知，从中获得新的知识的创造性思维形式。企业形象塑造常常要借助于类比这种创造性思维形式。企业在不同阶段塑造企业形象时会遇到与以前类似的条件，会有某些共同之处，通过类比可以产生很好的创意。此外，其他企业在塑造企业形象方面的成败得失，也能为本企业的形象塑造提供可借鉴的经验。

在企业广告宣传中运用较多的类比方法是排列法。排列法是在创意过程中对事物的特性一一列举，然后进行排列，分清主次，引起联想设计，这是综合资料、理清思路的好方法。

排列法可分为特性排列法、缺点排列法和希望点排列法。

（1）特性排列法，是把创意对象的特性一一列举出来，然后围绕特性进行创意。这种方法是从对象的"词"来排列特性，如对一个商店进行企业诊断，思路可这样展开：名词特性，如商店的名称、类型、地位、设施、部门、服务项目等；动词特性，如以上内容的作用、功能、效益等逐一对照；形容词特性，如商店的状态、环境、颜色、整洁等。

排列完成后从中找出不妥之处，根据市场与公众的需要对主要特性进行改进或创新。

（2）缺点排列法，是改进旧的事物和组织的一种常用技法。把存在的缺点一个个找出来加以排列，从中找到主要问题加以解决。这种方法比特性排列简便一些，但对研究者的水平有较高要求，否则就易吹毛求疵，抓不住主要矛盾。

（3）希望点排列法，一般是在运用缺点排列法的基础上，针对现存缺点提出希望及其解决方法的创意技法。

缺点排列法也称被动创意法，希望点排列法又称主动创意法。在企业形象塑造的创意过程中这几种方法是相辅相成的。运用希望点创意法需要较强的想象力，提出希望达到的目的，设计出理想的组织形象。

5. 注重新的组合

组合是指将各种事物、观念等做合乎逻辑的或偶然的碰撞、联结，以产生新的事物或观念的思维形式。例如，桌子和灯可能因合理的组合而引出不同的构想：一盏台灯；一个书桌形状的装饰灯座；一盏装在桌子抽屉里的灯；一盏连在桌面上的灯等。不相关的事物的随意或偶然的组合，通常也能借助想象力而转成新的事物。例如，杯子和书看起来是风马牛不相及的，但也可以这样组合：写一本有关杯子的书，设计一种书形的杯子，在杯子上刻上书中的名句，编一个名人用名杯喝茶写名著的电视剧，等等。

从创造学的观点看，新与旧是很难决然分割的。很多新事物是在某些旧事物或旧事物的要素相交集而重新组合而成的。从这个含义来说，创意是各种要素的重新组合，组合是创意思维产生的重要途径。因此我们要善于在组合上下功夫。

（1）为创意收集原始资料，包括特定资料和一般性资料。特定资料是指那些与创意课题有关的资料。每个课题都与很多事有关，把各自相关联的特性集中到一起，就可能导致创意。

一般性资料的搜集是指广泛了解各种信息，并善于搜集、整理、进行"万花筒式的组合"。一般来说，"万花筒"里面放置的玻璃片越多，新组合的概率就越大，所以掌握的各种资料越多，产生新创意的可能越多。因此，平时要勤于积累，做卡片、搞索引，在电脑内建资料库，以便创意时随意调用。

（2）对资料进行"碰撞性"组合。对收集到的资料，用创意的触角到处触试。常用的方法是选一件事反复用不同的方式观察，用不同的思路考虑，再把它与相关的事放到一起，看他们如何组合，若得到少量不确定的或部分不完整的创意，就把它写下来，即使看起来有些荒诞不经或残缺不全也应该写下来，这些往往是优秀创意即将到来的预兆。在碰撞时会感到疲乏厌倦，此时不要放弃，可换一种方法，继续碰撞，以追求内心活动的第二冲击波。一旦出现新创意的火花，马上把它记下来，留做备用。

（3）对初步组合的资料随意品味。思维放松，完全顺其自然，不做任何努力，把题目全抛开，尽量不要去想这个问题。把问题置于潜意识的心智中，让它在你休息或睡梦时发生作用。把问题置于意识之外，并刺激意识的萌发。可以听音乐、听戏、看电影、阅读诗歌或小说，可以散步、睡觉等。有些好的创意往往在沐浴时，在半睡半醒时，甚至在半夜做梦时，突然把你唤醒。

（4）在山穷水尽时构想初步方案。

6. 汇聚集体智慧

组织自由讨论是汇聚集体智谋、集思广益的好方法。我国民间有"神仙会"之称，国外策划界称之为"头脑风暴""大脑振荡"。

头脑风暴，最早是精神病理学上的用语，指精神病患者在精神错乱时的胡言乱语。1938年，美国创造学家阿历克斯·奥斯本把这一词引入创造学。20世纪50年代，头脑风暴法在美国得到推广应用，麻省理工学院等许多大学相继开设头脑风暴课程。之后，又相继传到西欧、日本、中国等国家。

奥斯本认为，创造过程包括两个步骤：观点的产生和观点的评价。观点的产生又可分发现事实（确定问题和准备）和发现观点（从旧观点中综合或演化而来）。而在观点的发现中，头脑风暴是最常用的方法。

头脑风暴法的核心是高度的自由联想。这种技法一般是通过一种特殊的小型会议，使与会者毫无顾忌地提出各种想法，彼此激励，相互诱发，引起联想，导致创造设想的连锁反应，产生众多的创意，其实施要点如下。

（1）召集会议，与会人数以 5—12 人为宜，人数多了不能充分发表意见。

（2）主持人在会议开始时简要说明会议的目的，要解决的问题或目标，宣布会议遵守的原则和注意事项，鼓励人人发言并鼓励一切新构想。与会者要注意保持会议主题的方向，发言简明，气氛活跃。记录员要记下提出的所有方案、设想（包括平庸、荒诞、古怪的设想），不要遗漏，会后协助主持人分类整理各种设想。

（3）会议一般不超过 1 小时，时间长了大脑容易疲劳。

（4）会议地点应选择在安静且不受外界干扰的场所，切断电话、谢绝会客。

（5）会议要提前几天发通知，告知与会者会议的主题，使他们事先有所准备。

头脑风暴法在实际运用中效果很好，有的在奥斯本的方法上加以创造，提出了戈登法、对演法、635 默写法等。

二、正确灵活处理企业公关活动与公关危机

公共关系是一个组织为了达到一种特定目标，在组织内外部员工之间、组织之间建立起一种良好关系的科学。它是一种有意识的管理活动。组织中的一种良好的公共关系建立，需要良好的公共关系活动的策划来实施和实现。企业应该全面学习公关，树立正确的公关意识。

（一）企业公共关系

1. "公关"一词的来历

公共关系这个概念，是 20 世纪初在美国首先出现的，当时最早使用这个概念的是美国的一个新闻记者——艾维·李。1904 年，艾维·李使用 Public Relations 这个词来描述公共关系的概念，后来人们把它简称为 PR。礼仪专家金正昆认为，公共关系这个概念，还是翻译成公众关系比较好。其实在我国的港澳地区人们就是把它叫做公众关系。在 1903 年公关成为专门职业，1923 年成为一门学科，多译为"公共关系"，是多义词，有多层含义。

2. 公共关系的内涵

社会学家艾君在 1994 年由现代出版社出版的《当代生意经》中对于公共关系概念问题这样阐述，其一，公共关系是一种"舶来品"，被公认为起源于美国，并且是为了某种政治需要而产生的。例如，"废奴运动""立宪运动""总统竞选"等，公关在其中发挥了重大作用，从政治的需要逐渐走向其他领域。公共关系是一门学科，它同自然科学中的"物理、数学"一样，有其独立性，也有与其他学科的联系性。因为任何事物都有着其特殊性和联系性，所以不能因为公共关系在某些方面与其他的学科有着相似、相近或联系的特点，就盲目地将其归类和混淆。其二，必须强调公共关系的组织概念。公共关系强调的是一个群

体组织，并非个体或者物体。其三，公共关系的职能主要表现在帮助组织建立一种信誉、协调好内外关系、提高组织的知名度和美誉度上。

公共关系具有以下4个特点：
（1）塑造组织形象的艺术，讲究创新，构思精巧。
（2）管理科学，着眼于人心。
（3）内求团结，外求发展的管理哲学。
（4）无形的资产，"软竞争"的手段。

3. 公共关系的基本特征

公共关系以公众为对象、以美誉为目的、以互惠为原则、以长远为方针、以真诚为信条、以沟通为手段。公共关系由社会组织、公众、传播三个要素构成。公共关系是社会组织为了生存发展，通过传播沟通塑造形象、平衡利益、协调关系、优化社会心理环境、影响公众的科学与艺术。

（二）公共关系对企业的作用

公共关系是指某一组织为改善其与社会公众的关系，争取相关公众的理解与接受而进行的一系列的活动。在现代社会中公共关系对企业或政府显得越来越重要。

对企业来说，公共关系是一门"内求团结，外求发展"的经营管理艺术，它对企业运作的作用和意义体现在以下几个方面。

1. 扩大影响，提高企业知名度，树立企业良好形象

提高企业的知名度，让公众了解企业，知道企业，扩大企业的影响，一个很重要的因素就是要充分发挥公共关系的作用。在市场经济环境中，所谓"酒香不怕巷子深"已不再适用，一个企业无论它的产品多么好，如果没有人知道，企业的生存和发展都会受到影响。因此，企业发展的首要因素是让客户了解企业，知道企业，从而光顾企业。企业形象是公众对企业的发展史、产品、服务、企业名称、商标等的总体认知，反映了公众对企业的整体特点、总的精神的了解和情感倾向。公共关系的根本目的就是树立与发展企业的良好形象，建立良好的信誉，以取得社会公众的理解和接受，进而赢得信任和支持。而良好形象和信誉的建立，又会促进企业目标的实现，所以，人们常把良好的形象和信誉称为企业"无形的财富"，而且，企业良好的形象也是吸引客户的至关重要的因素。因此，企业公共关系工作要为企业的发展不断地创造良好的社会环境和舆论环境，企业公关人员必须充分发挥公关的积极作用，经常进行市场调查，了解企业形象在公众心目中的变化，分析公众的心理、意向及其变化趋势，及时做出预测，及时调整公关策略，使企业的发展趋势与公众意向相吻合，让企业良好的形象在公众的心目中经久不衰。

2. 提供信息，发挥决策参谋作用

在企业经营管理中，决策是一项战略问题，企业所处的生存环境和面临的市场竞争极为复杂，经验型管理方式已很难适应企业发展的需要，因此，企业各职能部门，尤其是公关部，应当充分利用公关优势，发挥其智囊作用，为企业决策层提供切实可靠的信息，当好企业决策层的参谋。企业决策是一个系统工程，整个决策过程包括调查分析、确定目标、制订方案、方案评估、执行实施等步骤，公共关系在决策过程中始终发挥着重要作用，为决策的准确制定提供各种信息。

3. 协调企业内外关系

现代企业是一个开放型的组织，它既有一定的内在联系，同时又受到外部环境的影响，因此，企业内各部门之间以及企业与外部环境之间的协调是非常重要的，这种协调能使企业内所有部门的活动同步化、和谐化，并使企业与环境相适应。协调不仅影响企业中的所有部门和人群，还会影响企业的外部环境，缺乏协调就会使企业在时间、人力、金钱等方面造成浪费，使企业形象受到损害。公共关系在现代企业管理中，能够恰到好处地发挥这种协调作用，使企业在和谐稳定的环境中健康发展。

公共关系在企业管理中的协调作用主要表现在与公众沟通信息、建立感情，取得理解和支持等方面。与公众的信息沟通是企业公共关系的基本职能，对内包括管理者与员工之间的沟通、各职能部门之间的沟通、企业与股东之间的沟通；对外包括企业与客户之间、与社区之间、与新闻界之间、与政府之间的沟通等。

4. 促进企业效益的提高

现代企业经营的最终目标是为了获得理想的经济效益和社会效益，在企业经营过程中，无论是消费决策还是投资决策，无论是生产还是销售，都离不开信息服务，信息服务越充分、越及时、越全面，越能强化企业的生存与竞争的地位，而信息服务工作又与公共关系工作紧密相连，公共关系工作通过采集、分析和处理信息，能促进企业经济效益的提高，它虽然不像生产和销售部门那样能产生直接经济效益，但是，它对企业经济效益的影响却非常之大。

5. 处理企业突发事件，维护企业信誉

突发事件是企业经营管理过程中由于工作的疏忽或其他原因而产生的一些特殊情况，主要包括产品安全问题、产品质量问题以及大的劳资纠纷等，所有这些都会给企业的信誉带来极为不良的影响，因此，正确处理各种突发事件，维护企业的形象和信誉具有十分重要的意义。公共关系在处理企业突发事件中起着举足轻重的作用，一方面，通过公共关系活动，建立一套完整的检查制度，通过科学的调研与预测，防患于未然，避免各种事件的发生；另一方面，当事件发生以后，必须充分听取公众的意见，设法查清事实真相，与公众进行必要的沟通，相互之间达成谅解，从而妥善解决矛盾，维护企业的信誉和形象。例如，2003年丰田"问题广告"事件缘起于丰田所做的两则广告，其一是霸道广告：一辆霸道汽车停在两只石狮子之前，一只石狮子抬起右爪做敬礼状，另一只石狮子向下俯首，背景为高楼大厦，配图广告语为"霸道，你不得不尊敬"；其二为"丰田陆地巡洋舰"广告：该汽车在雪山高原上以钢索拖拉一辆绿色国产大卡车，拍摄地址在可可西里。对于这两则广告，众多网友发表言论，指出狮子是中国的图腾，有代表中国之意，而绿色卡车则代表中国的军车，因此认为丰田公司的两则广告侮辱了中国人的感情，伤害了国人的自尊。危机爆发后，日本丰田汽车公司和一汽丰田汽车销售公司联合约见了十余家媒体，称"这两则广告均属纯粹的商品广告，毫无他意"，并正式通过新闻界向中国消费者表示道歉。在致歉信中，丰田表示，"对最近中国国产陆地巡洋舰和霸道的两则广告给读者带来的不愉快表示诚挚的歉意"，"目前，丰田汽车公司已停止这两则广告的投放"。同时，丰田就此事向工商部门递交了书面解释，从而尽可能地维护了企业的声誉。

可见，现代企业管理离不开公共关系，公共关系贯穿于企业经营管理全过程，充分发挥公共关系的积极作用，是推动和促进企业向前发展的重要保证。

(三) 企业公关危机的处理

1. 公关危机的含义

公关危机即公共关系危机。它是指影响组织生产经营活动的正常进行，对组织的生存、发展构成威胁，从而使组织形象遭受损失的某些突发事件。而企业正是一种典型的组织。企业公关危机的现象有很多种，比如产品质量问题引起的信誉危机；组织管理不善或者行为不妥等引发的重大伤亡事故等。对这些危机事件处理不当，将会对企业造成灾害性的后果。

2. 4R——公关危机的处理办法

国外高度重视公关危机管理的研究，其中著名的 4R 模式，认为管理公关危机由缩减（Reduction）、预备（Readiness）、反应（Response）、恢复（Recovery）四个环节构成，取其英语的第一个字母，即 4R 模式。

（1）缩减：就是减少危机情景的攻击力和影响力，在这个环节强调进行风险评估，注意破坏性因素的整合，力图排除危机发生。

（2）预备：就是做好处理危机情况的准备，具体工作包括建立预警机制和培训计划。

（3）反应：就是尽力应对已发生的危机，涉及的工作主要是进行影响分析（包括潜在影响的分析和机会性影响的分析）、制订处理计划、开展技能培训（即通过必要培训提高相关工作人员的沟通技能、媒体协调技能、与具有进攻性的人打交道的技能）和审计，其中制订处理计划包括撤离计划、反应管理计划、处理心理创伤与压力计划三个方面。

（4）恢复：就是重建家园，具体工作包括影响分析、制订恢复计划、培训形象管理技能和审计。

我们可以借鉴 4R 模式，与企业的实际情况相结合，积极应对企业公关危机。

3. 提高处理公关危机的能力

（1）大事化小，小事化了

"大事化小，小事化了"是处理公关危机的基本原则。所有企业都期望能够顺利地进行经营管理，但是公关危机的偶然性决定了任何企业都不可能完全逃脱其影响。从公关危机本身特点来看，危机事件发生的突发性和极强的扩散性决定了应对危机必须要迅速、积极。尤其在网络媒介大行其道的今天，每个 PC 机终端或者手机用户都可以是信息的发布者，捕风捉影的信息会随时引起社会公众的关注，而信息的发布者为了博得眼球，可能会在信息传播时对内容进行不真实的修改。而公众作为旁观者，对危机事件中的信息极其渴求，常常抱着"宁可信其有，不可信其无"的思想，对危机中的企业以及其产品采取回避和抵制的态度。危机事件爆发的开始阶段是处理的最佳时间，持久战和拉锯战只会让企业形象受损。

这里不得不提到公关危机历史上的一个经典的失败案例。1996 年，常德的一位陈姓老人在生病时按照医嘱服用了三株口服液以及其他药品，三个月后死亡。家属一口咬定是三株口服液害死了老人，随后向三株公司进行索赔，由于三株公司缺乏公关危机意识，更缺少应急机制，结果在一审中三株被判败诉。此时，事件已被众多权威媒体大幅报道，而三株公司依然没有从公关危机的处理角度来认识这个危机事件的关键所在，决定上诉。由于拉锯战期间媒体铺天盖地的跟踪报道以及消费者们对陈老汉的同情及对三株的怀疑，更重要的是三株公司没有领悟到处理危机"大事化小，小事化了"的精髓，致使在双方打官司期间，三株品牌形象一落千丈。后来二审判三株胜诉，但此时的三株已是满目疮痍，直接损失达到数十亿,"赢了官司,输了市场"。经过这么一折腾,消费者对三株口服液完全丧失了信心,三株也很快淡出了市场。纵观三株口服液的危机事件,核心问题绝对不是产品是否合格,而是在面对突发的危机事件时,三株没有正确地处理,这才是导致三株最后惨烈结局的根本原因。

(2) 化危为机,借势造势

"化危为机,借势造势"是处理公关危机的较高境界。危机管理大师诺曼·奥古斯丁曾经说过,每一次危机本身既包含导致失败的根源,也孕育着成功的种子。发现、培育,以便收获这个潜在的成功机会,就是危机管理的精髓;而习惯于错误地估计形势,并令事态进一步恶化,则是不良的危机管理的典型特征。

"海底捞"公司在应对勾兑门事件时可以说打了一个漂亮的翻身仗。2011年8月22日,《信报》报道直指其骨汤勾兑、产品不称重、偷吃等问题,引起社会轩然大波,人类一直无法阻止的"海底捞"终于遇到了一块绊脚石。就在当天下午15:00时,海底捞官网及官方微博发出《关于媒体报道事件的说明》,声明语气诚恳,承认勾兑事实及其他存在的问题,感谢媒体监督,并对勾兑问题进行客观澄清。根据微博被转发评论的内容,可以看出大家基本接受"海底捞"的态度。在当日16:18时,次日12:00时,"海底捞"官网及官方微博接连发表诚恳的文章,表现出极其良好的认错态度以及针对勾兑事件进行调查的进度。此时,消费者已经平息了内心的恐慌。事件至此,"海底捞"的公关团队算是基本完成了"大事化小,小事化了"的任务。事情还没有结束。就在媒体曝光的第二天20:00时,"海底捞"掌门人张勇发布了一篇微博,堪称经典,将此次危机成功地转化成了企业形象提升的机会,原文如下:

"菜品不称重、偷吃等根源在流程落实不到位,我还要难过地告诉大家我从未真正杜绝这些现象。责任在管理不在青岛店,我不会因此次危机发生后追查责任,我已派心理辅导师到青岛以防该店员工压力太大。对饮料和白味汤底的合法性我给予充分保证,虽不敢承诺每一个单元的农产品都先检验再上桌,但责任一定该我承担。"

张勇十足的人情味以及对员工的保护体现得淋漓尽致,字里行间没有煽情,没有委屈,有的只是"海底捞"领导者的勇气和魅力。借助此篇微博,海底捞成功俘回众多消费者的芳心,继续着"人类无法阻止"的神话。

(3) 未雨绸缪,防患未然

处理公关危机的最高境界就是企业能够建立健全完善良好的危机管理预警机制,并且落实到每一个生产步骤,让每一位员工执行。做到"未雨绸缪,防患未然"。

其实很多危机在爆发前会有征兆,这就要求我们企业必须树立防范危机的意识。预警机制的关键是要求企业保持内外的信息沟通顺畅,尤其关注信息的变化。比如,关注国家政策法律的颁布,消费者的反馈,等等。另外,企业也要与权威媒体保持良好的互动关系,对网络媒体进行监测。

【思考与训练】

1. 企业如何选择好广告代理公司?
2. 策划要抓准哪些重点?
3. 广告发布的策略为什么要十分重视细节?
4. 分小组讨论本年度最成功的公关危机处理方案以及失败的公关危机处理案例。

第十一章　企业的文化宣传

> **提示**
>
> 本章着重讲述企业文化宣传的内显、外显及其重点、方法与宣传艺术。同时，从我国企业目前的经济结构实际情况出发，提出了一些可供宣传工作者思考与把握的共性问题。指明企业文化宣传必须更新观念、与时俱进，以新的视野去做好宣传工作。

第一节　不同企业文化的重塑与宣传

企业的文化宣传工作贵在有的放矢，只有充分认识形势，准确把握企业的特点和主要矛盾，才能真正起到推动企业发展的作用。当前我国企业改革正处于攻坚阶段，国有企业、民营企业、外资企业都面临着文化重塑问题，任务艰巨。

一、企业文化宣传的意义与功能

（一）宣传企业文化的具体意义

一是为企业的发展创造良好的环境；二是为企业创造文化品牌，提升产品或服务品牌的附加值；三是增强客户或消费者对企业和品牌的忠诚度和依赖感；四是以文化的感召力影响社会。企业文化建设的最高境界是让文化理念融在思想里、沉淀在流程中、落实到岗位上、体现在行动中，要达到这一境界，企业文化宣传必不可少。

（二）企业文化宣传的功能

（1）导向功能。它指明企业的发展方向，把企业员工引导到企业所确定的企业目标上来。企业提倡什么，崇尚什么，员工的注意力必然转向什么，企业文化越强有力，越用不着巨细无遗的、详尽的规章制度。

（2）提升功能。先进的文化理念可提高企业形象的美感度，增加品牌的附加值。以"让建筑赞美生命"为企业核心理念的万科地产，始终不懈地致力于为不同消费者提供展现自我、和谐共生的理想生活空间。在品牌建设的进程中，万科也在实践着他们的承诺。这种建筑以人为本的先进理念，使万科的品牌形象远远高于大部分普通的房地产企业。

（3）凝聚功能。被企业员工认同的企业文化如同一面大旗，使员工自觉簇拥其周围，并吸引后者跟入，同时对企业合作伙伴和消费者产生吸引力。

（4）激励功能。崇高的企业文化会产生一种巨大的推力，让企业员工有盼头，有奔头，让企业外部的合作者产生合作的动力，对消费者激发其信心。

（5）功能。正确的文化存在着一种同化力量，对一些消极的"亚理念"起着削弱、改造的功能，从而使正确的理念"一统天下"，使企业处于有序状态，从而平稳而有力地运行。沃尔玛是世界上财务和业务运营健康的企业之一，在其诸多成功驱动因素之中，企业文化被认为是其成功的根本原因。Sam Walton 先生在 20 世纪 80 年代初提出了包括敬业、分享收益、沟通、超出客户期望等十条业务经营原则，这十条原则最终成为沃尔玛的企业文化，指导着沃尔玛全球业务的发展。

二、国有企业面临文化创新

本书把国有企业分为 4 个大类：第一类是国家投资并且由国家垄断保护的国有企业；第二类是国家投资但并没有给予垄断保护，而是参与市场竞争的国有企业；第三类是承担社会公益事业，但不以营利为主要目标的国有企业；第四类是国家给予相应政策，但没有实际投资的名义上的国有企业。

就企业文化而言，第四类国有企业进行企业文化建设相对容易，前面三类国有企业文化建设是个难题，这与国有企业的体制有很大关系。多数国有企业的领导人是由上级任命或选派的，其任职期长短也由上级决定，而企业文化建设绝不是一两年就能完成的。一般的企业文化建设从开始到基本形成也要四五年甚至更长的时间，而这个时间内领导人必须建设一个领导核心，形成团队，这个核心的价值观必须一致或基本一致，这在国有企业的体制中也不是很容易的。再加上其他因素的影响，使得国有企业比民营企业或改制后的国有企业进行企业文化建设要困难得多。

国有企业传统文化的一个基本支柱，就是坚持"工人主人翁地位"的原则。这个原则体现了社会主义公有制的重要规范，今天并没有改变。国有企业传统文化的另一个重要价值规范就是讲奉献精神。国有企业正在经历深化改革和制度创新的重要时期。企业文化的改革、进步和创新，也自然成为一个具有同等重要意义的课题。企业制度和企业文化的改革与创新，都是从传统的国有经济体制向市场化体制的方向进行转变。在这个转制的过程中，对企业文化的改革、进步和创新来说，最困难、最复杂的问题就是能否创造出一种既符合市场经济发展的普遍要求，又能充分体现自己特色的新型企业文化。国有企业的制度创新是一个难度很大的系统工程，特别是对那些关系国民经济重要部门发展的大型国有企业来说，按照市场经济要求进行制度改革很难在短期内到位。由此而来，企业政本文化和共同文化的许多东西也需要继续保留。如果不顾制度基础的实际状况全面推行新企业文化，实践结果就可能更加糟糕。例如，不能过分强调老板、经理和职工的本体利益和本体价值，还要宣传工人主人翁地位，还要合理倡导奉献精神，还要提倡全体企业人的同甘共苦、共同奋斗。否则，一旦彻底丢掉企业的文化传统，国有企业的继续生存将更加困难。如果这些企业继续保持相当力度的国家控制功能，那么企业的财产制度及其治理方式，就很可能出现既有市场机制又有政府参与管理的双重性制度企业文化。这种企业文化形态可能是对国有企业传统文化的扬弃，即保留其合理的内核，改造需要淘汰的东西，同时把企业资本文化和企业人本文化范畴中科学合理的东西融合进来。

国有企业要提高和增加自身的竞争力，文化建设就必须与时俱进，不断创新。首先，国有企业要根据自身发展需要，正确把握企业文化的共性与特殊性，科学地确定企业文化内容；其次，国有企业要根据社会发展的趋势和文化的渐进性，结合企业的未来目标和任务考虑企业文化的模式；最后，根据国有企业的内部现实条件和外部客观环境，形成国有企业的共性文化和个性文化。

企业文化的建设具有共性，即企业文化建设的出发点是给企业提供实现目标的土壤，企业文化建设主要侧重于企业员工的思想观念、思维方式、行为规范、行为方式等方面。同时，不同的企业处于不同的内部环境与外部环境中，企业文化的特征又不相同。国有企业要博采众长，因企而异，其中尤其要重视企业文化的个性发展，形成独特的企业文化风格。

三、民营企业面临文化再造

中国绝大多数民营企业的企业文化都属于约束模式，未离开人们传统的跟踪型的被动思维模式，适应市场变化的程度较低，难以使物质生产力快速发展。尽管某些民营企业，特别是较大型民营企业对自身的文化系统不断进行调整和完善，提高了整体文化素质，与物质生产力发展的连接度有所增强，但从总体看，企业文化力量仍存在根本的不足，主要表现在以下几个方面。

1. 企业文化的核心层面

基本价值观的形成、传播与扩散处于被动状态，大多在被约束情况下进行，难以形成强力型的核心文化力，大大降低了整体企业文化的推动力，抑制了物质生产力的提高；企业文化的层级偏低，难以支撑企业长期快速的发展；企业文化的形成、传播与扩散没有较好地建立在社会主义思想建设的基础上，未能形成正确的政治方向，导致企业文化基础薄弱。

2. 企业文化的形成源

大多数企业文化仍然停留在农业文化的传统阶段，未能自我进行理念、境界方面的根本革命，阻碍了企业文化向更高层次的飞跃；企业文化的形成、传播和扩散环节较多，时间较长，成本较高，降低了企业文化力。因此，必须以现代工业文化为引领对民营企业文化重新设计和创造。

重塑高层次的核心价值观，企业家要自觉地进行理念革命，从整体上对病态的企业文化予以彻底摒弃，重新构建起健康的、能长时间促进企业经营业绩增长的更高层级的企业文化。如抛弃家庭情感型企业文化，重新塑造制度约束型企业文化、理念引导型企业文化和境界追求型企业文化等，从而使不同类型的企业文化不断发生质的变化。重新构建企业文化层级，打破多等级文化界限，减少企业文化形成、传播与扩散的程序，缩短企业文化渗透流程和时间。要把企业文化的传播和扩散与社会主义思想建设结合起来，并将其提升到更高的层次来对待。

民营企业文化再造不是一蹴而就的短期行为，也不是一劳永逸的阶段性工作，而是一项长期的动态过程。因此，民营企业家和宣传工作者必须对此有清醒、充分的认识，把企业文化培育的过程作为企业的长期战略，精心设计，长期坚持，精心维护。

四、外资企业面临文化整合

中国改革开放的政策效应及经济发展的示范效应吸引了大量跨国公司到中国从事投资、贸易等营销活动。中国已连续多年成为仅次于美国的第二大投资东道国。外资企业不仅是中国利用外国资金的基本形式，也是中国引进先进技术和设备、学习国外先进管理经验的重要渠道。但是，必须看到中外合作双方由于其社会政治法律制度不同、文化背景不同，由此而形成的经营理念、管理决策思维、企业行为方式等也有着很大的差异。概括来说，这些差异主要有：价值观方面，价值体系的核心构造不同，表现为经济模式中的文化差异；组织结构方面，从层级制度上看，表现为组织设计中的文化冲突；管理文化方面，决策思维与模式不同，表现为经营管理中的文化冲突。正确认识中外双方的文化差异，努力搞好不同文化的融合，消除管理冲突，对促进外资企业的发展有着极为重要的意义。因此，在文化冲突面前，理解、适应、融合是最佳的选择。

外资企业也要以现代工业文化为引领，实现中外文化的融合为宗旨，以实现双方的良好合作为目的，充分把握好中外文化的共性和个性、优势和劣势，吸收双方文化的精髓，做到"取长补短，共同吸收，开创特色"。注重结合企业实际，形成具有本企业特色的生产经营组织、技术、产品和管理等多方面组成的整体文化；形成企业统一的经营理念，统一的企业宗旨和企业目标，统一的管理思想，统一的企业伦理道德与行为规范，这样不仅能消除中外文化的差异与冲突，而且能更好地融合这种差异，形成共同的奋斗目标，和谐的工作氛围，较强的凝聚力与向心力，从而实现双方的良好合作。正如原中美外资天津奥的斯电梯公司的一位美方代表所言，"中国伙伴在谈判桌上表现出与我们不同的文化价值观念，中国人对合同或协议的看法，对合作伙伴选择的标准，对知识和软件的看法等，都与我们不同，谈判有时会因此陷入困境……"对此，美国一位资深企业家甚至断言："如果能有效地克服文化障碍，美国对华投资、贸易量可以比现在增加两倍。"从人类生态学的观点来看，商务与文化的互动，不仅反映了不断变化的文化，同时反过来也改变了文化，创造出了新的商务文化。一些在华成功的外资企业均创造出了融合中外的富有跨文化特色的新型的企业文化。从交易费用的角度来看，和任何企业一样，跨国公司要在东道国从事商务活动均需要下列成本：进入市场的信息成本、谈判费用、缔约成本、履约成本和仲裁成本。然而，建立在现代工业文化基础上的、有效的跨文化沟通，可以大大节约国际交易的费用，从而实现"双赢"的目的。

第二节 企业文化宣传的核心体系

根据不同类型企业的产权架构，很显然，企业的文化宣传，不能停留在一般意义上的传统做法，要抓住企业文化宣传的核心体系与时俱进，也只有这样，这种文化宣传才具有真正意义。

一、围绕企业价值观层次展开宣传

成功的企业，都有其正确的、高尚的价值观。而企业的价值观又具有层次性，其实现形式一般是由低向高不断攀升。企业的文化宣传在引领企业价值观"攀升"过程中，必须遵循"由低向高"这一渐进规律。

"多劳多得、奖惩结合"是企业工薪管理的一个基本法则，是目前大多数企业调动员工积极性的首要手段，也是最为常用的手段。但仅有这一点是不够的，假如员工把自己与企业的关系确定为"拿一分钱干一分活""你出多少钱，我就干多少事"，员工的积极性就很有限。对于企业来说，实现这一点，也要进行十分严格的管理和监督，成本也相当大。结果是管理与监督力所不及的地方，员工就没有积极性，并且员工对企业只能"同甘"，无法"共苦"。这里涉及企业整体价值观的层次问题。在这一点上，日本京都制陶公司的经历给我们提供了一些有益的启示。

  日本京都制陶公司成立之初，业务发展很快。它的创办人稻盛和夫经常要求年轻的员工加班，不但每晚干到深夜，星期天也常常不能休息。渐渐地，各种不满情绪滋生出来。在一次加班过后，一群青年员工在酒店喝酒，一个人提议："我们应该联合起来，用强硬手段向公司提出要求。"这个提议得到热烈响应，并且说："如果公司不答应，我们就集体辞职。"年轻人说干就干。第二天，他们写了按血指印的抗议书，说出了自己的不满，提出了加薪和增加奖金的要求。他们自信地认为，现在公司人手不多，这么大规模的抗议一定能成功。但是，稻盛没有答应他们的要求，他们只好硬着头皮宣布辞职。稻盛没有放弃，他进行了三天三夜的说服工作，终于扭转了局面，使这批人留了下来。这件事让稻盛陷入深深的沉思："本来以为创立京都制陶是为了让我们的技术闻名于世，现在看来还有更为重要的事。公司究竟是什么？公司的目的和信念是什么？要争取什么？"他来回兜圈子，思路渐渐开始清晰了："让技术闻名于世，是低层次的价值观，是次要的事情，应该把那种想法抛得远远的。经营公司的目的，是为全体员工谋求物质和精神方面的幸福，为人类的社会进步贡献力量。"从此以后，"为全体员工谋幸福，为社会发展贡献力量"就成了京都制陶公司的价值目标，京都制陶公司再也没有发生过员工辞职的状况。

  从京都制陶公司的事例我们可看到，每个企业都有自己的价值目标，价值目标有高有低，有其不同的层次，有的以利润为最高目标，但有的企业不把价值目标局限在赚取最大利润上，而是形成一种确定的理念，使自己的工作具有超越赚钱的更高的价值。人的天性中，不仅有对利润的追求，还有对精神价值的追求，一个人总想使自己的工作更有意义。企业的文化宣传，就是要用企业文化把员工这方面的要求调动起来、整合起来，朝着一个方向努力，员工就会把本企业工作当成实现自己人生目标的不间断的进程，而不仅仅是种谋生手段。企业的价值目标也就因此会上升到一个更高层次，达到一个新境界，企业的扩张也因此有了永不衰竭的动力。

二、坚持以人为本的新时代企业文化宣传

  经济全球化、知识经济和可持续发展成为当今人类社会发展的三大主题。在这样的背景下，新时代企业文化在很大程度上不同于工业经济中传统企业文化模式，其具有独特的特征。

  人本文化是新时代企业文化的基本特征之一。

  古代中国提倡天人合一，近代中国提倡民主和科学，当代中国提倡以人为本。人类社会的每一场活动都是为了人，而一切活动又离不开人。同样，企业的生存和发展也是为了人，一切都必须依靠人。企业文化作为一种管理哲学，是以人为中心的，这也是现在企业文化与传统的以物为中心的管理思想的根本区别。

  工业文明诞生于西方，企业管理的传统思想带有浓厚的西方科学主义色彩。这样的管理，把企业看作单纯的经济组织，把生产过程看作单纯的物的运作过程，管理的主要对象是物，人被看作物（机器、产品）的附属品。这其中见物不见人的片面性随着经济的发展，越来越成为阻碍企业进步的桎梏，而企业文化理论这一充满东方人文色彩的管理哲学应运

而生，有效地弥补了西方传统管理思想中的先天不足。所谓企业文化的人文性，就是从企业文化的角度来看，企业内外一切活动都应是以人为中心。

从企业内部看，企业不应是单纯地制造产品、追求利润的机器，员工不应是这部机器上的零件；企业应该是员工能够发挥聪明才智，实现事业追求、和睦共处、舒畅生活的大家庭。日本松下公司的老板告诫自己的员工，如果有人问："你们松下公司是生产什么的？"你应该告诉他："我们松下公司首先制造人才，兼而生产电器。"正是这样依靠人、培养人，松下公司才得以长盛不衰。

从企业外部看，企业与社会不应该单纯是商品交换关系，企业生产经营的最终目的是为了满足广大人民的需要，是为了促进人类社会的发展。中国企业要做到可持续发展，就必须进行以人为本的企业文化建设。兰德公司的专家们曾花了20多年的时间，跟踪了500家世界大公司，最后发现，其中100年不衰的企业的一个共同特点是：他们不以追求利润为唯一的目标，有超越利润的社会目标。具体地说，他们遵循以下三个原则：人的价值高于物的价值；共同价值高于个人价值；社会价值高于利润价值。强调企业的基础是个人，没有个人能力的发挥，没有了解个人是怎样发挥作用的，企业就不能成为一个有机的生命体，也就不可能形成企业活力。正因为这样，企业在坚持以人为本的文化宣传方面大有可为。

三、把握企业可持续发展的文化宣传方向

坚持以人为本，树立全面、协调、可持续发展观，促进经济社会和人的全面发展，是中共十六届三中全会提出的深化经济体制改革的一个重要原则。当然，企业可持续发展，应成为企业文化宣传的核心内容之一，并成为长期不能动摇的方向。

企业能否可持续发展，这是世界普遍关心的一个大问题。一些文献研究表明，从平均意义上说，世界500强平均寿命为40~50岁，跨国公司平均寿命为11~12岁。在日本和欧洲，企业的平均生命周期为12.5年。在美国，有62%的企业平均生命周期不到5年，存活能超过20年的企业只占企业总数的10%，只有2%的企业能活50年。在中国，企业家有三个梦想：一是做成国际品牌；二是跻身世界500强；三是做成百年老企业。但是国内的研究表明，企业寿命实际上并不乐观。常见的企业成长现象是，大集团公司平均寿命为7~8年，中小企业更低，平均只有2.9岁，一般是"一年发家，二年发财，三年倒闭。"中国的大多数企业存在着先天不足、后天发育不良的状况。抗风险能力差、缺乏自我调节功能是这些企业的共同弱点。根据清华大学公共管理学院危机课题组和中国惠普有限公司2003年8月共同合作完成的"企业危机管理现状"调查结果，被访者认为：45.2%的企业处于一般危机状态，40.4%的企业处于中度危机状态，14.4%的企业处于高度危机状态。这份调查资料显示，中国半数以上企业处于中度以上的危机之中。如此触目惊心的数字，足以让企业宣传工作者警惕：企业或生存，或消失，或可持续发展迫在眉睫。企业的文化宣传，必须把这个命题常挂在嘴边，以高度的政治责任感，为企业的长盛不衰做出自己的贡献。

第三节 企业的显点文化宣传

企业的形象，有有形的，有无形的，无形的价值往往胜于有形价值。企业的形象宣传，

既要重视有形的，更要重视无形的，全方位做好企业"显点"文化宣传。

显点，在这里既包含看得见的物质性，也包含看不见的精神性。这两方面都是文化宣传的重点，有意义的、有价值的闪光点，我们都可以称其为"显点"。

一、充分显示企业的无穷魅力

一个企业的魅力表现为企业拥有具有竞争优势的产品和资源、优秀的人才、优越的区位、完善的服务网络，拥有大批忠诚的消费群和研发产品的储备等。

企业的魅力是外拓形象、内聚人心的基石，而宣传工作要充分显示企业的魅力，也就是构筑上下同心的桥梁。在宣传策略上，一般从突出企业的最靓点入手。

一个优秀的企业具有很多优势，但这些优势在比较中又要不是一般高的，在显示企业魅力方面就不能"扎堆"全推出，要挑出最有代表性、最靓丽的方面进行宣传。例如，上海的老字号企业恒源祥创始于1927年，专营各类毛线，享誉海内外。它的亮点在哪里？如果强调"老"字，显然没有特点，因为现在中国老字号企业中有70%已"寿终正寝"，幸存下来且经济效益好的不到20%，形成规模经济的更是凤毛麟角。然而，恒源祥却以其"夕阳行业"的身份，硬是在"黄昏"中升起一轮太阳，大步流星地跻身公众喜爱的十大商标行列。在众多老字号深感发展困难的不利"气候"中，恒源祥却发展成为拥有7大子公司、70多家加盟公司的企业联合体。恒源祥的"显点"除了百年的历史，在无形资产中，更突出地拥有文化创新。文化品位是名牌产品的一个重要特征。能成为名牌，光有功能性的优势是不够的，还应具有观念价值，不仅能赢得人们的好感，还能使人对其产生激情，从中体验到某种情谊。世界名牌产品经久不衰的一个重要原因是文化创新，很多国际名牌一百多年来品牌不变，变的是吸纳各种文化，始终保持一种开放性，兼收并蓄，并在此基础上进行文化创新。文化创新就是企业制胜的法宝，因为无论是产品创新还是机制创新，归根结底是一种文化创新。恒源祥正是十分注重文化创新，把毛线编织与运动项目、劳动技能、儿童心理和智力发展、防治老年痴呆症、沟通亲情和友情等联系起来，不断为其产品增添新的文化内涵，注入新的活力，才使毛线这一"夕阳行业"焕发青春。很显然，恒源祥的"显点"是企业的文化创新，其中外显点是企业焕发青春，生机勃勃，"羊（阳）羊（阳）羊（阳）恒源祥。"隐显点是其无形资产——广大消费者认可的品牌。恒源祥也正是抓住了这最靓显点进行对内、对外宣传，保持企业的无穷魅力。

二、一个时期突出一个主题，集中力量宣传

企业的发展是多方面的，同时也是有层次地向前推进的，宣传的艺术在于求新求变。要使企业的"显点"在内外闪烁不停，就要根据内外环境需要，一个时期突出一个主题，集中力量宣传。例如，合肥市客运总公司，为了使企业服务显点在内外始终耀眼，他们在春运、五一和国庆"黄金周"、暑运等不同客运高峰，推出不同服务主题，进行有声有色的宣传，成为全国和省、市知名的文明服务窗口。

三、实行"显点"再策划工程，让"显点"不断升华

企业在发展过程中，通过实践，对以往的"显点"再认识，再完善，再丰富，使"显

点"不断升华，更趋成熟。宣传工作者要善于发现企业成长中的"亮点"，抓住具有时代意义的事例，进行"显点"再策划，不断唱出新调，从而在内外传播中对企业的"老显点"有新感觉、新认识。

上海光明乳业公司是一个典型。光明乳业是一个历史悠久的品牌，公司的历史最早可追溯到1949年，那时名为上海益民食品一厂，主要进行奶粉生产，1952年注册了"光明"品牌。1956年后，光明乳业迎来了两次大的发展机会。改革开放后，光明主打品牌产品由奶粉转为液态奶，公司先后建立了9个乳品厂，建立了多个品牌。在这一段时间，他们实行三大"显点"策划工程：公私合营，资本扩张；实行资源整合；解决上海人民"喝奶难"这三大显点的宣传策划十分成功，在全国产生了积极影响。

1992年，乳品行业从以前的"供不应求"变为"供大于求"，市场竞争非常激烈。光明牛奶乘势而上，进行一系列大胆改革，在内部进行专业分工，集约化、规模化经营，与此同时提出"国内一流，国际接轨"的口号，并统一品牌，统一销售队伍。1996年，上海市牛奶公司和香港上实控股公司50%对50%组建"上海市光明乳业有限公司"，制定了光明品牌战略及其推进措施，积极致力于建设全国性的品牌公司，实施用全国资源做全国市场，从上海走向全国战略，建立地方性生产品销售公司和全国性品牌增值公司——打破系统、区域、所有制的界限，推进奶业产业化——实现生产经营与资产经营的优势组合——在黑龙江、内蒙古呼伦贝尔大草原设立两大奶源基地型合资企业。还在西安、北京、广州等6地建立了城市型保鲜奶生产基地，产品辐射周边市场。这种品牌战略的施行效果十分明显，仅仅两年后，"光明"成为全国知名品牌。1999年，"光明"乳制品商标成为中国驰名商标；2001年，公司入围中国最受尊敬企业50强；2002年，光明乳业在国内乳业中产销量、销售收入、利税总额、鲜奶收购量、液态奶、酸奶产量和全国市场占有率等综合指标排名第一。光明乳业秉承"创新生活、共享健康"的使命，始终以领先变革首创的精神，站在行业的前列。

从1992年至今的20多个年头里，光明乳业在市场经济大潮中勇往直前、亮点频现，其宣传工作者高扬"创新生活，共享健康"大旗，对"显点"精心策划，不断在上海市和全国范围内对"光明"品牌进行一浪高一浪的宣传策划，使"光明"奶家喻户晓，深入人心。

第四节　企业的多种文化宣传方式

企业的文化宣传，随着社会文化宣传的繁荣和多样性，随着科技进步和社会数字化建设的进程，在继承传统的基础上方式更加多样，同时交叉并用，更加贴近大众的喜闻乐见。企业文化的宣传，是对企业文化的全面内涵和组成要素进行全方位的推广和扩散，分为对内宣传和对外宣传。

一、企业文化对内宣传方式

企业文化的对内宣传实际上就是对企业员工及管理者进行的企业内部的文化培训、教育、宣传、灌输。企业文化对内宣传具有辅助企业文化形成的功能，又兼有使企业文化得到传承和发扬，从而激发员工战斗力的功能。企业文化的形成、发展、积累都与企业文化对内宣传有密切的关系。对内宣传是指企业通过一系列行为在员工与组织内部进行文化宣传。没有完成内化的企业文化不能叫企业文化，最多称得上是格言、警句或标语口号，前者刻在员工的心里，后者写在纸上、墙上或者停留在口头上。

（一）个体宣传

个体宣传是指企业里认同与支持企业文化的员工，通过自己的工作或执行任务或做人、做事来传递企业文化信息，去感染、感化周边的同事。作为普通员工，其每天在企业里的日常工作活动实质上就是对本企业文化的践行。例如，强调效率、强势的企业文化中，员工的生产活动必定会注重效率，富有激情，并且这些员工的工作方式与态度也会自然而然地影响其身边的同事，进而形成一种文化氛围，使大家共同认同与遵循本企业文化。再如，作为企业中的管理者，更是企业文化对内宣传的重要主体。首先，企业管理者及对下属的要求及个人行为、作风等构成对内宣传的主要通道；其次，管理者所制定的规章制度以及考核、激励制度等都是企业内文化的体现与宣传。

不过有一点非常重要，即宣传者本身首先应该是接受者，然后才是宣传者。只有当宣传者接受了企业文化的实质性内容，对企业文化的核心价值观及其相应的体系有全面的认同和准确的把握时，才能够在企业内部向普通员工进行宣传。从这个意义上说，企业文化的对内宣传者，即创业者、管理层人员、负责企业文化的宣传部门等必须首先自己接受本企业的文化，成为本企业价值观的忠实信徒、本企业精神的践行者，然后才有资格向普通员工宣传本企业的文化，向其灌输企业价值观和企业精神，才能够准确地宣传本企业文化。

（二）组织宣传

组织宣传是指企业通过完善内部报刊、广播、电视台、橱窗、宣传栏等渠道与举办企业文化征文比赛、文艺晚会、企业文化演讲、评先进等活动及健全相关管理机制、体制，来宣传与推广企业文化。值得注意的是，新媒体的兴起为组织宣传提供了新的传播平台，企业必须加以重视和利用。

二、企业文化对外宣传方式

企业文化的对外宣传指企业将自己的文化向社会与公众宣传。企业文化对外宣传具有树立企业形象、提高品牌忠诚度和提升竞争力的功能，同时也兼有推动社会精神文明建设、促进社会文化进步的作用。企业文化的对外宣传是一种文化交流，不是单向的文化输出。全面准确地对外展示、宣传本企业的文化，最终在社会公众心目中留下一个美好印象，塑造良好的企业形象，对企业发展至关重要。企业文化宣传按照不同的分类标准，可以划分为不同的类型，按宣传的载体可以分为产品宣传、人员宣传、媒体宣传。

（一）产品宣传

产品宣传即企业在生产和销售产品的过程中宣传自己的企业文化。一般来说，企业通常是以畅销产品为主流载体，让消费者在认识和使用产品的过程中接受企业文化，并由此使得企业的品牌价值得到提升。

无论在哪一个企业中，其产品都是企业的终端，是企业文化最具体的表现，因此产品宣传的重要性就不言而喻了。现今许多跨国企业对这方面尤为重视，例如全球最大的家具家居用品公司——瑞典宜家家居，就是以其独特的产品体验式营销策略获得了消费者的青睐。与普通家具市场不同，宜家卖场配备了供客户体验的沙发等各类家具，同时还装修有各种形式的样板间，消费者可以随意体验他们的实用性以及舒适度，然后决定其购买与否，这样的产品体验式营销充分体现了宜家企业的人性化，以此博得了消费者的广泛好评。逛得太累？没关系，宜家为顾客准备了地道的瑞典美食、消除疲劳的咖啡，真可谓用心良苦。

在企业与市场沟通的最终端，利用产品体验与消费者沟通，实际上是企业文化与消费者沟通的直接体现，消费者通过体验产品而感受到它的品质，从而理解产品设计的合理性与人性化，进而认可产品、认可企业文化。在此过程中，企业不仅成功地卖出了产品，更进行了一次成功的品牌营销，宣传了企业文化，培养了一群忠实客户。

（二）人员宣传

人员宣传即通过企业领导者和全体员工的语言与行为等符号系统宣传企业文化。

每位员工的素质及其外观，实际上都会影响公众对其所在企业的评价。所以，企业中的每一位员工都应强化自己也是"企业文化宣传主体"的意识，并在日常工作和行为表现上注意要符合企业规范，不给企业形象抹黑。麦当劳有一条"为客户提供整洁、舒适的就餐环境"，它的员工在日常规范与工作中就非常重视其行为举止，他们自身的着装非常整洁，对待客户非常有礼貌，清洁员工不停地打扫餐厅，时刻保持餐厅内的干净、整洁。因此，虽然麦当劳的餐厅内没有悬挂"为客户提供整洁、舒适的就餐环境"的标语，但是顾客们在其员工的表现中就已经能够准确地感受到它的企业文化。

企业公关人员、接待人员、服务人员等实际都充当了企业某一方面的形象代表，所以应该特别注重自己的行为举止。而企业领导者则是企业整体形象的全权代表，其言谈举止、行为态度都会影响公众对该企业的印象。阿里巴巴总裁马云等企业老总在对外活动时的个人良好形象都是对企业文化的一种宣传，使人们对阿里巴巴集团产生了美好的联想。所以，企业领导者的公众形象能使人们直接联系企业的产品、工作和策略，从而在文化层面建立起对企业的全面认识。优秀的企业文化可以给企业带来巨大收益并抑制竞争对手的活力，而不良的企业文化将阻碍公众对企业的认同，从而使企业的发展处于极其不利的境地。

所以，企业文化宣传应该重视员工的力量，要发动企业全体员工来宣传企业文化，塑造企业的良好形象。

（三）媒体宣传

媒体宣传是指通过各种大众宣传媒介宣传企业文化。

企业文化最常用的对外媒体宣传手段主要是广告。企业支付一定的费用，利用电视、电影、广播、图书、杂志的封面或插页，或通过影星、歌星的表演，精美的画面、艺术的语言、生动的文字等来宣传企业文化，只有先使广告商真正理解本企业文化的精髓，才能把这种对提高企业知名度作用最为显著的广告活动做得有声有色。

通过媒体进行文化宣传在现今信息化的社会中往往会达到非常好的效果，不仅如此，伴随着文化宣传成功的同时，品牌营销往往也会取得好的效果。例如，百事集团就利用广告进行文化宣传并使其功能发挥得淋漓尽致。

百事在刚成立之初，效益并不是很好，与可口可乐之间更是没有可抗衡性。1983年，百事可乐公司聘请恩里克担任总裁，他一上任就把目光盯在了广告上。对软饮料而言，百事可乐和可口可乐的产品从口味上很难分出孰优孰劣，因此，焦点便聚在塑造商品性格的广告（也就是品牌和企业文化）上了。在与可口可乐的竞争中，百事可乐终于找到了突破口。百事可乐从年轻人身上发现市场，把自己定位为新生代的可乐，通过广告语传达"百事可乐，新一代的选择"，并且选择合适的品牌代言人，邀请新生代喜欢的超级巨星作为自己的品牌代言人，把品牌形象人格化，通过新一代年轻人的偶像情节开始了文化的改造。

通过媒体，百事很好地将其企业文化进行了具体化，企业文化是抽象的演绎，但是更包含具体的执行，无论是和世界顶尖音乐巨星杰克逊的合作，还是和NBA的巧妙结合，百事一直都在用事实展现什么是"新一代的选择"。百事品牌的理念是"渴望无限"，以"渴望无限精彩足球""音乐无限渴望无限"为主题的活动一浪高过一浪，倡导年轻人积极进取的生活态度。

百事的成功昭示了在信息化社会中，媒体宣传俨然已经成为企业宣传其企业文化并最终获得经营成功的一种重要手段。我们可以说，企业文化宣传是企业通过各种媒介向内部员工和社会大众传递自己的企业文化的过程。企业文化的宣传与一般文化的宣传有一定的共性，但也有自己的特殊性，无论宣传内容，还是宣传方式、宣传媒介、宣传目的都有很大的不同，因此不能照搬或套用一般文化的宣传，而是要研究并发现其特有的规律。每个企业也要根据自身企业特色，认真地设定适合自己的企业文化宣传方式及渠道。

三、进行企业文化宣传时的注意事项

要使企业文化宣传取得良好的效果，在宣传过程中要注意以下事项。

第一，在对内宣传时，要重视企业内部的非正式组织对宣传企业文化的作用。这样的"小集团"在任何上规模的企业中都存在，它的作用可能是正面的，也可能是负面的，要加以引导、利用，使之对宣传企业文化起到正面的、积极的作用。

第二，要防止企业文化宣传中的变异和虚假化倾向——讹传。

第三，注意消除内外部的流言和谣言，防止流言对企业文化的侵蚀。流言的杀伤力不仅对个体，对组织也同样不可轻视。企业在遇到各种危机事件时要及时、妥善处理，不给流言和谣言提供机会。

【思考与训练】

1. 你对不同企业文化的重塑与宣传是怎么理解的？如何准确去把握？
2. 企业文化宣传的核心体系是什么？关键要抓住哪几点？
3. 企业的显点文化宣传有哪些特点与要求？
4. 今天，中国的经济在世界经济中已有相当的影响力，可是我们离文化强国还仍有一段距离，你怎么理解和看待"中国制造"？

第十二章　社会主义核心价值观体系下的企业文化

> **▶ 提示**
>
> 　　社会主义核心价值体系是社会主义意识形态的本质体现,是全党全国各族人民团结奋斗的共同思想基础。社会主义核心价值体系适应了社会主义市场经济发展的要求,适应了社会主义先进文化建设的要求,适应了现阶段社会主义思想道德建设的要求。这关系我们国家改革的前进方向,关系中华民族的伟大复兴,关系与每一位中华儿女息息相关的中国梦。
> 　　本章着重讲述在我国社会经济文化的现状下,作为社会主体的企业,必须坚持以爱国主义为核心的民族精神和以改革创新为核心的时代精神鼓舞斗志,用社会主义荣辱观引领风尚,承担相应的社会责任。

第一节　坚持良心企业,以精品回报社会

一、什么是良心企业

　　良心只是道德的底线,中国社会最基本的要求是:做人要有良心。企业的良心首先表现在坚守诚信,包括为社会提供诚信的产品和服务。

　　但是有一些企业利用国家改革开放的政策,利用消费者的善良,昧着良心大肆坑害人民群众,不惜以损害国家声誉、民族健康来疯狂敛财。中国有句古话"民以食为天"。多年来食品企业给中国消费者普及了很多化学知识,如霉变大米和火锅里的石蜡,咸鸭蛋、辣椒酱里的苏丹红,鱿鱼海参里的甲醛,面粉里的增白剂,木耳里的硫酸铜,直至牛奶里的三聚氰胺。中国加入WTO之后引入的一个全新概念就是企业的社会责任,并逐渐成为中国社会发展的一个关键词。面对社会转型期出现的各种社会问题,人们对一颗"企业良心"的呼声越来越高。为了国家的发展,为了民族的兴旺,为了人民的福祉,人民希望国家能够强化质量安全的法制建设,建立质量安全监督的长效机制,教育培养中国企业最起码的企业良心。社会主义核心价值体系要求坚持中国特色社会主义的共同理想,这就要求我们的企业不能以追求最大的经济利益为目标,而应该坚持经济利益与社会效益相结合,以国家和人民的利益为根本利益。用"一颗良心"做企业,用精品回报社会。

二、如何坚持良心企业

（一）严把质量关，力争零缺陷

一个企业要想在激烈的市场竞争中求得生存与发展，从来都是以产品的优质作为保证和后盾，产品质量就是企业的生命。生产出质量一流的产品，树立企业产品良好的质量形象，应该永远是企业发展的主题。

企业要发展，靠的是质量。一个企业的产品质量是各个部门、各个工序、各个工作环节工作质量的综合反映，产品质量得好坏直接取决于各工作环节工作质量的高低。而工作质量又取决于什么呢？IBM管理学院有这样一句名言："质量=90%的态度+10%的知识。"言下之意就是，产品质量的全面提高固然要靠优质的原料、先进的科学技术和检测加工设备，更主要还是在于生产过程以及员工的高度责任感和质量意识以及工作态度。也就是说，产品质量的关键在"人"。无论在什么情况和前提下，人的因素是第一位。人是治理机器的主体，人决定质量，而非机器决定质量。

质量是人的一种责任心的培养。质量工作不是哪个部门或哪一个人的责任，而是所有人员的共同责任。每个人都要做好自己的本职工作，综合起来才能保证整个产品的质量。因此，应该提高职工的业务素质，把产品质量深入到每个职工的心中。著名的"吉列"剃须刀在成名之时，靠的只是5台老掉牙的设备和10名技术工人，然而他们成功了。秘诀在哪里？就是狠抓员工的责任心！

1. 加强质量基础知识的培训教育

人在质量管理中起着决定性的作用，他们素质得高低直接关系产品的质量、企业的兴衰。因此，需要不断地对员工进行培训和教育。质量培训和教育必须以市场需求为指导，采取多种形式加强全员的技能培训，特别要努力提高员工的质量意识，用现代质量观和质量管理方法武装全体员工。同时，坚持培训的实用性、有效性、针对性。通过抓质量现状教育，增强员工的质量危机感；通过抓质量知识教育，增强员工的鉴别力；通过抓质量典型教育，增强员工的工作责任感。

2. 加强员工的质量意识教育

质量是企业的生命，质量意识是企业生命的灵魂。因此，要提高产品质量，必须要先增强员工的质量意识。一要抓全员质量效益意识。质量是企业长期获得效益的源泉，"质量、市场、效益"在市场竞争中是紧密相连的，互相依托，互相影响，互相制约，产品质量好，市场占有率就高，效益就好。二要抓全员质量品牌意识。质量是企业名牌效应的保证。名牌是企业通过长期艰苦的努力创出来的，是千万个用户认可的，是社会普遍公认的。树立全员的质量品牌意识，具有自己的品牌，这样，企业在激烈的市场竞争中就始终处于领先地位。三要抓全员质量文化意识。质量文化是企业在自身发展过程中形成的质量意识、质量行为、质量形象和质量价值观等。如"用户至上，质量第一，不断改进"就是一种质量文化。树立全员质量文化意识，企业的全体员工才可能具备高尚的职业道德和敬业精神，具备优良的质量信誉，以追求完美的产品质量作为自己至高无上的责任。

3. 重点把握细节，提高质量

追求完美品质，要求从小事做起，做好细节。泰山不拒细壤，故能成其高；江海不择细流,故能就其深。细节是操作过程中的流程要领,掌握好细节也就把握了质量。随着社会分工的越来越细和专业化程度的越来越高,细节管理显得尤为重要。注意抓好细节,精益求精保证质量,才能让产品在竞争中取胜。因此,追求完美品质、把握细节是提高质量的重点。

4. 规范企业全员的质量行为

在现代化生产中,只要有一个人质量行为不规范,必将造成不良的质量后果。因此,只有首先规范人的质量行为,大力提高人的素质,才能保证合格产品的产出。我们在日常工作中必须处理好质量意识和质量行为的关系,除了加强所有员工的质量意识教育外,还要把质量意识落实到规范的质量行为上,只想质量好还不够,还要懂得怎样做,才能保证产品百分之百优良;不仅懂得怎样做,还要在行动上一丝不苟地落实,保证每一个质量行为不走样,这样才能确保生产出来的产品百分之百优良。规范质量行为的首要因素是规范人的质量行为,充分发挥每个员工在质量行为上自我规范的能力,开展"质量零缺陷"管理。"质量零缺陷"就是以最积极、最认真、最谨慎的态度去预防问题的发生。它的核心是"预防"和"抵御",保证第一次就把事情做对,它把操作者同时也变成了质量检验者。这种严格的自我约束、自我检查,能够在质量行为自我规范上充分发挥个人的主观能动作用。

(二)加强企业内部制度建设

1. 强化制度建设的意识

在法制社会的建设中,企业的规章制度建设十分重要,它不仅是现代企业管理秩序的需要,是产品和服务规范的保障,也是建设和谐社会的需要。企业若想保证产品质量,获得更大的经济效益和社会效益,就必须从加强企业内部的制度建设着手。中国的企业正处于从传统型向现代型转变的过程中,随着改革攻坚的加速,中国传统与现代企业制度也正在加快融合。为了使员工适应现代企业制度的新型工业文化,实现追求卓越和追求和谐的统一、独立人格和社会人格的统一、制度管理和柔性管理的统一、法制精神和守法精神的相统一,强化现代企业制度建设显得很迫切。

2. 强化人本管理

人本管理是20世纪80年代初风靡西方世界的一种管理文化,其核心是尊重人、激发人的热情,其着眼点在于满足人的合理需求,从而进一步调动人的积极性,它使管理科学上了一个新台阶。人本管理是一种以人为中心的管理,认为只有对企业进行人本管理,说人情、讲人性,才能最大限度地激发员工的主人翁意识,才能保障产品的质量过关、企业的良心不被泯灭。人本管理其中涉及情感管理、民主管理、自主管理、人才管理和文化管理。

(1)情感管理。情感管理被一些企业称为"感情投资",它是通过情感的双向交流和沟通实现有效的管理,它注重人的内心世界,根据情感的可塑性、倾向性和稳定性等特征进行管理,其核心是激发员工的积极性,消除员工的消极情绪。

情感管理,就是应该诚心诚意地相信"每个人都有自己的专长",诚心诚意地尊重每个人的想法。既然要人承担责任,就要向他们授权,不授权会毁掉人的自尊心,应该用语言和行动明确地告诉人们你赞赏他们。情感管理就要经常地鼓励人们去取得成功,诚心诚意地表扬员工的成功贡献。因为每个人都希望得到这种机会。虽然物质鼓励也是需要的,但是促使人们取得优异成绩的因素，远远不只是金钱，"上台接受同行们的赞扬比接受一份装在信封里的贵重物品重要得多"。

（2）民主管理。民主管理就是让员工参与决策，实行厂务公开，经营者心里经常装着"要集思广益地办事"这一原则，有随时随地听取别人意见的思维习惯。不仅召开例行的民主大会，向员工报告经营决策和执行状况，听取批评、建议，同时还要经常召开座谈会，听取员工的声音，欢迎下级自由地并可越级提出建议。

民主管理还要求企业领导坦诚，不受自己的利益、感情、知识及先入为主意识的影响，要按事物的本来面貌去看问题。只有心地坦诚，才能知道事物的真实面貌和事物的本质，并顺应自然的规律；才能倾听企业员工大众的呼声，集中广大员工的智慧，才会产生该做的一定要做、不该做绝不去做的真正勇气，也才会有宽容的、仁慈的心态。

（3）自主管理。自主管理是现代企业的新型管理方式，是民主管理的进一步发展。这种管理方式主要是员工根据企业的发展战略和目标，自主制订计划、实施控制、实现目标，即"自己管理自己"。它可以把个人意志与企业的意志统一起来，从而使每个人心情舒畅地为企业做奉献。企业规章制度的制定和执行都要考虑留有自主管理空间。企业经营者要信任人，不要随意解雇人，而要实践"新的人道"，即要在承认人的自主性的基础上，看清万物的天赋使命和本质，按照自然规律进行恰当的处理和对待，充分发挥每个员工的积极性，这就是人道的本义和自主管理的根本要义。

（4）人才管理。善于发现人才、培养人才和合理使用人才是人才管理的根本。企业给员工创造学习和发展的环境和机会，就是最大程度的爱护人才。企业要激励和保护创造性人才和人的创造精神，要遵循人才管理的规律，建立人才信息管理系统，使人才的培养、使用、储存、流动等工作科学化，真正实现人事工作科学化、合理化，做到人尽其才、才尽其用。

（5）文化管理。从情感管理到文化管理，人才管理层次依次向纵深方向推进。文化管理是人本管理的最高层次，它通过企业文化培育、管理文化模式的推进，使员工形成共同的价值观和共同的行为规范。文化管理，就其对人和文化的重视程度而言，是行为科学的发展和继续，但绝不是行为科学的简单重复。文化管理充分发挥了文化的作用，覆盖人的心理、生理、人的现实与历史，把以人为中心的管理思想全面地显示出来。文化是一整套由一定的集体共享的理想、价值观和行为准则形成的，是个人行为能为集体所接受的共同标准、规范、模式的整合。

（三）加强企业内部道德建设

培育企业员工高尚道德情操、诚实守信、敬业奉献、见义勇为、懂得感恩、勇担社会责任，这是企业坚持良心品质的根本保障，是企业文化建设的长期性任务，也是精神文明建设的长期目标。企业的内部道德建设主要集中在诚实守信、敬业奉献、见义勇为等方面。

1. 诚实守信

诚实守信是中华民族的传统美德，是企业经营者和每个公民必备的品格。市场的经营秩序一旦缺失诚实守信，将陷入混乱。诚实守信，无论是对企业还是对个人、对社会，都十分重要，这是法治社会建设所必需的。

企业经营者一旦树立了诚实守信的形象，就会赢得市场，赢得人心。浙江省诸暨市海亮集团董事长、总裁、党委书记冯亚丽这方面体会最深。

冯亚丽担任海亮集团董事长后，始终恪守商业道德，坚持诚信经营和公平竞争原则。早在创业之初，她就提出了信用立业的经营理念，十几年如一日坚持做到"三个确保"：确保按时保质保量将产品和服务送达客户，确保按时归还银行贷款，确保按国家规定上缴各项税金。2002年，冯亚丽公开向社会承诺"失信赔偿"，承诺"保证严格按照约定支付各类应付款项，否则，海亮将以银行1年期存款的10倍赔偿损失给客户"。海亮成为浙江省首家推出"失信赔偿"的民营企业。在企业经营活动中，冯亚丽不断加强诚信管理，建设风险防范体系，积极提升企业信用，打造诚信企业。

冯亚丽关爱员工，对员工诚信，维护员工权益，投资为员工建造了高标准、高档次的海亮花园社区；与中南大学联合开设MBA研究生班和本科班，努力营造了企业、员工"双赢"的和谐劳动关系。她还在企业推进诚信文化建设，构造了具有海亮特色的诚信文化。

诚信推动了企业发展，2007年海亮集团综合实力跻身中国企业500强第186位，中国民营企业500强第13位。2007年9月，冯亚丽获得了全国道德模范十大诚实守信模范候选人，她以自己的诚信创造了企业的辉煌。同样，一个具有诚信美好心灵的平民，也会自觉地在金钱面前不动摇诚实的心。"诚信无价"，无论企业或个人，具有诚信品格，就会赢得社会信任。作为企业，要善于发现身边的典型，坚持不懈地宣传和培育这种诚信文化。

2. 敬业奉献

敬业奉献精神，是一个人崇高精神境界表现，企业拥有这样的员工，是巨大的无形资产，他们无论在多么艰苦的环境，是多么困难的工作，都会默默地做出自己的贡献，出色地完成任务。辽宁省鞍山市的郭明义就是一个突出代表。

郭明义，男，出生于1958年12月。1977年1月参军，1980年6月在部队入党，并于当年被评为"全师学雷锋标兵"。1982年复员到鞍钢集团矿业公司齐大山铁矿工作。先后荣获全国优秀共产党员、全国五一劳动奖章、第三届全国道德模范、全国无偿献血奉献奖金奖、全国红十字志愿者之星、中央企业优秀共产党员、辽宁省道德模范、鞍山市特等劳动模范、鞍钢劳动模范等荣誉称号，并当选2010感动中国年度人物和首届中华儿女年度人物。

入党30多年来，他时时处处发挥先锋模范作用，在先后任职的7个工作岗位上都取得了突出业绩。1996年开始担任齐矿生产技术室采场公路管理员以来，他每天都提前2个小时上班，16年来，累计献工1.5万多小时，相当于多做了5年的工作量。他主修的高标准采场公路，为企业降耗增效3 000多万元。他始终以雷锋为榜样，把扶危济困、播撒爱心当成毕生天职，积极参与社会公益事业，被人民群众亲切地誉为"爱心使者""雷锋传人"。

作为社会主义核心价值观生动实践者的郭明义，他用实际行动感染着企业里的每一位职工。拥有这样敬业奉献的职工，对企业来说是一笔极其宝贵的财富，对企业的精神文明建设起到重要的推动作用。

3. 见义勇为

见义勇为，浩然正气，奋不顾身，维护正义，义不容辞……这些流传千古的中华美德，也是人类普遍具有的人性美。曾经一段时间，正义的价值观在一些地方被颠倒，被少数人淡忘或漠视。近几年，在强大的舆论呼唤和引导下，见义勇为的精神被广泛弘扬，一大批见义勇为的道德模范涌现了出来，他们中有的在突发事故或灾难面前，奋不顾身冲上前；有的在歹徒的刀枪面前，毫不退缩，英勇搏斗，甚至献出了宝贵生命；有的人为挽救他人生命，危难关头挺身而出，把生的希望留给别人，把死的威胁留给自己……这些可歌可泣的事迹，感天动地，激励人们以英雄为榜样，做维护社会正义的勇敢者。

从我国一度出现的正义价值观被颠倒，再到如今的被广泛弘扬，可看到宣传工作的力量。当正确的舆论压倒歪风邪气，正气就会上升为社会的主流，歪风邪气没有了市场。企业在道德建设的宣传教育中，要高扬主旋律，让见义勇为的高尚思想和行为成为人们一种自觉行动。

第二节　坚持以社会主义荣辱观引领社会风尚

概括为"八荣八耻"的社会主义荣辱观汲取了传统荣辱观的精华，突出了社会主义道德风尚的特色，是中华民族传统美德与民族精神和时代精神的密切结合和有机统一，也是社会主义伦理观、道德观和价值观的精确提炼和生动体现，是对马克思主义道德观的精辟概括和新时期社会主义道德的系统总结，也是以人为本的科学发展观的重要组成部分。从内容上看，这八个方面的基本要求，通过对社会主义道德规范和社会主义精神文明规范中若干重要方面的突出和强调，构成了旗帜鲜明、是非有界的荣耻之别，既涵盖了社会主义世界观、人生观和价值观的基本内容，又统辖了爱国主义、集体主义和社会主义的重要思想，同时也体现了社会主义道德规范、精神文明和社会风尚的本质要求，明确了当代中国最基本的价值取向和行为准则。

一、社会主义荣辱观在企业文化建设中的意义

2005年3月16日，国务院国有资产管理委员会正式下发了《关于加强中央企业企业文化建设的指导意见》，明确提出要用3年左右的时间，基本建立起适应世界经济发展趋势和我国社会主义市场经济发展要求，遵循文化发展规律，符合企业发展战略，反映企业特色的企业文化体系。新一轮的"企业文化建设热"正在兴起。2013年党的十八大确定了扎实推进社会主义文化强国建设的方针政策。

企业文化是社会文化体系中的一个有机的重要组成部分，它是民族文化和现代意识在企业内部的综合反映和表现，是民族文化和现代意识影响下形成的具有企业特点的群体意识以及这种意识产生的行为规范。在社会转型和文化嬗变时期，各种不同的意识形态和价值取向相互渗透，企业文化建设要坚持社会主义先进文化的发展方向，要以正确的荣辱观为导向，正确的荣辱观即以"八荣八耻"为主要内容的社会主义荣辱观，要坚持以爱祖国、爱人民、爱劳动、爱科学、爱社会主义为基本要求，这体现了中华民族的传统美德和时代要求，明确了当代中国最基本的价值取向，坚持什么，反对什么，倡导什么，抵制什么，一目了然，泾渭分明。

二、社会主义荣辱观引领企业文化建设

（一）社会主义荣辱观是企业文化的价值指引

企业文化就是企业员工的价值观、思维方式、行为方式以及组织规范、组织氛围的总

和。国内学者普遍认为企业文化有四层结构：企业文化精神层(企业精神文化)、企业文化行为层(企业行为文化)、企业文化制度层(企业制度文化)、企业文化物质层(企业物质文化)。企业精神文化是一种更深层次的文化现象，在整个文化系统中处于核心地位，它包括企业精神、企业价值观念、道德规范、思维方式、风俗习惯等。其中，企业价值观是指企业在经营管理中所奉行的基本信念和目标，是企业精神文化的核心。企业价值观是分层次的，有高有低。有些企业的价值观是为了致富、为了利润，有些企业是为了育人、为了服务社会、为了增强国力。兰德公司专家们花了20年时间，跟踪了500家世界大公司，最后发现其中100年不衰的企业有一个共同特点：他们不以追求利润为唯一的价值目标，有超越利润的社会目标。

美国最负盛名的心理学家马斯洛(Abraham H. Maslow)提出了著名的人类需要层次论，指出了人的需要有从低到高、从物质到精神、从生理到心理这样一个先后不同的层次。人们将此理论运用到企业管理上并进一步深化，认为企业应该用价值观激励全体员工，从文化心理上去满足企业职工的高层次需要。

因此，企业要做到基业常青，不仅要关注物的价值；更要关注个人价值；不仅要关注经济价值，更要关注用户价值、社会价值。在当前，企业应该以"八荣八耻"作为价值标尺，要将社会主义荣辱观贯彻落实在服务客户、服务党和国家的工作大局、服务经济社会发展的价值目标上。走新型工业化道路，把为和谐中国、效益中国、全面建设小康社会做贡献作为企业的最高价值目标，员工就会把本企业作为实现自己人生目标的过程而努力，企业的扩张也就因此有了长远的、永不衰竭的动力。因为根据马斯洛的需要层次论，员工不仅仅有对工资待遇等物质的追求，还有精神追求、价值追求，总想使自己的工作更有意义，实现自我的人生价值。员工和企业有了一致的目标，自我就迸发出工作热情和能量，为促进企业的和谐、持续发展，为社会主义建设贡献力量。

（二）社会主义荣辱观是企业文化的具体内容

社会主义荣辱观突出了爱国主义的核心，体现了为人民服务的根本宗旨，为企业大力开展企业文化建设、构建和谐企业、促进企业发展提供了理论依据和精神动力。企业文化是一个企业的生存之"根"、发展之"魂"以"八荣八耻"为主要内容的社会主义荣辱观又是企业文化建设的灵魂。新时期企业文化建设的根本目的就是要使广大员工以"八荣八耻"为标准，树立崇高、正确的荣辱观，做一个热爱祖国、服务人民、崇尚科学、辛勤劳动、团结互助、诚实守信、遵纪守法、艰苦奋斗的新时代企业员工，为企业和社会的改革、发展和稳定提供强大的人才资源。

"八荣八耻"的主要内容也是企业文化建设的内容，首先，在企业文化的精神层，要以社会主义荣辱观为内涵树立与社会主义市场经济相适应的经营宗旨、价值理念、道德观、管理思想，进一步提升、完善企业理念体系，引导员工树立正确的人生观、道德观、价值观，推进和谐企业建设。其次，在企业文化的行为层，积极开展以践行社会主义荣辱观为内容的文体活动，通过丰富多彩、健康向上的企业文化活动，极大增强企业员工爱国热情，提高民族自尊心、自信心和自豪感。进一步把广大职工的智慧和力量凝聚到促进企业发展、增强国家经济实力上来。最后，在企业文化制度层，依据"八荣八耻"，进一步制定、完善各项规章制度：领导干部行为规范、员工行为规范、岗位守则等，用制度把践行"八荣八耻"固化，真正把"八荣八耻"转化为广大干部职工的自觉行为，落实到员工的日常工作和具体行为中。

(三) 以荣辱观为抓手,引导员工岗位上践行荣辱观

树立社会主义荣辱观,深入人心是关键,联系实际是途径,"八荣八耻"提出了当代社会的道德标准,对公民的道德规范作了具体要求。对企业员工,提倡和实践"八荣八耻",关键是立足本职岗位,在做好本职工作中服务祖国、造福人民。

荣与辱的抉择,不仅表现在事关国家、民族和人民群众根本利益等重大问题上,而且更多地表现在本职工作和日常生活中。教育引导职工从本职工作做起。发扬工人阶级先进性,争做树立和弘扬社会主义荣辱观的先进模范;要充分发扬主人翁精神,进一步增强责任感和使命感,在本职工作中服务客户、服务人民,把践行社会主义荣辱观与增强企业自主创新能力、完成企业生产经营目标结合起来,做爱企业、爱人民、敬业报国的模范;要在工作中刻苦学习、勤于钻研、积极探索、勇于开拓,增强学习能力、创新能力、竞争能力,做崇尚科学的模范;要传承劳动群众相互扶助、和衷共济的传统,继承中华民族宽容谦逊、和衷共济的美德,做团结互助的模范;要牢记"诚实是为人之本,守信是立事之先",增强信用意识、法制观念,做诚信守法的模范;要继承和发扬勤俭节约、艰苦奋斗的光荣传统,养成健康节约的生活方式,做艰苦奋斗的模范。

企业文化建设是企业的长期行为,企业要建立践行社会主义荣辱观的长效机制,让社会主义荣辱观在企业的每个角落落地、生根、开花、结果。让企业干部、职工人人成为践行社会主义荣辱观的模范,使企业文化真正成为新时期加强和改进思想政治工作的有效载体,进而推动全社会文明风尚的形成。

三、参与公益对企业文化建设的作用和意义

作为企业生存的核心,企业文化在企业发展中扮演着重要的作用,优秀企业文化的建设,可以激发员工的"自律意识",从而降低企业管理成本,更有助于企业长期稳定地发展。因此,打造优秀的企业文化是企业成长的重要内容。目前,众多企业除了为社会提供高品质的产品和服务之外,还需要积极参与社会公益活动,去承担企业的社会责任和义务,以树立企业的公众形象和提升企业的竞争力。企业形象不仅是一个企业规模、产品等技术和文化素质的综合反映,同时也包含了其对承担社会责任和义务的价值取向这一重要内涵,是企业文化建设的重要组成部分。

企业参与社会公益事业,不仅能增强产品的知名度和亲和力,赢得市场好评,更能对企业文化建设产生巨大影响。

(一) 参与公益活动有利于企业文化氛围的塑造

所谓企业文化氛围,就是一个企业中的特殊的文化氛围,人们看不到,但可以感受得到,它通过强化企业文化,影响企业的日常管理、员工的价值观念和企业的经营效率。现代企业管理学的观点认为创建积极向上的企业文化,形成良好的企业文化氛围是凝聚人心、推动企业加快发展的重要保证。中外优秀企业尤其是国际著名大公司无不在推崇一种积极健康的企业文化氛围,使员工在与公司目标保持一致的前提下,全心投入每一天的工作。2011年,微软公司的美国员工为美国非盈利机构社区组织筹集了1.005亿美元资金,这些社

区组织在美国和全球服务。算上这笔创纪录的1.005亿美元善款,自1983年微软建立捐赠项目来,微软员工总计为非盈利机构和社区组织筹集了逾9.46亿美元现金。微软美国员工在2011年为美国非盈利组织自愿拿出了426 671个小时,比2010年多出73 000个小时。自2006年开始追踪自愿服务时间以来,微软公司的员工自愿拿出的累计时间达到170万个小时。这样的活动塑造了独特的正面企业形象,激励了微软公司从上到下的所有员工,使得员工在积极的文化氛围中工作。

优秀的现代企业都十分注重企业文化建设、企业道德建设、企业形象建设。因为优秀的企业文化是企业奋发向上、蓬勃发展的原动力,而社会公益事业十分有利于企业文化氛围和形象的塑造。

(二)参与公益活动能提升和完善企业的价值观

企业参与公益活动不只能外显企业的价值取向,也承担了企业的社会责任和义务。而提升和完善企业的价值观念,将企业追求良好人文环境的价值取向传达给社会大众,促进社会的进步,是每一个负责任的企业努力追求的方向。

美国福特汽车公司董事长兼首席执行官小威廉·克莱·福特曾经说过:"好的企业与优秀的企业之间是有差别的。一家好的企业可以提供优秀的产品和服务;一家优秀的企业也可以提供优秀的产品和服务,但他还要努力地让这个世界变得更美好。"英特尔全球副总裁简睿杰认为:"企业开展的公益活动与促销活动一般都会给社会带来利益。企业将自己的一部分利益回馈社会开展各种公益活动,不仅满足了社会公益活动中对资金的需求,同时企业又将良好的企业道德伦理思想与观念带给了社会,提高了社会道德水平。"

2010年4月18日,太阳雨营销总经理陈荣华应邀出席世博生命阳光馆爱心表彰仪式,陈荣华首次提出并阐述了太阳雨的"生态公益"理念。这是中国企业第一次鲜明地提出了生态公益的理念。对于太阳雨集团来说,生态公益战略的提出,也标示了这个快速发展的企业在公益战略上的成熟。"太阳雨"品牌的这三个字,具备了公益基因。"太阳温暖大地,雨水滋润心田",2008年5月6日太阳雨独家赞助残奥助威团新闻发布会上,这是凤凰卫视著名主持人许戈辉的第一句话。在为太阳雨深度服务的5年中,智诚灵动不断深刻洞察太阳雨的公益基因,我们深刻地感触到:太阳的温暖、雨水的滋润、徐新建董事长的善良、太阳雨团队对人性的尊重。这是太阳雨品牌公益战略的核心竞争力。

在中国庞大的企业群体中,开始各种各样公益慈善活动的企业多如牛毛,尤其是在2008年汶川大地震后,更多的企业参与到了各种公益慈善活动中。可是,真正能够通过公益活动促进企业再发展的并不多,甚至有些企业在公益慈善上花费了不少钱,可是不但没有让企业品牌得到认可,反而让公众远离这个品牌。

为什么会出现这种情况呢?企业的公益战略,本质上是与大众的价值观沟通,就是企业通过公益事业和公益活动,向社会和顾客传递企业价值观。就是说,什么是企业所倡导的,什么是企业所坚持的,这是和企业的经营一脉相承的。因此,企业在公益活动中应该不断修正、完善和提升正确的价值观念,而不是一味追求宣传效应,盲目做公益。

(三)参与公益活动可以对外增强企业的美誉度,对内增强员工的凝聚力

顺应社会主流的道德价值取向不但能增加企业社会形象的美誉度,同时可以提高凝聚力,激励员工的士气,使员工获得强烈的归属感和幸福感。

企业文化以价值观为核心，以知识为基础，以事业为追求，以职业道德、规章制度和国家政策法令为导向，潜移默化地融于企业生产经营的各个方面，用一种共同的价值观念和温馨和谐的文化氛围把全体员工凝聚在一起，最大限度地激发和调动员工的积极性和创造性，鼓舞着员工士气，凝聚着企业精神，塑造着企业形象，是企业思想政治工作与精神文明建设的有效载体和参与竞争、改革发展的精神支柱。

相关调查研究的结果显示，与没有从事过公益事业的公司相比，频繁从事公益事业公司的员工忠诚度更高。而超过75%的员工之所以选择为目前的公司工作，部分原因在于看重该公司对各种社会公益事业的承诺，即企业员工的企业荣誉感使其更加忠诚于企业。

目前社会处于一个供过于求、商品严重同质化的时代，产品的同质化和品牌的差异化使得消费者的消费逐渐进行从产品消费到品牌消费之间的过渡，在这种背景下企业积极地进行公益营销，不仅是实践企业公民义务的表现，同时通过公益活动的宣传和实践，可以很好地提升品牌的知名度与美誉度，从而获得顾客忠诚度。

（四）参与公益活动能够促进企业自身的生长

越来越多元化的社会价值架构中，良好的声誉还能够在很大水平上支持企业在市场营销、人才招聘、广告传达及与各方合作等企业经营活动中所做出的许诺，使企业内部员工和外部合作伙伴都对其产生更大的认同感及信赖感，从而提高企业在多层面上的交易胜利率，降低直接交易本钱。

领袖企业的示范作用不仅在于创造了商业史上的传奇，更在企业社会责任层面上发挥着积极的影响。可口可乐自1928年便开始赞助奥运，中国饮料界的知名品牌王老吉在汶川地震时也一展"慷慨本色"。把眼光着眼于中国乳业，中国的乳业企业蒙牛的公益之路亦是可圈可点：从非典时期第一个站出来捐款、捐奶到捐助南方冻雨灾害灾区，从为汶川地震灾区捐款到为青海玉树地震捐款捐物，此外，还有蒙牛的"母亲水窖"活动、"蒙牛爱心井"民生工程、"生态行动，助力中国"等大型绿色公益活动也都在社会上产生了深远的影响。

如今的西方国家，企业的公益成绩已经成为社会对企业进行业绩评估的一项重要指标，许多大型跨国公司在进入世界各地市场的同时也都会有一系列的慈善公益活动。有经济学家分析认为，相对于以前公益事业的"模糊化"，如今的消费者关心的已不是谁"喊得响"，而是谁"做得实""做得到"，虽说中国的有些企业参与公益活动的方法尚不成熟，但蒙牛的公益之路无疑是走出了"领头牛"的风范，而这些不仅体现在了蒙牛的市场份额上，从长远来看，它将对蒙牛塑造"百年品牌"起到十分重要的作用。

所以，公益活动能在最大水平上体现企业的核心价值观和企业文化精髓。事实也已经证明，产品越来越同质化的今天，参与公益活动不仅能满足企业对差异化竞争战略的追求，同时也还是提高企业竞争力的重要途径。将社会公益活动与企业市场行为结合起来，在使企业扩大市场占有率的同时也提升了企业品牌的美誉度，产生了1+1>2的效果，还将对企业的长久发展产生积极而深远的促进作用。

第三节　坚持改革创新　创建学习型企业

党在十八大工作报告中指出：建设社会主义文化强国，关键是增强全民族文化创造活力。要深化文化体制改革，解放和发展文化生产力，发扬学术民主、艺术民主，为人民提供广阔文化舞台，让一切文化创造源泉充分涌流，开创全民族文化创造活力持续迸发、社会文化生活更加丰富多彩、人民基本文化权益得到更好保障、人民思想道德素质和科学文化素质全面提高、中华文化国际影响力不断增强的新局面。

一、改革创新是企业的灵魂

创新是企业发展的灵魂，但创新不是孤立进行的。一个创新型的企业，总要由具有创新的环境条件来作为保证，总要具有创新本质的文化来支撑，创新文化对企业的创新工作和创新活动起着内在的、有力的推动作用。可以说，构建一个良好的、有利于创新的文化环境，是中国企业创新发展、走向世界的必由之路。

（一）基于战略转型新定位，改革创新成为企业发展的内在要求

"企业的灵魂即企业的核心和精髓，是企业生存发展的根本"。改革创新是企业的一种战略定位，它以实现企业和员工的最高层次需求为目标，倡导建立鼓励创新、支持创新、在创新中求生存、以创新求发展的价值观念，营造浓厚的创新文化氛围。实施企业战略，建设企业文化，必须把建立创新文化当作一个重要的前提。

1. 有利于创新的文化环境是企业密切关注内外部变化的客观要求

敏锐地掌握时代发展的趋势，而这种趋势的一个基本特点，就是不断地变革和创新。虚拟经济的发展和虚拟价值的形成，都在冲击着传统经济的模式、规则和观念，而处于这种历史大趋势的企业，只有敏锐地观察并顺应这种转型，以全新的思维和精神状态来应对这种趋势，才能在时代的进步中生存下来，并在生存中赢得生存力、竞争力和财富。良好的创新文化氛围正是在这个新的经济和社会转型时代，创造出富有生机和活力的企业的助力器。

敏锐地掌握时代发展的趋势，而这种趋势的一个基本要求，就是注重技术领先与经济适用相统一，注重提升综合国力和创造虚拟价值相统一。例如，世界航空强国在航空工业上的竞争，实际上都是在整个经济运行体系、产业发展思路、运作模式、综合国力方面进行激烈的角逐。以我国大型军工集团公司为例，要适应这种时代的趋势，就必须拓展两个市场，从过去航空工业只注重军品一个市场，转变为军民结合的完整市场，从而创造实现寓军于民和以军转民的良性互动的有利条件。同时，我们还须认识到，要达成此目的，如果仅仅停留在企业管理变革的层面上，还不可能在真正意义上破茧而出，必须下大决心突破军工过度神秘的惯性思维，大踏步地走向资本市场，深化军工企业体制机制改革，走产融结合的发展之路，敢于以创新的思维推动创新的发展，放飞思想，重塑精神，这样，企业才有可能真正做大、做强，才有赶上和超过世界航空工业发展先进水平一线生机。

2. 有利于创新的文化环境是企业实施战略转型和思维变革的客观要求

从经济学角度看，企业做大、做强，可以有不同的途径。增加并改进劳动力和资本等投入要素，加强自主研制，加大技术改造力度，提高员工的素质，提高劳动生产率；实施战略转变，推进专业化、产业化、资本化发展，在调整、改造、重组中制造商机、激活资源。

从成功企业的发展轨迹来看，只有对以创新的精神、创新的方式、创新的思路推进创新的发展，才能促进经济发展、企业的强大和财富的增长，这就是创新的意义所在。企业

只有通过创新，积极探索新路，薪火相传，转变思路，变革思维，以全新的方式打造企业，才能应付瞬息万变的市场。

从哲学的角度看，创新就是破旧立新，就是创造出新事物。创新是现代企业管理的一项基本职能，是知识经济时代的本质特征，也是企业生存和持续发展的灵魂。成功的企业从不陶醉在已有的成就之中，也不墨守成规、安于现状，而是时刻有一种强烈的忧患意识和时不我待的紧迫感、危机感，普遍视创新和变革为企业最高价值，在创新和变化中寻求和把握机会。

3. 有利于创新的文化环境是企业推动创新工作的现实需要

从客观情况来看，我国许多企业创新文化的建设还处于初始阶段，要形成具有特色的创新文化，还有一个相当长的过程；在对创新的重视程度、战略规划、激励制度、思想观念、创新精神方面还有差距，这是创新文化建设中应该重点解决的问题。

（二）改革创新是企业创新活动的原动力

1. 创新是赋予资源以新的创造财富的能力的行为

创新具有非常规性。创新活动是一个将科学技术成果推向商业化方向的过程，往往是通过一系列不联系的突破性的事件而构成的，而且也只有获得了最终成功的事件才能称之为创新。创新活动的主体是企业。企业是独立的法人单位，在市场经济的大环境下，企业的盈利目的得到了进一步的强化，也正是追求盈利的动力，迫使企业成为创新的最强有力推动者。

创新活动的本质特征是自有知识产权。作为一个创新项目，必须有自己创造出来的知识产权，才能获得垄断利润，并从自有知识产权的转让中获得收益。

创新活动的周期越来越短。社会在不断进步，追求新事物的速度在不断加快，缩短创新的"有效期"，给创新活动增加了压力，也给企业的创新发展带来更多的机遇。

2. 创新文化是一种具有独特的文化形态的企业文化

创新文化表现出不同的特征，这些特征反映出创新文化的独特魅力。归纳起来，创新文化表现出的特征主要有三个方面：在发展战略中体现前瞻性、在相互合作的过程中体现民主性、在激励创新的机制中体现包容性。

（1）在发展战略中体现前瞻性。创新型文化的构建，就是要充分体现企业战略转型的趋势，并引领这种趋势的发展，具有更强的挑战性和前瞻性。

（2）在相互合作的过程中体现民主性。创新是一种知识创造的过程。新知识的创造非常强调相互合作，创新型文化的塑造注重员工在知识、专业和思维方式上的多样性，还要强调一种人本文化，重视每一个员工的创新价值，尊重员工的意见，对员工充分授权，理解和满足员工自我实现的高层次需求，鼓励员工进行合作和沟通，形成一种民主和谐的组织氛围。

（3）在激励创新的机制中体现包容性。创新是风险和机遇并存的，创新型企业必须建立鼓励冒险、允许失败、在冒险中求创新的价值观念，营造浓厚的创新文化氛围。成功的创新型企业无不以"追求卓越"作为经营理念，形成了敢于冒险、大胆创新的价值观念。

（三）创新文化与企业文化生机无限

创新文化在企业的发展、企业文化的建设中互相促进，融为一体。在创新文化建设中，必须处理好以下几个关系。

1. 创新文化和创新体系的关系

创新文化是创新体系中不可或缺的关键内容，也是企业核心竞争力的重要组成部分。企业创新体系包含着产品创新、管理创新、制度创新、技术创新。在创新体系中，创新文化作为一个有机组成部分，对创新工作起着巨大的推动作用。可以说，产品创新是载体、管理创新是保证、制度创新是基础、技术创新是途径，创新文化是精神动力、智力支持和灵魂。

2. 创新文化与文化创新的关系

创新文化不等同于文化创新。创新文化是鼓励创新的文化，是创新活动的动力源泉，强调的是文化为创新活动提供服务和支持；文化创新是对文化本身的再创造，是文化建设适应时代发展要求的自我完善和体现。创新活动本身也是一种文化活动，在创新中为文化建设奠定了基石，同时，文化的创新可以更好地体现文化的推动作用，可以为创新活动提供精神动力和智力支持。要创新，就要形成一种创新文化。

3. 创新文化与企业文化的关系

创新文化与企业文化体系是相互作用、相互联系的。企业文化本身就包含着创新文化的价值要求。创新文化的精髓融汇在企业文化体系内，也可以称之为企业文化的子文化。创新文化的建设和形成，是对企业文化的发展、丰富和完善。两者相互促进，共同根植并融入创新型企业的创造实践活动中，指导着全体员工用创新的思维开展工作，成为增强企业自主创新能力，构建创新型企业的精神动力和重要思想保障。

（四）以创新文化提升创新型企业的价值

提升企业价值是企业内在的需要和本质的体现。

1. 抓好创新文化建设，提升企业价值，最根本的是要大力培养创新精神

创新文化的核心和灵魂是创新精神。要在企业内部大力倡导创新理念，集成人才资源，汇聚创造智慧，推动创新成果。

2. 抓好创新文化建设，提升企业价值，最基础的是要增强自主创新能力

自主创新能力是创新文化的基础和重要条件。核心技术和创新能力是买不来的，必须牢牢建立在自主创新的基础之上。培养企业的创新文化，一定要大力培养和提高企业的自主创新、自我创造的能力。要组织开展具有较强针对性和实效性的创新实践活动，不断推动观念创新、管理创新、技术创新和文化创新等创新能力的建设。要大力构建适宜创新、推动创新的平台，注重发挥院所的科研开发作用、成功企业的实践借鉴作用、高端人才的示范引导作用，把强烈的创新意识转化为务实的自主创新能力。

3. 抓好创新文化建设，提升企业价值，最迫切的是要建立健全支持创新的机制

创新机制是创新文化建设的发动机。应着重建立健全支持创新、促进创新的工作机制。

4. 抓好创新文化建设，提升企业价值，最重要的是要遵循企业文化建设的客观规律

文化建设有自身的内在规律。创新文化建设要以唯物辩证法的世界观、方法论为基础，以科技创新、企业的经济建设为中心任务，把塑造正确的价值理念作为创新文化建设的核心。要深刻认识文化的继承性、时代性和长期性。

5. 抓好创新文化建设，提升企业价值，最核心的是要树立人才为本的理念

人才资本是企业发展的第一战略性资本。人是文化的根本载体，文化是人群组织的灵魂。创新文化的核心任务就是最大限度地开发人才资本的价值。

二、创建学习型企业

（一）建设学习型企业的重要意义

对于企业来说，观念决定命运，思路决定前途。在激烈的市场斗争中，竞争对手可以把其他的资源如资金、人才、原材料、技术、商标等挖走，但无法夺走企业作为学习型组织所特有的资源。

现在，学习型企业的建设在全世界已经形成一个时代的潮流了。世界排名前100强企业中的40%，美国排名前25强企业中的80%，都被公认为优秀的学习型企业。

当今世界著名的学习型企业美国通用电气公司。1981年杰克·韦尔奇任首席执行官，他上任后明确表达了创建学习型组织这一重要思想，他说："一个企业变成一个学习型组织，对于企业来说要有这么一个核心理念，就是必须具备不断学习的欲望和能力，并且还要以最快的速度将所学的一切转化为行为和能力，竞争力就是如此提升的。"

由于成功地创建了学习型企业，有力地推动了生产和经营，使得通用电气公司成为全球最具盈利能力的企业之一。2001年，在美国《财富》杂志主持的"世界最受赞赏的知识型企业"评比中，美国通用电气名列第一。在《财富》杂志主持的"2002年度全美十大最受推崇企业"评选中，美国通用电气同样名列第一。

创新是未来管理的主旋律，今天的企业不创新就没有出路，知识是最重要的资源。我们不仅要做好眼前的工作，还要注意未来的发展。企业只有增加知识含量，产值和利润才能提高。

（二）建设学习型企业的五项修炼

学习型企业的基础理论是"五项修炼"。这是美国麻省理工学院教授彼得·圣吉在《第五项修炼》这一专著中提出的。这一专著于1992年获世界企业学会最高荣誉的开拓奖，彼得·圣吉因此被美国《商业周刊》评为十大管理大师之一。

彼得·圣吉在《第五项修炼》第一部分前言中写道："为什么在团体中，每个成员的智商都在120%以上，而整体智商却只有62%？""为什么1970年名列财富杂志500大企业排行榜的公司，到了80年代却有1/3已销声匿迹？"这是因为，组织的智障妨碍了组织的学习和成长，使组织被一种看不见的巨大力量侵蚀，甚至吞没了。

在欧洲，中小企业的死亡率每年10%。美国，平均有62%的企业在创办5年内死亡，只有10%的企业存活20年以上，2%的企业存活50年以上。据此，彼得·圣吉提出了创建学习型组织的五项修炼：自我超越，改善心智模式，建立共同愿景，团队学习，系统思考。

1. 第一项修炼——自我超越

怎样使一个企业具有很强的自我超越能力？要具备三个要素：第一点是开展境界教育。不要认为思想教育过时了，不论是资本主义还是社会主义，不管是私营企业还是国有企业，为了企业发展，必定要注意思想教育。日本一家钢铁公司的门口竖了很大一个"人"字，这就是他们的境界教育。它告诉员工应该把公司建设成钢铁巨人——世界的钢铁巨人。

自我超越的第二点是把工具型工作观变为创造型工作观。学习型组织理论告诉我们，一个员工如果仅仅把工作看成换取报酬的工具，他的创造力就不大了。如果一个员工认为工作就是为了发挥能量，创造美好的生活、美好的事业，那他就从工具型工作观变为创造型工作观了。通过学习，具有创造型工作观的人多了，企业的力量也就增强了。

自我超越的第三点是向极限挑战。许多员工和企业都要超越极限向上发展。问他们发展中最大的障碍是什么，有的员工和企业会告诉是上司、是所处的环境、是现有的体制。学习型组织理论告诉你，一个人、一个企业发展的最大障碍不是上司和所处的环境，而是人自己本身头脑里的极限。我们人类最普遍的极限是自我极限。

什么是自我极限？人的第一种极限是年龄极限。年轻人最大的自我极限是认为自己年轻，认为这么多老同志都不能解决的问题，自己也不能解决。学习型组织理论告诉我们，这种想法是错误的，不是领导不让做，不是环境不允许，而是自己不去做。研究证明，人的第一个黄金年龄是28岁。达尔文写《物种起源》进行环球航行时只有29岁；马克思、恩格斯发表《共产党宣言》时，马克思30岁，恩格斯28岁。世界上著名科学家的第一件发明有61%在25岁以前。

人的第二种极限是常规极限。所谓常规极限，就是常规的思维方式，只要是人们一般都这么认为，自己就不再想办法突破了。例如，莱特兄弟幻想人类也可以飞上天时，被人们料定为不可能，但他们敢于向常规挑战，发明了飞机。海尔洗衣机很有名，而东北的农民却反映不好用，下水管老是堵塞。公司就专门派技术人员来农村看，一看傻眼了，农民用洗衣机来洗土豆，没想到海尔的老总说，必须把这个问题解决掉。今天的海尔洗衣机不仅能洗衣服还能洗土豆，扩大了市场。

人的最高极限是死亡极限。企业要成功，就要敢于向死亡极限挑战。这里所说的向死亡极限挑战，是指企业面临瞬息万变的市场以及激烈的行业竞争之时，必须要有破釜沉舟的勇气，背水一战的决心，不畏艰难险阻勇往直前的毅力！

2. 第二项修炼——改善心智模式

第二项修炼是改善心智模式，即心理素质和思维方式。不同的心智模式有不同的特点。一个人的思想方法、思维方式正确，他就容易成功，反之就可能失败。心智模式有三个特点：第一是根深蒂固，第二是自我感觉良好，第三是不知道自己的问题在哪里。所以，必须唤起人们的注意，必须改善自己的心智模式，这不仅会影响自己，作为一个部门的领导，还会影响这个部门甚至整个企业。那么，怎样改善心智模式？

（1）学会把镜子转向自己，不能首先把责任推给别人，要把镜子转向自己，看看自己的心智模式有哪些不妥的地方。

（2）必须学会有效地表达自己的想法。在工作中有时候会遇到心情不舒畅，在这种情况下，建议反思一下自己是否学会了有效地表达自己，注意"有效地"，这是一个人在社会上取得成功的很重要的一条，是需要修炼的一条。

（3）必须学会开放心灵，容纳别人的想法。世界上有两种人：一种人始终把自己的思想紧锁，不开放自己的心灵，听不进别人的声音；另一种是心灵开放的人，接纳别人的想法，改善自己的心智模式。摩托罗拉有一个培训高级经理的游戏叫"拍卖游戏"，拍卖的原则是：报价应逐渐上升；发觉钱不够时可以放弃；谁报价高卖给谁。这个游戏没底价，有三对人来配合。前两对都是背靠背站着，各自报价把商品买到手。最后一对则是面对面站着，双方进行沟通，商议在拍卖原则下，如何以最少的钱把商品买到手。前两对竞争，价格交互攀升，最后以较高的价格成交。最后一对通过沟通，不再"相互杀伤对方"，以很低的价格成交。可见，背靠背竞争的结果是两败俱伤；面对面沟通地竞争，最后获得了成功，双方得利。

3. 第三项修炼——建立共同愿景

共同愿景是指共同的目标、价值观和使命。一个缺少全体员工共有的目标、价值观与使命的组织，必定难成大器。共同愿景对学习型组织至关重要，它为学习聚焦，提供能量。只有当人们致力于实现共同的理想、愿望和共同关注的愿景时，才会产生自觉的创造性的学习，才会对工作主动而真诚地奉献和投入，从而取代对改革的抱怨，以及对领导个人愿景的被动服从。

企业的价值观是企业精神的灵魂。价值观是一个体系，一个企业成功与否就是要看这个企业能否构筑起科学的、先进的价值体系，使全体员工向一个方向前进。美国微软公司是世界上成功的企业之一，它之所以这样成功，是因为制定了明确的企业价值体系，从而保证公司的员工向着一个目标前进。此外，微软公司还根据不同的发展阶段不断调整、修改、完善自己的价值体系，一般是两年修改一次，以便使自己的价值观不断符合企业的生产和经营实际。

对于一个成功企业来说，不仅要分阶段建立明确的价值体系，而且要形成一个核心价值观。微软公司的核心价值观就是自我批评。公司要求每个员工每做完一件事后都要交一份事后报告，要求重点谈问题、谈措施，彻底揭露事物和问题，无情解剖自己，同时提出如何推出新我。有些企业也写工作总结报告，但往往成绩讲了一大堆，错误和问题轻描淡写，措施也是蜻蜓点水。显然，这是不行的，不能推动进步。不否定旧我，就不能推出新我。

愿景有三个层次：（1）组织大愿景。例如宝钢组织的大愿景是 2020 年进入世界 500 强。（2）团队小愿景。这是对企业组织大愿景的支撑。很多企业对此重视不够，这是组织大愿景很难实现的重要原因所在。团队是指组织中的各个子部门、子公司乃至班组。（3）个人愿景。共同愿景是由个人愿景汇聚而成，只有将个人愿景汇聚起来，才能使共同愿景获得动力，才能朝向个人及团队真正想要追求的目标前进。如果个人没有愿景，不仅个人没有创造力，团队也不可能有创造力。

4. 第四项修炼——团队学习

（1）学习型组织强调团队学习。《第五项修炼》的作者调查 4 000 家企业发现：很多企业中个人智商很高，但团队智商却很低。在失败的企业里，很多情况下是三个"诸葛亮"在一起，结果变成一个"臭皮匠"。

（2）团队学习的目的：使团队智商大于个人智商

个人学习是团队学习的基础，通过团队学习，目的是为了使学习力转化为现实生产力，这是学习型组织提倡的学习与传统的集体学习的不同之处。后者有些学习不是出自每个人内心深处的需要，因而不产生创造力，甚至破坏生产力。

（3）学习的关键：深度汇谈

深度汇谈源自希腊语，与我们通常说的讨论有些不同。深度汇谈的目的是要超过任何个人的见解，进行得当，人人都是赢家，个人可以获得独自无法达到的见解。深度汇谈是在无拘束的探索中自由交流自己心中的想法，交流经验教训，反思、探询，相互支持与启发，从而得到超过各自的个人认识。

（4）团队学习的障碍：自我防卫

过去我们只注意个人的智商，很少有人来研究全体的智商。哈佛大学的一位教授指出：大部分管理团队都会在压力面前出现智障。为什么会出现智障？往往是因为出现妥协，为了保护自己，不提没把握的问题；为了维护团结，不提分歧性的问题；为了不让别人难堪，不提置疑性的问题。而学习型组织强调团队学习，以提高团队的智商，使团队智商大于个人智商。只有个人把心中的问题都提出来，变成大家的智商，企业才能成功。

（5）团队学习目标：取得更高层次的共识

共识有两种：一是向下聚焦型共识——就是共同讨论。学习当中，找出每个人的观点上的共同部分取得共识。二是向上发展型共识。学习型组织强调向上发展型共识。何为向上发展型？即以大家提出的意见为基础，取其精华，集思广益，建立更高层次的共识，使每个人看到原先自己没有看到的更本质、更深刻的东西。这样的团队学习能使团队智商高于个人智商，变"臭皮匠"为"诸葛亮"。这就要求领导者不断学习、不断自我超越，要有很高的素质。因此，学习型组织的领导层每天都能认识到更本质、更深远的东西，他们的水平就会越来越提高。

团队学习要搞好，还必须学会"听"，"听"是一门艺术，也是需要不断修炼的。因为我们面前有一层无形的网或叫做滤波网。往往合自己胃口的就听进去，不合自己心意的就被滤掉了。作为一个领导，怎样才能把正确的意见听进去？光靠耳朵不行，还得靠眼睛，这还不够，还得用心。

5. 第五项修炼——系统思考

改善心智和团队学习这两项修炼是基础，自我超越和建立共同愿景这两项修炼是向上张力，第五项修炼是核心。彼得·圣吉认为第五项修炼最重要，一个人或一个组织的事业成败都与能否进行系统思考有关。

为什么这么多企业不景气？原因是多方面的，其中之一是企业领导欠缺系统思考。要进行系统思考：一要防止分割思考，注意整体思考；二要防止静止思考，注意动态思考；三要防止表面思考，注意本质思考。这与马克思主义唯物辩证法是一致的。

（1）要整体地思考问题。随着生产自动化程度的提高，由许多岗位串联而成的生产线越来越多，每条生产线上的分工也愈来愈细。作为领导，要从整体上看系统的可靠性。假设设备都进行了精心的安装和调试，合格率为100%，人员也经过精心的培训。如果一条生产线有100个环节和岗位，每个环节和岗位上的工作人员都经过培训，可靠率达到了99%。整个生产线的可靠性工程理论认为：这条生产线的可靠率等于各个环节可靠率的连乘。100个99%连乘后是36%，即系统的可靠性。这个事件告诉我们：一个企业、一个部门不要只看到某要素对于局部来说怎么样，要考虑对整个系统有什么样的影响。

（2）要动态地思考问题。企业是一个系统，对外，企业要时刻保持着与社会市场的信息交换；对内，要组织人、财、物有机地组合在一起进行产品生产、信息流通。这一动态过程，决定了企业的领导必须用动态的思想去思考问题，实践中，要有明确的时空观，在判断、分析和处理问题时，要充分考虑前因后果及各种可能性的发展。

（3）要进行本质的思考

学习型组织理论认为，人们对问题常做表面的思考而忽视了本质的思考。进行本质的思考，特别要注意下面两个现象。

第一个现象叫"蝴蝶效应"。"蝴蝶效应"是说，有些看似很小的问题，如果没有注意或加以正确引导，就可能引发意想不到的后果。东南亚金融危机爆发，首先是在泰国这个亚洲的小国家，欧洲的国家不以为然，结果呢？真的没有关系吗？俄罗斯因为这场危机遭受的损失达150亿美元。这就是"蝴蝶效应"带给我们的思考。

第二个理念是"青蛙现象"。"青蛙现象"是"五项修炼"中的一个重要理念。"青蛙现象"源自19世纪末，美国康奈尔大学曾进行过一次著名的"青蛙试验"，先把一只青蛙放进沸腾的锅里，它会立刻意识到危险马上跳出来；然后把它放进温水里，慢慢加热，等它意识到危险时已经跳不出来了。企业也存在着"青蛙现象"：当企业突发大事故时，领导会马上发现并做出反应；如果危机一点点出现，领导并不在意，等到危机已经很大了，要补救已经来不及了。

【思考与训练】

1. 当今社会，食品安全问题成为全社会关注的重点问题。你认为从哪些方面可以着手改善这一问题？
2. 坚持良心企业，应该怎么做？
3. 创建学习型企业的重要意义是什么？

参 考 文 献

[1] 张德．企业文化建设[M]．北京：清华大学出版社，2005．
[2] 丁继亮．现代股份制企业文化[M]．北京：中国致公出版社，2004．
[3] 刘光明．如何创建自己的企业文化[M]．北京：中国文化音像出版社，2004．
[4] 刘志迎．企业文化通论[M]．合肥：合肥工业大学出版社，2004．
[5] 余长根．管理的灵魂[M]．上海：复旦大学出版社，1988．
[6] 李述一，李小兵．文化的冲突与抉择[M]．北京：人民出版社，1987．
[7] 吴宝法，等．企业组织行为[M]．杭州：浙江人民出版社，1989．
[8] 孙黎，等．企业识别系统[M]．广州：中山大学出版社，1991．
[9] 庄扬昌，等．多维视野中的文化理论[M]．杭州：浙江人民出版社，1987．
[10] 司马云杰．文化价值论（上、下）[M]．济南：山东人民出版社，1992．
[11] 〔美〕威廉·大内．Z 理论——美国企业界怎样迎接日本的挑战[M]．北京：中国社会科学出版社，1984．
[12] 〔美〕特雷斯·迪尔，艾伦·肯尼迪．企业文化——现代企业精神支柱[M]．上海：上海科技文献出版社，1989．
[13] 〔美〕彼得·圣吉．第五项修炼[M]．上海：上海三联书店，1997．
[14] 〔美〕彼得·圣吉，等．变革之舞：学习型组织持续发展面临的挑战[M]．北京：东方出版社，2001．
[15] 〔美〕彼得·圣吉，等．第五项修炼实践篇（创建学习型组织的战略和方法）[M]．北京：东方出版社，2002．
[16] 〔美〕舒尔茨，等．整合营销传播[M]．呼和浩特：内蒙古人民出版社，1998．
[17] 周朝霞．企业形象策划实务[M]．北京：机械工业出版社，2005．
[18] 叶万春，等．企业形象策划——CIS 导入[M]．大连：东北财经大学出版社，2006．
[19] 高驰．CI：企业形象塑造[M]．哈尔滨：黑龙江美术出版社，2000．
[20] 李殿宏．金牌营销——打造一流品牌[M]．北京：中国物资出版社，2004．
[21] 巨天中．品牌策划[M]．北京：中国经济出版社，2004．
[22] 肖鹏．成在广告[M]．北京：中国水利水电出版社，2005．
[23] 王璞．企业文化咨询实务[M]．北京：中信出版社，2003．
[24] 李瑜青．企业文化与理念创新[M]．上海：上海人民出版社，2004．
[25] 王正林．工业文化纵论[M]．合肥：安徽人民出版社，2006．
[26] 刘光明．企业文化[M]．北京：经济管理出版社，2002．